贵州省文化厅资助出版

贵州省屯堡研究会
贵州省高等学校人文社会科学研究基地安顺学院贵州省屯堡文化研究中心
主 办

屯堡文化研究

Tunpu Culture Research

2013 卷

主 编◎李建军 副主编◎吕燕平 吴 羽

社会科学文献出版社
SOCIAL SCIENCES ACADEMIC PRESS (CHINA)

2013卷

目录
CONTENTS

屯堡沿革与源流

屯堡仪式与文化

北盘江屯堡新探

文化策略

屯堡沿革与源流

明代贵州上六卫屯田研究

孟凡松　吴　羽*

摘　要：明代贵州省会贵阳以西设置的威清卫、平坝卫、普定卫、安庄卫、安南卫、普安卫为通往云南的“上六卫”，扼守滇黔驿道，广开屯田。卫所制度解体后，但屯田、赋役制度尚在延续，对屯堡文化的构建起到关键作用。

关键词：上六卫　贵州　屯田　明代

在贵州安顺，“屯堡人”惯以明军遗裔自居。对此，地方旅游、文化部门及一些专家学者也往往持有一种观点：从明初至今，经历六百年的风雨沧桑，“屯堡人”仍在风俗习惯、社会组织形式、宗教意识、服饰语言等方面最大程度地保持了明代“南京”遗韵。并且，由此衍生的屯堡“独特性”，也成为相当一批学者关注的课题。

明初卫所的实施，是屯堡族群得以产生并“独特”至今的基础。卫所的根基在于屯田，讨论卫所屯田的衍变，对于解读屯堡生成的原因，应该是有所帮助的。本文即以贵州威清、平坝、普定、安庄、安南、普安等“上六卫”屯田为讨论对象，通过对上六卫屯田源流的考察，分析卫所屯田

* 孟凡松，安顺学院科研处副处长，副教授；吴羽，安顺学院旅游学院院长，教授。

对屯堡社会的建构作用。

一 上六卫建置

卫所乃屯田展开的前提，故探讨上六卫屯田之前，要对上六卫之建置沿革作初步交代。论其建置，可见屯田之原始；观其沿革，可见屯田之衍变。

1. 朱元璋西南经略思想

在华夷攸分、内外有别的王朝时代，民族与边疆地区的经济社会发展常常会烙上某些君王强烈的个人印记，较有作为的君主更是如此。朱元璋对西南民族地区的认识以及基于这种认识的行政实践，便对黔中历史的发展产生了极其深远的影响。在朱元璋看来，经略滇黔，须先控制湖广、四川入滇交通；控制入滇交通，须在驿道沿线众置卫所，广增戍兵；而置卫增兵，其后勤保障则依赖于屯田。

首先，“云南自昔为西南夷”①，“僻在陬荒”，要实现对云南的控制，从四川方面看，当先控制永宁，然后趋兵乌撒；从湖广方面，则要控制辰沅至普定沿线，并在此基础上占据曲靖这个“喉襟”之地。② 洪武十五年（1382年）春，云南既下，遂“置贵州都指挥使司”，“置云南左、右、前、后、普定、黄平、建昌、东川、乌撒、普安、水西、乌蒙、芒部、尾洒一十四卫指挥使司”③。贵州都司距离云南尚远，遂又置云南都司。显然，贵州都司为控制入滇通道而设，云南都司才是为控制云南本地而设。

其次，朱元璋的养兵思想与卫所实践也决定了，他要控制滇黔，势必在该地区大力推行军事屯田制度。朱元璋逐鹿群雄，以“高筑墙，广积粮，缓称王”为基本发展战略，在“积粮”方面，组织屯田是其最为自鸣得意的。在他看来，“兴国之本，在于强兵足食”。但是，“若兵食尽资于民，则民力重困”④。既要军队有粮食，又不能完全靠老百姓承担军饷，那最简便

---

① 《明太祖实录》卷138，洪武十四年八月癸丑。

② 《明太祖实录》卷139，洪武十四年九月壬午。

③ 《明太祖实录》卷141，洪武十五年正月丁亥。

④ 《明太祖实录》卷12，癸卯年二月壬申。

易行的方式就莫过于组织军队屯田了。平定四川之始，经营云南之初，军饷多赖解运。间或“资粮于敌”，就地筹粮，但只是一时权宜，是在威势所加的基础上暂时实现的。

卫所分布以控制滇黔为目的，其制要能持久，必以屯田为其军食的稳定来源。故洪武中后期以来，朱元璋命令将士在云南大兴屯田，并将之扩大到川滇、滇黔驿道沿线卫所所置之地。洪武初征云南之后，屯田即陆续展开，且颇得成效。[①] 又再征云南之后，湖广辰州至普安、曲靖驿道沿线，更是大力发展屯田。

2. 上六卫设置

贵州卫所建置，郭红等人已有系统而深入的研究[②]，在此不一一赘述。然涉及一些大背景及细节之处，仍有强调或澄清的必要。

首先，所谓大背景，即洪武时期两次大征云南与滇黔卫所设置的关系。洪武年间之经略滇黔，其战役之著者有两次。第一次为洪武十四年底至十七年初，傅友德、沐英等平定云南梁王及大理势力，在滇黔地区置卫所，开屯田，初步建立了明王朝在云南地区的统治秩序。第二次在洪武二十年至二十三年之间，以讨百夷、平东川等一系列战争为契机，在耀兵西南、增设卫所、广置屯军、巩固西南统治秩序的同时，也在真正意义上成为明清以来西南族群与地方政治格局重塑的基础。若把傅友德平滇称为“初征云南”的话，将此次战役称为“再征云南”也不为过。[③]

其次，所谓的细节之处，即普安等卫的初置与增置，以及尾洒卫与安南卫的关系。

在筑城普定、乌撒[④]的次月，即洪武十五年正月，明朝政府设贵州都指挥使司，置云南左、右、前、后、普定、黄平、建昌、东川、乌撒、普安、水西、乌蒙、芒部、尾洒一十四卫指挥使司。[⑤] 随后，明政府接傅友德等人

① 参见王毓铨《明代的军屯》，中华书局，2009，第 20～21 页。

② 参见郭红、靳润成《中国行政区划通史·明代卷》，第二编第三章第七节“贵州都司建置沿革”部分，复旦大学出版社，2007，第 493～524 页。

③ 对于洪武时期“再征云南”问题，俟专文探讨，此处不予深究。

④ 《明太祖实录》卷 140，洪武十四年十二月戊寅。

⑤ 《明太祖实录》卷 141，洪武十五年正月乙酉。

报告，云南已克。于是，朱元璋要求“置都司于云南以统率诸军”，“置布政司及府、州、县以治之”①。旬日之间，明廷即先后下达设置贵州、云南二都司及云南布政使司的命令。设置省级军政机构匪易，在大战甫竣且土司仍旧盘踞的滇黔之地更非一蹴而就。也就是说，官方虽谓洪武十五年初置贵州都司，同时置云南左卫等十四卫，而实际上，卫所能否成功开设，仍受各卫设置的具体人事、物力、情势与地理位置等诸多因素的制约。尾洒卫，也即后来的安南卫，即属于当时拟设而实际并未成功开设的卫所。

尾洒卫在洪武十五年初就进入了明政府拟设卫所的名单。但真正置卫，则延至七八年之后，且改卫名安南。据《明太祖实录》载，安南卫置于洪武二十三年十二月，且补充说明置卫始末：初，官军征云南，指挥使张麟统宝庆土军立栅江西坡屯守。至是，以其地炎瘴，乃徙于尾洒筑城，置卫守之。② 理解此段叙述安南立卫的文字，要注意以下两点。

第一，“官军征云南”的时间，不是洪武十四年底或十五年初傅友德领兵平滇之际，而是洪武二十年至二十三年再征云南期间。二十年夏秋间，明廷备战百夷，调湖广官军56560人征云南。③《明太祖实录》所载征云南之役，既有指傅友德领兵平残元梁王及大理者，又有指明廷备战百夷及平东川等役者，此处所指，当系后者。

第二，“宝庆土军”之由来。此处土军之概念，即垛集民丁编入卫所之军。洪武二十年十月，在备战百夷的背景下，朱元璋“诏湖广常德、辰州二府民三丁以上者出一丁往屯云南”④。此诏虽仅言垛集常德、辰州二府民丁为军往屯云南，而涉及的垛集湖广民丁的范围，未必仅此二府，宝庆府亦在其中，也在情理之中。当时贵州尚未建置布政司，所谓云南，实际上兼指辰沅迤西至普安一带贵州地区。

现存安南卫武职选簿记载了夏通等至少9名始祖于洪武二十二年垛集自宝庆邵阳、新化、武冈等州县且次年调入安南卫旗役、军役人等，他们的

---

① 《明太祖实录》卷141，洪武十五年正月甲午。

② 《明太祖实录》卷206，洪武二十三年十二月癸未。

③ 《明太祖实录》卷185，洪武二十年九月乙酉。

④ 《明太祖实录》卷186，洪武二十年十月戊午。

后裔后来因军功升授武职。[①] 洪武二十三年调入安南卫充旗、军役者，皆有几乎共同的经历，即洪武二十二年垛集编军，初寄操宝庆卫充总甲、小甲、军。既而，于次年调入安南卫充总旗、小旗、军。从现存安南卫武职选簿提供的信息来看，该卫并无其他省区于二十三年调入充旗役或军役者。[②]

此外，据《明太祖实录》载，洪武二十二年正月，“湖广布政使司储粮四十万石给饷征南之兵”；[③] 三月，“遣使命南征将军颍国公傅友德等还军，分驻湖广、四川卫所操练……东川侯胡海驻宝庆……”[④]。将此二条资料联系起来读，可以理解为编练垛集新军，储备粮饷以供新军调入云南之用。实际上，傅友德还军，诸将多驻湖广卫所，而诸将所驻湖广卫所所在之地，又大多成为洪武二十三年前后滇黔新设卫所旗军的主要来源地。[⑤]

回过头来，不难理解前文所引安南立卫时“官军征云南”的大背景即洪武再征云南，大概时间即洪武二十二、二十三年间，而“宝庆土军”实是该卫旗军的主要来源，即洪武二十二年从宝庆之邵阳、武冈、新化等州县垛集的民丁。

在安南卫置立数月前，明廷即命六安侯王志之子王威以谪官身份任安南卫指挥使。[⑥] 从命指挥使到立安南卫，前后间隔数月，正好说明卫所设置是过程性的，并非一蹴而就。同时也说明，洪武十五年初，在贵州都司初设时所置尾洒卫，实际上并未真正实施。

与安南卫前后设立的，还有威清卫、平坝卫与安庄卫。其中，威清卫仍有选簿存留至今，其所反映的旗军来源情形，与安南卫有相似之处，即其主体系洪武二十二、二十三年间垛集湖广民丁而来。限于篇幅，此处不再详细展开。

普安卫、普定卫皆系洪武十五年初，在初征云南背景下设置的卫所。

---

① 参见孟凡松《明朝安南卫武职调入时间、籍贯与卫军来源研究》，《安顺学院学报》2012年第1期，第1~4页。

② 中国第一历史档案馆、辽宁省档案馆编《中国明朝档案总汇》第60册，广西师范大学出版社，2001。

③ 《明太祖实录》卷195，洪武二十二年正月壬辰。

④ 《明太祖实录》卷195，洪武二十二年三月庚午。

⑤ 此问题涉及明初滇黔卫所旗军的主要来源问题，具体情形仍相当复杂，本文不作展开论述。

⑥ 《明太祖实录》卷203，洪武二十三年七月辛丑。

同年三月，颍川侯傅友德入京奏事，称布政司核实云南曲靖、普安、普定、乌撒等卫及沾益、盘江等千户所见储粮数不敷军食，可见普安、普定二卫其时已经设立。[①] 据《明太祖实录》载，洪武二十二年三月，“改普安军民府为军民指挥使司，调毕节卫指挥郑珍领兵戍守”[②]。其实，普安卫有军民指挥使司之称，已经见于洪武二十年十一月[③]，若此“军民指挥使司”并非追述前事的添加之词，则此时普安卫已为军民卫，并非罢废普安军民府之后才升之为军民卫。营阳侯杨璟之子杨通，曾于洪武二十年“领鞑靼官军往戍云南”，并因官军“多从其道亡”而“降普安卫指挥使”[④]。至于此处“普安卫”为“普安卫指挥使司”还是“普安军民指挥使司”的简称，则不必深究。在《寰宇通志》与《明一统志》中，皆云普安军民指挥使司建于洪武二十二年，其在洪武初为普安军民府，隶云南布政使司，后罢府为军民指挥使司，隶云南都司，不久又改隶贵州都司。[⑤] 总之，可以肯定的是，普安卫在初征云南之时虽已设置，但普安军民府仍在地方事务中占据主导地位；至再征云南之际，罢废普安军民府并加强了普安卫的戍守兵力，以至于《明一统志》也认为该卫系洪武二十二年罢府置卫而来。

至于普定卫建置始末，弘治《贵州图经新志》记载颇详：“洪武十四年仍置普定府，领州三，长官司六，属四川布政司。筑城于今城东二十里，寻增置普定卫。徙今城。十八年，府废。以州、司附于卫。二十五年，改置普定卫军民指挥使司，仍属四川。正统三年，割所领三州、六长官司隶贵州布政司，而本卫改属贵州都司，领千户所五”[⑥]。可见，普定卫在初征云南之时即已设置，洪武十八年前府、卫并存，洪武十八年裁府并卫，尽管至洪武二十五年才被承认为军民卫，实际上裁府并卫之后即已经成为军

① 《明太祖实录》卷143，洪武十五年三月丁丑。

② 《明太祖实录》卷195，洪武二十二年三月癸巳。

③ 《明太祖实录》卷187，洪武二十年十一月丁丑载：“普安卫军民指挥使周骥奏，古州一十二处长官司”云云。

④ 《明太祖实录》卷147，洪武十五年八月乙巳。

⑤ 《寰宇通志》卷114《普安州》；《明一统志》卷88《普安州》。

⑥ 弘治《贵州图经新志》卷14《普定卫军民指挥使司》，又嘉靖《贵州通志》卷1《建置沿革·普定卫指挥使司》、万历《贵州通志》卷6《普定卫·沿革》所载与之略同。《寰宇通志》卷114《贵州等处承宣布政使司·普定卫军民指挥使司》，《明一统志》卷88《贵州布政司·普定卫军民指挥使司》略简，而大意与弘治《贵州图经新志》等相同。

民卫。

上六卫之中，威清、平坝、安庄、安南等四卫置于洪武二十三年前后，普定、普安二卫在初征云南之时已经设置，后来皆在裁废本地军民府之后升格为军民卫。普定府裁废于洪武十八年，军民卫升格于洪武二十五年，普安军民府改置军民卫在洪武二十二年。除了普定卫升军民卫其再征云南的背景并不显著以外，其余四卫的开设及普安卫的升格，再征云南的背景皆十分明显。讨论明初滇黔卫所设置，这是值得注意的地方。甚至可以大胆揣测，在屯堡地区，“新军”与“旧军”之别，“洪武征南”与“洪武填南”之分，皆可以从初征云南与再征云南的对比中得到较为合理的解释。

在此，之所以不吝篇幅叙述再征云南与威清等四卫及普安为增兵戍守的关系，旨在强调明初黔中屯田的大力展开，威清、平坝等卫屯田编制的整齐化，并不能直接归结于初征云南时期，更要充分理解再征云南对于黔中屯田的奠基性意义。

3. 上六卫裁撤

对于卫所制度在清代的变革，顾诚先生以为，明代的大部分卫所都辖有土地，对辖区内军、旗、舍、余征收的子粒同行政系统的州县征收的赋税在数量上和方法上相距甚远，力役制度也有很大差别，在进入清代以后，失去军事职能的卫所作为同州县类似的地方管辖单位继续存在了 80 多年。在此期间，都司、卫、所经历了一个轨迹鲜明的变化过程。首先，都司、卫、所官员由世袭制改为任命制；其次，卫所内部的“民化”、辖地的“行政化”过程加速；最后，通过归并卫所入州县或裁撤卫所改置州县的方式结束卫所制度，从而完成了全国地方体制的基本划一。[①]

康熙元年（1662 年）是贵州裁撤卫所的高潮时期之一，“裁诘戎所并贵州前卫，裁乐民所、平夷所并普安卫，裁周泥站所、安南所、查城站所、白撒所，暨屯田都司佥书一人”[②]。此次卫所裁革，一些史料系于顺治十八年（1661 年），亦不为误。顺治十八年，马乃平定，黔西迤南地区行政区划改置，遂有此次卫所之裁革。不过，此次卫所裁革的幅度并不大，主要针

① 顾诚：《卫所制度在清代的变革》，《北京师范大学学报》（社会科学版）1988 年第 2 期。

② 光绪《清会典事例》卷 556《官制・卫所》，中华书局，1991，第 7 册，212 页。

对普安地区的一些二级所而进行。

继康熙元年以后，康熙十年为贵州裁撤卫所的第二次高潮。康熙十年，经贵州巡抚曹申吉申请，裁普定等卫改为县，各设知县、典史。另外，以安庄卫归并镇宁州，新城所归并普安县，其管理屯政的守备、千总等官俱相应裁革。① 咸丰《安顺府志》载，“（康熙）十一年，改普定卫为县，属安顺府，省定南所入焉，裁安庄卫”②。一些史籍将康熙十年裁并卫所之事记作十一年，亦不为误。

由于地方有事，也即吴三桂的叛乱，使得贵州卫所裁革的进程中断，继康熙十年后，再次大规模裁撤卫所发生在康熙二十六年。康熙十年至二十六年期间，贵州卫所裁撤归并较少。康熙二十一年裁革关岭所；康熙二十二年，裁新兴站所。③

康熙二十六年六月，经云南贵州总督范承勋奏请，贵州所属十五卫、十所分别裁革或改设州县。其中，镇西、威清二卫，赫声、威武二所裁去，改设清镇县；平坝卫、柔远所裁去，改设安平县；安南卫裁去，改设安南县；定南所裁并普定县；普安卫裁并普安州；安笼所裁并安笼厅。④ 这些卫所大量裁撤改置的同时，又裁掌印都司、操捕都司佥书各一人。通过此次裁并，贵州上六卫及所属二级守御所，乃至晚明时期设于相近地区的其他卫所，尽皆裁撤，黔中地区改卫归流工作基本结束。⑤

在此，想要强调的是，清代裁撤卫所改设州县，如果仅仅是屯田隶属单位名称的改变，则是否裁撤卫所对于屯田而言皆无关紧要。事实上，由于屯田的分布及承担赋役的特点，卫所屯田在改卫归流以后仍远远没有真正意义上成为历史陈迹。究其原因，简单地将卫所裁并相关州县或另设州县，并没有进一步具体划拨屯田归属导致产生了大量的州县插花、瓯脱地。同时，依托于原来的卫所屯田而发生的赋役关系即基层社会组织体系也并

---

① 《清圣祖实录》卷37，康熙十年十二月戊寅。

② 道光《贵阳府志》卷4《沿革表》。

③ 光绪《清会典事例》卷556《官制·卫所》，中华书局，1991，第7册，213页。关于关岭所的裁革时间，咸丰《安顺府志》卷3《地理志·沿革》载：（顺治）十八年，裁关索岭所。

④ 《清圣祖实录》卷130，康熙二十六年六月戊辰。

⑤ 参见孟凡松《略论清代贵州改卫归流》，《安顺学院学报》2011年第2期，第1～4页。

没有因改卫归流而得到实质性改变。正是这些并非基于地方社会本身而仅仅是“上层建筑”上的“改卫归流”，为保存屯堡社会的“稳定性”提供了最强力的制度保障。

二　明代屯田的兴起与衰敝

自普定、普安置卫，至威清、平坝、安庄、安南等四卫设置，贵州上六卫屯田也逐渐展开、兴起，并成为明政府经营黔中最为重要的基础设施。嗣后，屯田又经历了一个衰退、变异与解体的过程。黔中屯田兴衰之迹，对地方管理体制、族群关系、经济变迁、社会与文化发展都产生了深刻的历史影响。

1. 屯田之兴起

在洪武四年到洪武十五年开设贵州都司以前，贵州等卫军饷主要来源于纳米开中、土司及属寨部民供给、湖广或四川民夫就近转运等。其时军事傍午，贵州等少数卫所孤悬，即使屯田，其规模也相当有限。洪武六年二月，贵州卫就因为本州及普宁（疑为定）、播州等处征粮12000石，不敷军食，要求“募商人于本州纳米中盐以给军食”①。同年八月，四川按察司佥事也上言说，“贵州之粮令重庆人民负运，尤为劳苦”，要求降低盐价，扩大开中规模以解决贵州军饷难题。② 贵州卫军食难继，但从官员的奏疏中，除了依靠当地土司供输、邻近重庆解运和推行开中外，并没有言及屯田事宜，也从侧面说明此时屯田尚未大规模展开。

洪武十五年，云南平定，明朝政府加强了对滇黔制度设施的建设，贵州都指挥使司、云南布政使司、云南都指挥使司陆续开设。洪武十五年，朱元璋从征南将军傅友德奏，令云南戍军以“府州县所征并故官、寺院入官田，及土官供输、盐商中纳、戍兵屯田之入”③ 供给军食。至此，随着大量军队入驻滇黔各地，军饷需求孔急，以多种渠道解决军饷供给难题显得

① 《明太祖实录》卷79，洪武六年二月壬辰。
② 《明太祖实录》卷84，洪武六年八月辛巳。
③ 《明太祖实录》卷143，洪武十五年三月丁丑。

尤为重要，屯田对于军需的重要性也更加凸显。

随着卫所的陆续开设，贵州地区的屯田或已渐次展开。洪武十七年三月，傅友德、蓝玉等征云南军队班师还朝。四月，在论功典礼上，傅友德不仅以军功，更以其“因其土俗，定租赋，兴学校，瘗战骨，广屯田”[①]，建立了明廷在云南的统治秩序而功封颍国公。但是，傅氏究竟是如何“广屯田”的仍不得其详，仅从贵州贵阳迤西地区普定、普安等卫与普定、普安等军民府仍处于明争暗斗的局面，且卫所设置有限的情形看，对屯田的进展自然难以作乐观的估计。洪武十九年九月，西平侯沐英以“云南土地甚广，而荒芜居多”为由，要求置屯，“令军士开耕以备储偫”[②]，同样表明屯田的开展程度尚相当有限。

不过，在此之后，明廷显然加强了对滇黔屯田的重视程度。派遣将领敦促屯田的命令在洪武二十年十一月、十二月两次下达。[③] 次年二月，普定侯陈桓、靖宁侯叶升就报告说，先行屯种麻哈，粮饷艰难，现已改于禄肇置堡屯种。本来，按朱元璋的计划，他们是要到云南去屯戍的。[④] 四月，陈桓帅师驻毕节。这支驻守毕节屯戍的部队自去年的十一月从永宁出发，沿路度地立营，刊道伐木，择有水田处分布耕种，至是终于到达毕节。[⑤] 到达毕节的部队，朱元璋仍强调他们要屯田自给。[⑥] 随着毕节等卫屯田的大规模开展，到了年底的时候，重庆府泸州的民夫不再被要求向毕节卫运送军粮，可见毕节卫的屯田已经初见成效。[⑦] 如果说这一时期在贵州西部毕节地区兴屯有阿资叛乱的背景，而派遣张龙、唐胜宗等于黄平、平越、镇远、贵州诸处训练军士，提督屯田的命令，则是在平定当地“苗蛮作乱”的背景下发布的。[⑧] 洪武二十、二十一、二十二等年，在明廷的命令下，由开国公侯及其子弟督率军队在贵州毕节、普安、平越诸处兴起的军事屯田高潮，正

---

① 《明太祖实录》卷171，洪武十七年四月壬午。

② 《明太祖实录》卷179，洪武十九年九月庚申。

③ 《明太祖实录》卷187，洪武二十年十一月壬午；卷187，洪武二十年十二月壬子。

④ 《明太祖实录》卷188，洪武二十一年二月辛亥。

⑤ 《明太祖实录》卷190，洪武二十一年四月癸卯。

⑥ 《明太祖实录》卷195，洪武二十二年二月壬戌。

⑦ 《明太祖实录》卷198，洪武二十二年十二月己未。

⑧ 参见《明太祖实录》卷199，洪武二十三年庚辰、乙酉。

是洪武再征云南之役的基本组成部分。

永乐年间，包括上六卫在内的贵州屯田当有进一步的发展。永乐十一年（1413 年），湖广都司发兵剿捕“苗寇”，明廷要求卫所官军专力戍守与屯田，寻常事务不得差用。① 永乐十七年，普安卫以屯地不足垦种，且馈运艰难为由，要求在商人中盐政策上给予优惠。② 贵州屯田仍在一定程度上面临人力不足与土地有限的问题，但总体上来说，要求加强屯田的记载已经很少看到，卫所屯田已经最大程度地规范化、制度化。

2. 屯田之衰敝

据称，贵州屯田在其盛时，“二十卫所屯田池塘共 957600 余亩，所收子粒足给军食”。不过，这种情况只是昙花一现，正统六年（1441 年）六月，尚书王骥仍以贵州官军月粮关支艰难、为数短少为奏，要求朝廷派遣廉能官员至贵州“镇抚蛮夷，经理屯田”，因为此时“屯田之法久废，徒存虚名，良田为官豪所占，子粒所收百不及一，贫穷军士无寸地可耕，妻子冻馁，人不聊生”③。若王骥所言不虚，则至正统年间，贵州屯政已经非常败坏。正因为屯政败坏，亟须整顿，遂有该年“裁清军御史，添设屯田副使”④ 之举。

先不管明初贵州屯田的总额，不管怎样，在宣德十年（1435 年）年初的时候，地方官员以“屯所山多田少，地瘠水冷，刀耕火种，子粒秕细，鲜有收获”为由，要求减轻田税，得到批准，减了子粒 1/3。⑤ 地方官员当然不能直接对钦定的屯田则例提出挑战，声称屯田产量过低，其实也无疑是说屯赋规定过重。在新皇帝登基伊始的时候提出减免要求，当然是一种聪明的做法。明初贵州屯田子粒过重应该是可以想见的。不过，一次性减负 1/3 也在一定程度上显示出贵州军屯的衰退之象。

贵州军屯的衰敝自然是一个漫长的过程，至嘉靖、万历年间尤为突出，

① 《明太宗实录》卷 88，永乐十一年六月辛未。

② 《明太宗实录》卷 114，永乐十七年九月己未。

③ 《明英宗实录》卷 80，正统六年六月壬午。为方便起见，笔者引用田亩等数据时直接用阿拉伯数字表示。

④ 万历《黔记》卷 2《大事记下》。

⑤ 《明英宗实录》卷 1，宣德十年正月庚寅。

整顿与衰颓相为交叠，遂至于明亡而不可收拾。嘉靖初，巡按贵州监察御史王杏在奏疏中描述了卫所官员侵蚀屯田的具体情形：

> 旗军缺一名则一名之分田犹在，屯田遗一分则一分之花利犹存。往岁相沿，漫不之究，殆以逃亡者虽缺，而解发者当补，故遂忽而置之。及今逃亡益多，解发益寡，而遗田益众，管屯人等遂有岁收常贽以致家成巨积者。①

军缺田在，田在利存。登记在册籍上的户口是承担田赋与征发徭役的依据，旗军缺额自然子粒无着，但土地一般不会因为在籍人口的减少而不复存在，卫所官员的灰色利益由此产生，这应该就是明代中后期卫所旗军严重缺额的另一奥妙所在。与此相应的是另一方面，即在籍军伍所承担的非法科差杂派名目众多：

> 贵前等二十卫所军伍多系三户垛充或清勾补役，倚月粮以供俯仰，假樵采以为生息，贫困至极。各该指挥千百户等官罔知矜恤，曲肆科差，以造册则有纸札钱，关粮则有使用钱，开操则有什物钱，下屯则有分例钱，供应则有心红柴炭钱，买闲则有按月钱，会计则有岁用钱，每所设有军吏以收放，每伍设有操吏以派拨，每屯设有屯吏以催办，每卫设有总吏以掌管。巧立名色，众置油滑，遂致军士日不聊生，逃亡接踵。②

旗军逃亡，基于屯田的子粒与军役在原则上并不因此减免，逋负拖欠以外，仍要招佃垦种，以应付差徭租赋。招佃垦荒，耕种屯田者常常并非卫所正军，军余、民人乃至被视为“他者”的当地原住民也加入其中。

对于贵州来说，军屯衰敝的具体原因，值得一提但又不属于那些具有普遍意义的原因，主要就是永乐、宣德、正统年间的多次征讨活动对卫所

① 王杏：《清理屯田事议》，载嘉靖《贵州通志》卷10《经略志》。

② 王杏：《军民利病疏略》，载万历《贵州通志》卷20《经略志》。

旗军的大量损耗。从永乐四年明政府出兵安南到宣德二年在安南建立省级行政区划，期间就曾多次调贵州卫所从征，而出征安南的官军，大多并不能生还。见于记载的，在永乐、宣德、正统、景泰年间，调贵州卫所旗军征剿广西“叛蛮”以及轮戍广西的例子很多，在这些军事行动中伤亡、逃匿的旗军亦不在少数。再就是正统年间麓川之役，作为邻近省份，贵州调遣从征而损失的旗军更多。① 比如，《明英宗实录》就记载说，贵州都司各卫官军调往广西轮戍的有万余人，分为两班，每岁更代。这样导致农忙时节屯田耕种、收获乏人，而从广西遣还返卫者却大多在半途逃亡。其中的一次，遣还5000多人就有2800多人逃跑。② 每年调往广西人数一定，而遣返回卫的人数却越来越少，造成贵州卫所军伍严重缺员，屯田受到极大影响。

佥补困难是屯政衰敝的又一重要原因。应该说，旗军的逃匿和死亡自然造成卫所屯种乏人，屯政衰敝。在理论上，旗军缺额是可以补充的，比如佥补军余作为正军、垛集民户充实军伍、清厘逋逃等措施。然而，这些措施都有执行困难或者促使问题越来越严重的弊端。佥补军余作为正军，军余终归数量有限，尤其在征调、轮戍、走递、屯垦等军役仍然需要保证的情况下，更容易陷入逃亡——佥补的循环不可补救。垛集民户，在长期相对和平的环境下，也受到各种限制阻碍难以奏效。所谓清军，也如王骥所言，不但不能勾到军，勾军官旗一旦离开贵州，也都长期“淹延在外”，甚至有二十年不回者。③ 与勾军官旗不返卫所相似，卫所其他中高级武官也常常借口比试、袭职及公差等原因，逗留在外。④ 卫所官员不司其职，逗留空缺，卫所士卒逃亡，屯田荒芜也不足为奇。

还有一点可能也需要注意，在旗军因逃匿、死亡造成缺额比较严重的背景下，地方事变的多次发生也促成军屯衰敝。与明初洪武、永乐年间军伍

① 除了《明实录》、地方志的有关记载外，从仅存的数册贵州平越、威清、安南卫武职选薄（见《中国明代档案总汇》第60册）关于武官袭职记录中，也可以发现征调广西、交趾、麓川等地对贵州卫所官军的巨大损失。

② 《明宣宗实录》卷97，宣德七年十二月戊戌。

③ 《明宣宗实录》卷104，宣德八年八月己亥。

④ 《明英宗实录》卷41，正统三年四月壬戌。

强盛的局势不同，在军伍强盛的时候，卫所在与原住民的冲突中大多占有优势，从而比较有效地保护了屯田的正常开展。一旦军伍衰弱，“一线道”的卫所布局和相对分散的屯田分布更容易受到冲击。族群力量的前后变化所导致的屯政败坏，这一点在正统、景泰年间就已经明显地表现出来了。

不过，即使贵州军屯的衰敝有种种具体的原因，究其根本，不外乎两个方面：其一，环境原因。明初的军屯组织在本质上属于一种战时体制，诚如张金奎所言，“军屯制度在军队自养的功能之外又附着了以暴力手段调整人、地关系，从事农业生产的目的”①。因此，一旦地方转向相对和平，进入建设时期，战时体制衰颓的趋势就是不可逆转的。其二，体制原因。这包括卫所本身的制度安排，贵州卫所的布局、明初犬牙相制的区域控制安排等，这些问题深入展开可能过于复杂，这里不作具体分析。

三　清代屯田之变异

军事屯田作为明朝初期巩固政权、稳定边疆、减轻农民负担的一种制度安排，确实在很大程度上发挥了其应有的作用。其兴也骤，其衰也速，经过洪武、永乐鼎盛之后，贵州军事屯田即转向衰而不亡、颓而不死的命运，在军民分际的二元体制框架内，经过一系列整顿、调整与改革，以至于在明亡以后，仍以它独特的方式发挥作用与影响。随着贵州改卫归流的完成，明代在贵州境内设立的卫所成为历史陈迹。从形式上看，贵州境内的卫所已经“化为乌有”，但事实并非如此，它们仍以另一种独特的方式彰显着自身的存在。兹以安顺地区为例，说明已经裁革的卫所及其军屯的独特“存在”。

1. 赋役名色依旧与屯赋之重

首先，从州县的赋役名色来看。安顺府亲辖地所征赋役的名色主要有秋米、丁银、官租，普定县则有屯米、科米、秋米、丁银。其中，除了改称子粒为屯米（或屯赋、屯粮）外，州县的赋役名色继承明代几乎没有变化。可以看出，清代改卫归流以后，卫所作为一种地方管辖单位已经不复存在，但归并卫所屯田或者裁撤卫所而设的新行政单位，并没有去掉明代

① 张金奎：《明代卫所军户研究》，线装书局，2007，第232页。

卫所屯田原有的屯田、科田的赋役名色与科则，屯田“形”逝“神”存。对于这一点，从地方官的奏折记录或者民间碑刻等都可以得到很好的证实。清朝道光安平县令刘祖宪在《安平县田赋论》中言：

安平田有两种：一曰屯田，每三亩八分科纳粮米一石；一曰科田，每亩应粮米五升四合。屯田为官所给，科田则民所自垦，故赋之轻重悬殊至于如此也。[①]

又刘祖宪的前任徐玉章在其《清厘安平田赋禀稿》中亦言：

迨康熙二十六年，改卫设县，粮额仍依卫制，取足于屯军百户。而各百户尚有新垦之余粮以补足正额。此历来粮赋并无逋欠之缘由也。[②]

两段文字皆透露出平坝卫改设安平县（今平坝县）之后，附着在屯田上的负担“仍依卫制”，“惟是改卫设县以后，屯、科田亩均属私业，例得买卖”[③]。

同样，田野调查发现的一些碑刻记录也可以“迂回”地证明安平县归并的卫所屯、科田“粮额仍依卫制”，并没有在赋役名目与纳税科则上作调整，而且一直沿袭到民国时期。

在原隶普定卫之云峰八寨的雷屯村，曾发现一块断成两半的石碑，碑文云：

普定县正堂鹤谕：花户人等知悉，照得征收丁粮，历有旧章，因弊窦迭生，小民受累。本县体察民情疾苦，力除弊端，永定章程：除丁银照旧另纳外，科粮每石折库平库色银一两八钱，屯粮每石折库平足色银一两五钱，较定砝码，官民并执。每遇征收日期，自封投柜，不经书投之手。每年以东岳为头卯，腊月为二卯，次年二月为三卯，

① 刘祖宪：《安平县田赋论》，载咸丰《安顺府志》卷46《艺文志》。
② 徐玉章：《清厘安平田赋禀稿》，载咸丰《安顺府志》卷45《艺文志》。
③ 徐玉章：《清厘安平田赋禀稿》，载咸丰《安顺府志》卷45《艺文志》。

□数全完。如□限不定，本县即签盖提比。尔等务须踊跃上纳，□得过期不完，自取拖累切切。

又，在原属普定卫九溪村的汪公庙中，保存有一块光绪十四年（1888年）立的石碑，碑文云：

奉普定县正堂假示，谨将原批列后：梮（据）恳禀民凌兴科、陈乔法、陈启学、朱国真，住奠安里九溪坝，额载屯粮共八十六石零三升，自未（来）管理〇〇〇粮差〇〇九，田窄粮重，每年民等〇〇共纳粮五〇〇〇〇〇〇〇稀少，屯田荒芜甚多，难以完成……①

以上两段碑文都提到了“屯粮”“科粮”等名目，表明一直到清朝末年，黔中地区赋役名色并未因卫所的裁撤而变化，“屯田制度”一直以“有其实无其名”的形式存在。原来的屯、科田亩及纳粮科则“仍依卫制”。其中，雷屯存碑文云“征收丁粮，历有旧章”，说明了科则传统的权威性；又“科粮每石折库平库色银一两八钱，屯粮每石折库平足色银一两五钱”，屯、科粮折银比例不同，屯粮略轻而科粮略重，则属于地方官员对屯科税负悬殊的相对调节。九溪村汪公庙的碑文也表明，屯田存在“田窄粮重”的问题，故其荒芜甚多，难以完成屯粮的缴纳。总之，卫所田地归并州县管辖后，屯田、科田名色以及屯田、科田的原定税则却仍然依照明代的“旧章”。

总之，就整体而言，贵州卫所裁撤，屯田归并州县后，在社会基层管理层面，则仍然很大程度上沿袭明代的赋役名色与组织体系。从明到清，官府的合法性变了，但在民间社会看来，“屯田”仍然“形”逝“神”存，并没有根本地改变。进入清代，除了卫所的军事职能已经消亡以外，卫所在清初延续的时间里，已经成了一个单纯的粮赋征收机构。而在卫所裁革以后，卫所屯、科田与最初主要在土司名下后来逐渐转由州县管辖的秋田（即民田）一样，并没有在科则与输纳形式上作实质的变更，屯田仍依照原

① 朱伟华：《建构与生成——屯堡文化及地戏形态研究》，广西师范大学出版社，2008，第104～105页。

来的则例承担较高的粮赋，“无其名”的屯田承担的仍是“有其实”的子粒——虽然这时已经改称“屯赋”，性质由提供军食的“饷”变成了充实国库的“税”。换言之，从基层社会赋役体制上看，自明入清，贵州屯田制度并没有解体，只是换了一种方式存在。

赋役名色依旧，对于屯田而言，也就意味着屯田重科则的现象依旧。明万历十年（1582 年）前后，贵州地区的田土清丈工作基本结束，巡抚刘庠、巡按傅顺孙就丈量的基本情况向朝廷作了汇报。① 其中，在“有司”系统每亩约纳粮 4 升零；卫所屯田每亩约计纳屯粮 19.4 升，卫所科田亩纳科粮不到 5.4 升。就田赋的整体水平言，纳“秋粮”田税负最低，其次就是“科粮”田，与“秋粮”田大体相当而略微偏高，只有纳“屯粮”的屯田纳粮最重，大约是“秋粮”田的 4.7 倍，是“科粮”田的 3.6 倍。由于万历十年清丈基本上成为后来田土赋税统计的基础，也可以代表万历中后期屯田的总体规模与屯赋征收的水平，以上秋粮田、科粮田、屯粮田的税率比较，从统计的意义上，应该反映了三种不同类型田地的承税水平（见表 1）。

表 1　万历二十五年上六卫屯田、科田统计表

卫所	屯田（亩）	屯粮（石）	税率（斗/亩）	科田（亩）	科粮（石）	税率（斗/亩）	科田比重	科粮比重
威清卫	16591	5166.68	3.11	3738	202.16	0.54	18.4%	3.8%
平坝卫	18806	4962.4	2.64	3015.5	162.85	0.54	13.8%	3.2%
普定卫	31962	6960.8	2.18	14933.76	799.65	0.54	31.8%	10.3%
安庄卫	18662	6512	3.49	3404	238.41	0.70	15.4%	3.5%
安南卫	16206	5380	3.32	9431.24	506.17	0.54	36.8%	8.6%
普安卫	29040	11028	3.80	24129	1358.98 *	0.49	45.4%	11.0%

说明：本表所列数据来自万历《黔记》卷十九、二十《贡赋志》，并参照万历《贵州通志》相关各卷记载。

* 在万历《贵州通志》卷九《普安卫·贡赋》下，载有“屯粮”“屯粮”“秋粮”三项，疑有误。据万历《黔记》卷二十《普安卫》实分“屯粮”“科粮”“秋粮”三项，此数据为该科粮、秋粮之和。

2. 屯田是否可以买卖

雍正七年七月，在屯田是否可以买卖以及如何缴纳税契银的问题上，

① 具体情况见万历《黔记》卷 19《贡赋志·田土》附录。

雍正支持了时任云贵广西总督鄂尔泰的建议，而推翻了原任工部侍郎申大成提出且经九卿议覆准行的条奏。申大成建议，“黔省军田许照民田一体买卖，每亩上税银五钱，给契为业”①。鄂尔泰则认为，“黔省军田一亩之价可买民田二亩，应纳粮赋一亩亦可抵民田二亩，若再征税银五钱，于民生无益”，要求豁免此项税银，“嗣后凡有军田授受，悉照常例报税”②。此军田也即明卫所之屯田，鄂尔泰亦支持屯田与民田一样，可以一体买卖。但是，他认为，与民田相比，屯田价重赋重，本已阻碍了民间的屯田交易，若再征税银，并无益处，要求取消屯田买卖的契税。

屯田归并州县管辖后，在法律意义上是可以买卖的。正因为屯田可以以买卖的方式进行公开流转，从而给人一种“与民田无异”的感觉。但实际上，屯田、科田、秋田在赋役承担的水平及形式上差别很大，屯赋畸重，而州县官员权力与精力都非常有限，除了在屯赋与科赋的折银比率上作有限的调整外，至于重新清丈土地、调整屯科税则以从根本上消除屯田、科田及秋田在田赋水平上存在的差异，从基层社会的里甲组织结构方面打乱卫所原来的编制体系以均衡州县里甲负担，则基本上实现不了。因此，即使清代改卫归流以后，屯田、屯粮等名色仍一直存在，延续至于民国时期。在法理意义上可以买卖的屯田，在民间社会仍然受到种种限制。③

① 申大成于康熙五十七年任贵州按察使，雍正四年二月升为贵州布政使，五年七月实授顺天府府尹，次月再升工部侍郎，一年后因事革职。关于“黔省军田许照民田一体买卖”的奏折即是他在工部侍郎任上条奏的。

② 《清世宗实录》卷 83，雍正七年七月戊申。

③ 这里需要说明的是，或者说与学界主流看法有所区别的是，土地不可买卖不一定就是官田。清代安平县、清镇县归并平坝卫、普定卫的屯田，其“不可买卖”约束机制的形成过程可能相当复杂，比如明代民间社会对不可买卖的因应措施已经制度化，并且内化为一种观念，与地方家族组织、祭祀制度密切相连。而到了清代以后，地方官员出于保障赋税不至于过多流失的考虑，也相应限制屯田的交易，因为已经发生的一些交易案例表明，这种交易是民间社会规避赋税的途径之一，它会造成地方政府的赋税流失（参见徐玉章《清厘安平田赋禀稿》，载咸丰《安顺府志》卷 45《艺文志》。徐在禀稿中称，“屯军之贫者，为富户把持，辄将有水源之上田改为下则科田，甘纳空粮，以图受价；而富户之狡黠者，改易地名，混淆缩额”）。笔者以为，对“屯田不可买卖”现象的形成机制的分析，应该实现国家制度变迁的大背景与村寨社会的小环境的对话，而不仅仅简单地论定它官有还是私属的性质。一些土地在民间社会并不能通过买卖实现流转，也许与土地的性质并没有严格的关系，而是受历史积淀的利益与观念制约的，比如安顺屯堡社区不卖秧子田、坐家地的观念，它更多属于一种“意念的力量”。

3. 结构的流动

与吉昌契约文书同时发现的还有18份汪公会记录，在其所记录的内容中，其中有85项“屯田”及赋税的清单，此清单上所记录的内容，作为明朝卫所屯田制的承继信息，可以为我们思考卫所屯田的清代流变问题提供一些参考。①

表2 汪公会85项记录屯田及赋税的清单格式和内容

序号	户主姓名	赋粮数	田块数（块）	田块坐落地
1	田大	粮4石	11	屯门口大坝
2	冯清	粮4石	11	小龙潭、白泥、黄土坡
3	汪文滨	粮4石	17	下坝桥、白泥、大坝
……	……	……	……	……

表3 契约中的田地信息统计表

	汪公会记录田地	交易（含买卖与典当类）田地			分家田地
		科田	秋田	其他类田地	
户数	80	68	24	154	31
坐落地	大坝（21）、门前河（15）、小龙潭（13）等共20处	坟底下（17）、芦柴坝（9）、仡佬井（6）等26处	和尚庵（5）、阿朗寨（4）、仡佬坟（3）等13处	大坡上（9）、石硐口（8）、团山背后（8）等79处	坟底下（41）、小山（19）、鲍家树林（10）等52处
田块数	205块	77块	18块	177块	247块
粮赋	91.44石	买卖随田2石9斗	买卖随田9.4斗	无记录	可忽略不计

① 以下有关汪公会清单内容和屯田地权的分析，参考孙兆霞、张健《地方社会与国家历史的长时段塑模》，《西南民族大学学报》（人文社会科学版）2010年第5期。这些记录没有明确标明该田地为“屯田”，但其每“分”税粮4石，与经宣德年间减免之后贵州卫所旗军每“分”屯田纳子粒4石的规定正好相吻合，可见其原本为屯田。基于汪公会的组织性质，其“代管”官田的可能性似乎不大，但它作为一个法人意义上的单位，一个得到民间或官府承认的屯军后裔组成的村寨组织，它管理相当数量的屯田是可以理解的。汪公会田土赋税的清单虽非安平县的赋役清册，它所登载的是会产，具有“集体”所有的性质，汪公会代表“集体”与官方打交道，其田产买卖亦受到严格限制。

续表

	汪公会记录田地	交易（含买卖与典当类）田地			分家田地
		科田	秋田	其他类田地	
折算亩	平坝卫计 340 亩；普定卫计 410 亩	平坝卫计 54 亩；普定卫计 55.8 亩	宁谷寨十三枝计 6.6 亩		

注：1. 租赁类因为不涉及土地，故未纳入统计；2. 买卖类共 272 份，其中田地买卖的为 226 份；典当类 61 份，其中田、地典当的为 51 份；3. 分家的户数以分以后的数量记；4. 坐落地名括号内数字为频次；5. 其他类田地中有 3 块地涉及粮赋，共计 2.3 斗，其余均无；分家契约中有两份涉及粮赋；6. 折算亩的税率，按清咸丰元年（1851 年）所修《安顺府志》中，原平坝卫、原普定卫所在区域屯田、科田的税率折算；秋田按原宁谷寨十三枝民田税率折算。

将上述两表内容结合起来进行分析，其中要点有四：其一，“赋粮数”或为粮 4 石，或为粮 4 石在家庭内兄弟（从姓名上看）间的撤分，对应着原一“分”屯田的田赋，且记录有“绝军粮肆石安佃”的内容，该记录表明，作为一个纳税单位，即使“绝军”，但“吴国云”“鲍驴”“吴正照”等户头仍然是存在的，耕作者与这些“绝军”之间构成佃耕关系；① 其二，汪公会记录中的 205 块田块坐落地与吉昌村“一等田”完全重合，约 340 亩或 410 亩，是“原立主”不可买卖田。其三，519 块在买卖、典当与分家契约中的土地（除 2 块外），均未涉及此“一等田”地名。说明吉昌村进入地权交易和未进入地权交易的土地，泾渭分明。而且，未进入交易的土地显现成片规模，田赋额与“屯田”相对应；② 可交易田则赋额与“科田”“民田”相对应。其四，汪公会这 85 份清单记录的户主姓氏，与吉昌村现存家谱、墓碑、地名及口碑记载中最早入驻屯军将士的姓氏大体一致，即汪、冯、田、胡、许、吴几大姓。反映出虽历经明代至清光绪十年（1885 年）的社会结构变迁，姓氏符号与屯田制的经济变迁仍存在一种呼应，有待深入探究。

综合以上分析，似乎已经可以迂回得出结论：虽然清雍正七年（1729

① 汪公会，或称汪王会所管理的会产，是通过向政府缴纳田赋获得合法性的。对于“安佃”的理解，笔者以为，恰恰是田产载在汪公会的名下，因为户头属于“绝军”，无法像其他见存户头一样向政府缴纳田税，才由安平县代管，这正是从承担赋役的角度而言的，汪公会或安平县雇人佃耕而由佃耕者直接向安平县缴纳田赋，该田不属于“官有”，而是汪公会管理的田产，属于“公有”，相当于今天的“集体”所有，它针对汪公会来说是不能买卖的，不一定是针对地方政府而言的。

② 嘉靖《贵州通志》所记载的屯田是包括水田、陆地两部分的。

年），清政府批准“黔省军田许照民田一体买卖”“每亩上税银五钱，给契为业”①。但截至光绪十年（1885 年）仍记录在汪公会中的“屯田”，仍然特别强调它们不可以买卖，并且“绝军”户与耕种者形成佃耕关系；此“屯田”所载田赋仍按屯田一“分”纳粮 4 石的“卫制”施行。这意味着：至清末，明代屯田制仅仅是政治、军事功能的消解，而赋役制度规范下的民间运作机制并未消解。对屯堡社区而言，历明至清，屯田的衍变仅仅是“结构的流动”。②

不过，“结构的流动”仍未免抽象。屯田以“分”为纳粮单位，且每“分”纳粮 4 石为一固化的额度。这一制度规定历明而清得到长期的贯彻，与明清实行定额财政体制是分不开的。在定额财政体制的约束下，田地的数额相对于田赋的总额而言，并不是最为重要的。在绝大多数情况下，不管田地失额还是溢额，州县官员都必须保证田赋原额得到及时足额的缴纳。即使田地数额前后有较大出入，但田赋原额一旦确定下来就不会轻易增减，或出现较大程度的波动。关于这一点，从表 4 所统计的贵州上六卫屯田、屯粮数的比较中充分体现出来。

表 4　明代上六卫屯田、屯粮数比较

分项数据 / 卫所名称	嘉靖《贵州通志》		《万历会计录》		万历《贵州通志》		万历《黔记》	
	屯田（亩）	屯粮（石）	屯田（亩）	屯粮（石）	屯田（亩）	屯粮（石）	屯田（亩）	屯粮（石）
威清卫	41350.1	5158.6	16591.25	5158.65	16591	5166.68	16591	5166.68
平坝卫	36112.4	4968.0	18806.05	4968.0	18806	4962.4	18806	4968
普定卫	76724.0	6900.0	31962.0	6980.8	31962	6960.8	32092	7005.00
安庄卫	72193.0	6512.0	18662.0	6512.0	18662	6512	18662	6512
安南卫	34670.9	5380.0	16206.0	5380.0	16206	5380	16206	5418.75
普安卫	78444.7	10390.0	28212.6	10390.0	29540 *	11028	29541	11028

资料来源：嘉靖《贵州通志》卷 3《土田》；《万历会计录》卷 38《屯田・贵州都司》；万历《贵州通志》各卷各卫所下“土田”“贡赋”目；万历《黔记》卷 19、20《贡赋志》相关记载。

* 原载该项“屯田二万九千百四十零”，此据万历《黔记》卷 20《贡赋志下・普安卫》改。

① 《清世宗实录》卷 83，雍正七年七月戊申。

② 以上关于平坝、普安卫屯田在清代“不可买卖”性质的论述，所用材料与基本内容都沿袭孙兆霞、张健《地方社会与国家历史的长时段塑模》一文。

尽管嘉靖《贵州通志》与《万历会计录》在屯田数量的记载上差距很大，但屯赋的增减幅度却非常之小。这表明，定额税制下，土地清丈实际上基于田赋的实现，即以保障田赋的总体水平不至于有较大幅度下降为目的。定额财政思想的指导下，州县政府与民间社会发生关系时围绕的中心同样是赋税如何实现的问题。在土地与赋额上，土地的面积成为退居其次的问题，因为只要保证纳税单位的稳定性，就可以实现赋税征收的任务。至于纳税单位实际拥有多少面积的土地，如何细化土地面积与耕种者的赋役负担，其实并非州县地方所关心的。从某种程度上说，汪公会只是诸多以“分”为单位的纳税符号的总代表，它代表诸多以“分”为纳税单位的个体与官方打交道，保证每个纳税符号所代表的税额按时足额上缴即是它存在的意义，至于税额在个体的耕种者之间如何分配，其实际耕种的田地到底是多少，未必是必须强调的。总之，围绕田赋的征缴问题，在定额税制的制约之下，如何保障州县政府与民间社会的“共存”状态，才是“结构的流动”的真谛所在。

4. 屯科田则各异背景下的地方赋税实践

顾诚在论卫所制度在清代的变革时提出，在清初的一段时间内，由于卫所辖区征收的钱粮和人丁徭役同州县差异颇大，从基层开始加以合并有相当的困难。① 完成这一步骤需要从两个方面做起：第一，改造原来卫所的基层组织管理体系，将之纳入州县里甲组织体系；第二，在可能的情况下，调整民田、屯田的税率以及役的水平，尽量从赋役轻重方面消除原卫所与现州县之间的差别。在裁撤卫所的基础上，前一个问题相对容易解决，而调整赋税，则涉及一系列制度与现实的困难。

在赋、役折银与摊丁入亩的大趋势下，调整民、屯赋税实际上就是调整屯田的赋税，因为多数情况下，屯田所纳屯赋的税率要远远高于民田。当然，在贵州，从税率上而言，可以把卫所科田也视作民田，它们的税率是较为接近的。同样，在大多数情况下，赋以粮计，统计单位为石，粮石折银征收。因此，降低屯田赋税承担水平的办法有两种：第一，可以比照民田纳赋则例，通过降低税率来实现；第二，还可以在不作税率调整的情

① 顾诚：《卫所制度在清代的变革》，《北京师范大学学报》1988年第2期。

况下，通过改变粮石的折银比率来实现。

然而，清代贵州的情况可能有些特殊。首先，很多州县是改土而设，需要重建其里甲组织与赋役体系。即使一些在明代已经改流的地区，类似内地州县的里甲制度与赋役体系并没有完全建立。其次，卫所的屯田与科田所提供的赋税与徭役在贵州的财政体系中占有重要的地位，尤其是屯田，可以说是贵州本省赋税的主要来源，它所编制形成的基层管理组织体系由来已久，也并不同于它周围中小土司辖地的那种没有系统规范的为州县流官所认可的基层组织体系的情况。在以卫所治城为中心，周围已经有一套基层组织系统的情况下，因裁革卫所而新设的州县或者归并卫所辖地的州县，只能因凭这套系统，在此基础之上作出调整与改革而不能遽然废除之。

比较而言，贵州赋税所入本来就少，而屯田又是其重要来源，降低屯田纳粮的税率或者降低粮石折银的比例似乎都不太合适，因为这样会很大程度上削减州县税收，进而影响到整个定额财政体制。

以例言之。清代普定县田亩主要包括从安顺府亲辖地拨归的宁谷司部分民田，归并普定卫的屯田与科田，还有就是归并定南所田。据载，裁宁谷司归并的田地每亩起科本色米 14.1 升，归并的普定卫屯田每亩起科本色米 21.8 升，普定卫科田每亩起科 5.3 升，归并的定南所田每亩起科 15 升。显然，因为归并田地的来源不同，各田科则各异，单从这些税田纳粮的情况来看，除了卫所科田外，余者都有偏高之嫌。其中，定南所置于明崇祯年间，并无屯田、科田之分，也并没有折银成例。

同在一县境内，向同一县仓纳粮，不同来源的田地却有不同的税粮规定，这并非均平赋役之道。然而，完全打乱原有的成规旧条与村社组织体系重来的话，又会涉及田地丈量、统计、造册等一系列技术与实践上的麻烦与困难。更重要的是，这些成例一旦形成文字，登记造报就具有了法律效力，成为帝国财政收支体系不可摇动的螺丝钉，牵一发而动全身，可以调整的空间是相当小的，对于职轻权微的府州县地方官员更是如此。

改变赋税不均的办法有两种，一是针对不同的税率规定不同的折银比例。因为一个州县的税粮总额与折银总额都有一定之数，只要上缴的总数达到了规定的数目，至于征税的过程是可以相对地灵活处理的。不过，这种办法有一种危险，通过近乎平摊的办法，有部分人因此减税了，却也有一部分人因此增加了税负，同样面临操作上的困难。第二种办法就是，经过府州县的地方官员不断地向督抚题请，由督抚上报户部，经过户部讨论，皇帝批准后，对税率进行调整。不过，宫阙万重，这种自下而上的办法几乎很少奏效。除非朝廷先有命令，要求地方统一调整太过不均的税负，由中央到督抚，由督抚到州县，赋税调整就会容易得多。

表5　普定县各田税率统计表

税田类型	原税率（升/亩）	折银率（钱/石）	纳银数（钱/亩）	减则税率（升/亩）	减则折银率（钱/石）	纳银数（钱/亩）
宁谷司民田	14.1	1.44	0.20	9.4	1.44	0.14
普定卫屯田	21.8	0.707	0.15	10.09	0.707	0.07
普定卫科田	5.3	3.32	0.18			
定南所民田	15.0			10.0		

康熙三十九年，对于安顺田土赋税建设应该有重要的意义。此前的田亩照原有的则例纳税，此后那些新开垦的屯田、民田，得以按较低的税率缴纳田赋。宁谷司民田税率降至原来的66%，不过该田只有不足90亩，垦田农民的受益不大。新垦的普安卫屯田占到该卫成熟田的7%，屯赋由原来的21.8升/亩降到10.09升/亩，在折银比率不变的情况下，降低税率一半以上（见表5）。不过，从清初到清末，该县田赋税率的调整似乎仅此一次，各田“每亩各则例科征不等”① 的现状，在相关地方志或国家赋役簿籍的记录中并没有多少改变，直到民国时期，屯田、科田、秋田等名色仍相沿

① 这句话在咸丰《安顺府志》卷24至卷26《食货志》记载各属田亩赋税时多处出现，也充分体现了自明初所建立的贵州地方的赋役体系对清代贵州州县赋税制度的影响。写到这里的时候，应该是可以对孙兆霞等编《吉昌契约文书汇编》（社会科学文献出版社，2010）中所收集的各种田契主要分为科田、秋田、水田、陆地的来源有所解释。嘉靖《贵州通志》登载贵州卫所屯田，记录总数之后，再分载其水田、陆地数额。此后万历《贵州通志》与万历《黔记》皆载屯田、科田等名目，卫所与州县土司田地则以秋田名色载之。田契中诸色田亩名目正与此合，各类田契的分布亦大概是水田和陆地契约为多，科田其次，秋田较少。盖水田、陆地名目皆来自明初卫所屯田。由于经过清代税粮折银的调整之后，各类田土的赋税负担已经较为均平，水田应该是开垦最先、最为肥沃的，故买卖较少，买卖水田的田契也因此存留不多。

如旧。

清镇县、平坝县的例子与普定县类似。不过威清卫归并清镇县的屯田每亩或征米或征豆或征荞，每亩起科达3斗1升有余，康熙三十九年以后新垦屯田每亩起科本色米1斗5升有余。至于归并的威清卫科田，每亩起科本色米或豆5升4合有零，税粮不及屯田两成。清镇县归并镇西卫、威武所、赫声所的田则称为“兵余田”，全称是“征粮征豆不征银兵余常住俸田”，每亩起科本色米、豆3斗，康熙三十九年以后的新垦田起科本色米1.5斗。此外，还有其他名目的田色，如“帖马田”“征粮不征银备赈田”“征粮征豆不征银全熟功科赈田”等名目，还有一些额外杂赋[①]，大概都是随该县归并威清卫、镇西卫、威武所、赫声所而来的，盖皆属明代故物相沿而已。

仅就粮则而言，依照明代科则征赋的屯田肯定畸重。光绪《普安直隶厅志》比较民田、军田的赋役负担就说，明代卫所“实去名存”，清政府豁出军籍，实行改革。然而，“扰攘之际疆吏未能厘正，仍前明旧额征收而务取盈焉，故有一田岁收十石而纳粮一二石乃至三四石不一，其弊与苏浙官田无异”，黔中田赋“秋粮、科粮数十百取一，屯粮则几取其半，多寡悬绝，大不平允”，应当调整税则，使与秋粮、科粮相近。[②] 不过，贵州卫所屯田、科田与州县土司的民田（或曰秋田）的赋役差异或许没有想象中的那么大，因为“民田有条鞭、马馆名色，军田止征秋粮米，不征条鞭、马馆银”[③]，也在一定程度上减轻了赋役负担。

四　明代屯田组织与清代里甲体系

在《明代的军屯》中，王毓铨先生称，“屯所的设立，意味着守御旗军与屯种旗军在管理上的分离；也可以说是卫所屯种督理的专门化”[④]。明初滇黔卫所旗军率皆调遣而来，而垦种耕作的土地，又率皆依恃武力或在武力胁迫下获取，为保障屯种旗军在入居地的安全，遂有“屯堡”的开设。

① 咸丰《安顺府志》卷25《经制志·食货中》。

② 光绪《普安直隶厅志》卷9《食货·田赋》。

③ 光绪《普安直隶厅志》卷9《食货·田赋》。

④ 王毓铨：《明代的军屯》，中华书局，2009，第186页。

屯、守分职，是卫所屯田基层组织得以建立的基础和保障。

1. 明代的屯田组织

在都司卫所系统，除了贵州都司协同布政司、按察司有相应的管屯官员外，一般情况下，每卫各有佥书管屯指挥一员，卫辖左右中前后等千户所则各有管军屯百户十员。一些卫所还有管站或管堡百户、驿站，或直属千户所外还有在外的二级千户所，普市、黄平等直辖于贵州都司的千户所，也应该有相应的管屯官员司理屯田和自身的屯田组织系统，不过由于文献缺略的缘故，难以进一步勾勒其具体情况罢了。①

卫所屯田的具体组织，大体而言，应该是以百户为基本单位，由屯田百户专为司理，下则总旗、小旗以至于屯军，各按制而编。一般情况下，每军即为一户，屯田一分。② 在嘉靖《万历通志》中，就曾记载平坝卫“抛荒屯田七十六分，招集军民人等六十二名”③，仍部分保留着明初屯田基本统计单位的遗意。然而，屯以分计，并不能很好地体现屯田与屯赋承担之间的分配关系，可以说是一种比较突出的制度缺陷。因此，这种统计方式明初以后就逐渐被以顷亩统计屯田的形式所取代，它虽然没有完全否认以分为单位统计屯田的形式，但顷亩已经成为以后屯田统计的主要单位。

2. 清代安顺地区里甲体系的重建与改革

作为一种军事单位，在改朝换代而新朝自有其武力凭借的情况下，设置于明朝的贵州卫所也就失去了它原来的军事职能；而作为管辖田地、领有户口的地理单位，新朝建立伊始，自然难以对之进行更深入的调整。这就是清初贵州卫所所面临的尴尬处境。

从顺治十五年到康熙四年，通过一系列征战，清政府基本控制了贵州。明代贵州所设卫所，也在这一时期失去军事职能，变为一种单一的地理管

① 由于明初贵州屯田组织资料的缺乏，这里不妨仍用明代中后期资料加以说明，因为并没有资料表明从明初到明代中后期，这些洪武时期已经开设的卫所在屯田基层组织上有什么大的变动。况且在事实上，如果没有特殊的原因，这些卫所屯田的基层组织一旦形成并发挥作用，它的改变也并不是一件容易的事情。如果确实有比较大的变化的话，从存留下来的明代中后期乃至清初较多的官员的奏疏、地方志书中也应该会有所反映的。

② 明初屯田最基层的组织细胞应该是屯军户，田以分为单位统计而不是以顷亩统计，绝大多数情况下，即每军屯田一分。

③ 嘉靖《贵州通志》卷3《土田·附录》。

辖单位。在此基础上，裁撤卫所归并入州县，或者因之另设州县。而随着州县的设立，相应的基层管理体系，主要是里甲体系，则需要重新调整或者建立。下面以卫所归并后的安顺府各属里甲系统的调整为例，说明明代卫所屯田的基层组织体系对清代贵州里甲体系重建与改革的影响。

顺治十五年，安顺及平坝、威清、镇西归入清的版图，随即裁卫所指挥千百户等世职，卫设守备，所设千总以督理屯政。很快，经过顺治十八年、康熙十一年、康熙二十六年以及雍正五年的一系列政区建置调整，裁卫所归并入州县或撤卫所另设州县，并相应调整州县之间的统属关系①，至雍正八年，形成了清代安顺府相对稳定的行政建置。

总的来说，安顺府亲辖地以及所属厅、州、县，所辖疆域被分为起、枝、里、马、所等，各又有寨、屯、堡、场等具体地名。起、枝、马、所等名，大约相当于通常所说的“里”。安顺府亲辖地分为五起十四枝，五起所辖，主要在治北治东。各枝亦多为华离之地。其中，“沐官庄、道俸枝、九庄枝，旧皆官田，每枝里寨，不相联络，皆杂居各枝之间”，沐官庄属于原沐国公的庄田，道俸田是明代兵备道的官田，九官庄则应该是清初吴三桂的庄田。明兵备道设置较晚，不能像沐国公一样自辟庄田，田以给俸，当有相当部分田地是从原卫所屯田中划拨的，故道俸所在地方亦散见四方，间以屯、堡名，而沐官庄则多交错在二起、三起、四起、五起及府枝之中。由于沐官庄枝、上下道俸枝与上下九官枝地土散见四方，有人建议要削去这几枝的名目，将它们所辖村寨依照坐落地方分归各起各枝。② 至于何以造成这数枝所属的村寨散见各起各枝地方而相沿不改的原因，论者并没有深究。揆其原因，则应该主要与它们所承载的田赋水平或征纳方式与毗邻村寨不尽相同有关。③

平坝县。明崇祯十六年，安顺府同知一员驻平坝，是平坝卫向行政系

① 比如，在马乃之乱平定后，顺治十八年裁关索岭所，因马乃营地置普安县。康熙十一年，改普定卫为县。康熙二十六年，平坝卫改设安平县，因威清、镇西二卫地置清镇县，裁安南卫置安南县，改安顺军民府为安顺府。雍正五年，置南笼府，以普安州、普安县、安南县属之。

② 咸丰《安顺府志》卷4《地理志·疆里·府亲辖地》。

③ 其实，这也是一种插花地，只是属于里甲系统内部的插花地而已。至于猜测这种里甲体系一直不予改革的原因与赋税制度有关，则是因为多数情况下都是如此。

统转化的重要一步。清顺治十六年，清军进取平坝，革除该卫世袭指挥、千户等已经相当土著化的明代世职，设卫守备，守备司理屯田，平坝卫成为一个类似州县的赋役征收机构，当然也承担其他民事职能。康熙二十六年，经云贵总督范承勋题请，改平坝卫为安平县，省柔远所入之。改卫设县的同时，“编左、右、前、中、后，及柔东、西六所为永丰、隆盛二里”①。不过，这里应该是依据平坝卫原有的左、右、中、前、后五所仍编五所，另外将原柔远所所分的柔东、柔西两部分更为永丰、隆盛二里。对此，咸丰《安顺府志》说得很清楚：

> 康熙二十六年编左、右、中、前、后五所，柔东、柔西为永丰、隆盛二里。道光六年，知县刘祖宪以五所、柔东为六乡。所分十甲，分柔东上、中、下排，又柔西亦分上、中、下排，又有五铺及西堡一十二枝。②

其中五铺应该是因司铺递而另为分编，西堡则是康熙五十五年以西堡长官司地归并安平而来。清代安平县的里甲编制，除了后来并入的土司地外，在主体上秉承明初所谓平坝卫以及柔远所的屯田组织而来，至少到咸丰时期依然没有根本的改变。③

普定县系康熙十一年裁普定卫而设，省定南所入之，为安顺府附郭县。该县里甲的基本情况是这样的：

> 旧卫管五十军屯，今分为四里，永丰、江靖、奠安、忠兴是也。又有定上、定下共六里。江靖里分上、中、下，其中与下皆在治东北，而上则在西北，唯南水堡在南，瓦窑屯在西。奠安里分上、中、下，与忠兴一里，皆在治东。定上里，在治西，延及西北，此皆有定者也。定下里，则散见于治东南北。永丰里之上、下，遍及四方，而西南其最多者，又分四门，曰东，曰西，曰南，曰北，各以其方之地属之。又分五

① 道光《安平县志》卷2《建置沿革》。疑此处有误。

② 咸丰《安顺府志》卷7《地理志·疆里·安平县》。

③ 左右前中后等五所，每所依次编为一甲、二甲、三甲……至于十甲，整齐划一，完全保留了明平坝卫五千户所，每千户所分十百户，以百户为屯田组织单位的遗迹。

枝，曰五苑、丁当、白石岩、桐运、树陇，则越府界僻居南陲焉。[①]

虽说将五十军屯划为四里，但是，各里所属的地方却相互交错，而不是相对完整的。究其原因，应该是受到明初卫所屯田分布及相应组织体系的影响。在五十军屯划为四里的基础上，定上、定下里也难以保持自身的完整性。至于五枝所属，则是州县之间分割原土司辖地的产物，隔越府界，当有更复杂的原因。[②]

故镇宁州与安庄卫同城，辖地十二营司。康熙二十六年裁安庄卫归并镇宁，遂有其地。该州编枝十七，即附郭枝、郎洞枝、阿岔枝、东屯枝、西屯枝、木冈枝、补纳枝、公具枝、阿破枝、七伯方枝、蒙楚枝、华楚枝、陇革枝、浆米枝、上九枝、中九枝、下九枝。其中，从所属村寨的地名上看，州治附近六枝除阿岔枝以外，多数村寨具有浓重的明代卫所屯田村庄的命名色彩，上九枝、中九枝与下九枝散见府亲辖地中，应即明代安庄卫屯田交错镇宁州亲辖地之中者[③]，表明安庄卫屯田虽经归并，但安顺府亲辖地与归并安庄卫之后的镇宁州并没有进一步按田里坐落调整其归属，编制里甲因仍明代旧有的田里管辖格局而来。

明代卫所制度对永宁州的影响较为特殊。该州在万历时期曾移治安南卫城，入清后移治查城驿，裁关索岭所入之，其“为永宁、关索、顶营、募役故地，毫无割析”。该州主要由十七马分辖各地村寨[④]。各马以外，又有“十二科庄”之名，则属明关岭所额设田，该所原辖关岭、查城二站[⑤]。

① 咸丰《安顺府志》卷6《地理志·疆里·普定县》。

② 至于其中原因，追难详考，这可能涉及明清民国以来，贵州各属州县之间“插花地”形成的各种因素，包括明初卫所屯田分布特征、土司裁革后各州县对其领地的瓜分等，可能还包括原住民对各属州县的选择等原因，它们都造成了贵州“插花地”特别多，特别复杂，特别难以清厘的状况。对于这个问题，在学界研究的基础上，仍需要有所深入。

③ 咸丰《安顺府志》卷5《地理志·疆里·镇宁州》。

④ “永宁州十七马：募役司四马，顶营司二马，沙营司一马，六保枝、阿果枝、八十石三马，江外一马，上三马，下三马。其称马者何？明代设查城站，官牧站马以应站差，即地之广狭以出站马之多少，故谓地方为马，今尚相沿称之”。

⑤ 道光《永宁州志》卷4《地理志·村寨》引乾隆《永宁州志》云：“明洪武二十五年，置关索岭所官，额设十二科庄隶之……国朝康熙二十二年，所官废，科庄隶于本州……今庄不止十二，而十二科庄之名犹相沿不改”。

永宁各属以马计、以所计，源自明代该州地方特殊的供役制度，而这种供役制度与明代贵州沿驿道所设卫所的驿、站走递职能有关。关岭所十二科庄，当视为卫所科田之属。

此外，安顺府所辖归化厅、郎岱厅，因土司改流而设，其里甲编制与明代卫所屯田关涉不大。郎岱分七枝为十里，以乐善、岁稔、物阜、财丰、敦孝、笃行等名之，并无沿袭明代旧有名目命名。归化地分十二枝，村寨以其所在方位而统辖。郎岱、归化厅因无明代卫所田分布其间，里以枝分，各辖村寨，因此插花、华离的村落较少。

概言之，清代以及民国贵州地多插花、瓯脱，追溯其原因，主要有二：其一，即相当一部分卫所管辖的屯科田地交错在州、县、土司境内，二者科则不同，输纳各异，归属不同的管理系统。清代裁卫所归并或者改设州县，重建或调整里甲系统，就不得不面对原来的卫所屯田组织系统，只能在其基础上因革损益而为之。其二，明代贵州与邻省交界地段辖地多属土司，土司本无精确的界址区划可言，其间更夹杂一些所谓“生界”，嗣后政区疆界逐渐要求明确，而原来犬牙相制的制度安排以及统辖不明、“生界”造成的划界纠纷也就凸显出来。由于这一问题相当复杂，也不是本文所要探讨的问题所在，故此略之不予详论。

小　结

明初贵州卫所在川滇驿道、滇黔驿道沿线密集设置，与卫所开设相应的就是卫所屯田的开展与大量屯堡社区的形成。但是，屯堡作为一种独具特色的地域社会文化，却仅在黔中安顺一带得以保存至今。其根本原因就在于，虽然经历清代、民国长时间的历史变迁，但明代军屯实践存留于屯堡社区的制度遗产一直持续存在。这种制度遗产就是明代卫所军屯所形成的赋役制度与基层社会的组织结构。在这个意义上可以说，安顺是贵州军屯制度实际消解最晚的地方，清代改卫归流以后仍然延续的赋役制度以及由卫所屯田组织转化而来的村社里甲组织体系，为屯堡文化的传承提供了制度保障。

在完成改卫归流之后，原有的赋役名色仍得以保持，田土科则与州县的赋役定额仍依照旧制，赋役制度并没有消解。屯田在法律意义上虽然可以自由买卖，实际上却受到地方政府的限制，因为这种买卖可能造成严重的赋役规避现象而使田赋的征收陷入异常被动的境地。同时，屯田对重科则的长期因应，定额税制下民间赋役承载方式与额度的固化，已经有效地限制屯赋流失现象的发生。截至光绪十年（1885 年）仍记录在汪公会的“屯田”，作为“集体”资产的一部分，它不可买卖的特性仍然被特别强调，并且“绝军”户与耕种者形成佃耕关系，说明明代的屯军户与清代改卫归流后的里甲户一旦登载于田赋册籍就具有不可更革的法律效力。同时，“屯田”所承担的田赋仍按“分”统计，每分纳粮四石，也可视为明代“卫制”的继续。这意味着，在户籍与赋役的意义上，直至清末，卫所军屯制度所消解的仅仅是政治、军事功能，而赋役制度规定下的民间运作机制远未瓦解。相反，相对于明政府对贵州卫所或县级政区的基层社会控制能力而言，它还在一定程度上得到整顿和强化。①

明代贵州卫所在军事防戍的基础上垦田种地，缴纳田赋，承担徭役，建立了系统的基层屯垦组织，也为清代地方基层社会组织——里甲体系的建立奠定了基础，影响到清代州县的赋役体系。明代卫所的屯垦组织，不仅是一种军事组织的形式，也是一种基层社会组织结构，以军屯的组织方式，构建人与土地、人与人之间的关系，也是构建民众与政府、汉族与其他族群之间互动关系生动展开的背景。通过卫所军屯的形式，明政府在贵州地区以军事编制的形式建立了类似于州县里甲的基层社会组织体系。这套体系在具体实践中可能存在地域差异。但是，清代地方政府在改卫归流之后仍必须依托这套组织体系来重建自身的基层里甲组织，以此为基础编织出州县对地方社会的控制网络。

总之，屯堡“稳定性”长期存在的原因，从基层社会的组织结构、定额财政体制规范下的地方赋役实践方面理解，不失为一种可行的思路。

① 改土归流与改卫归流后的清代贵州县级政区大体都依托里甲制度建立赋役征发体系。改卫归流之后，安平、清镇、普定等县级政区，大都直接接管了卫所遗下的土地和户口，将之纳入州县赋役管理体系。但是，对于卫所军屯实践造成的基层社会组织结构与赋役则例却没有作出根本调整，这恰恰为屯堡文化的传承提供了基本制度保障。

平坝白云陈氏陈旺陈亮父子史事考述

孟凡松*

摘　要：作为黔中屯堡家族的代表，平坝白云陈氏《黔南陈氏族谱》载其入黔始祖陈旺、二世祖陈亮的军功叙事，由于武职世袭制度的约束，保存了相当的“真实性”。

关键词：白云陈氏　屯堡　卫所

流传至当代的黔中屯堡家族移民故事，多言其入黔始祖为洪武调北征南或调北填南而来。这些看似言之凿凿的始祖故事，口耳相传，历久不衰。但是，若检讨明代实录、正史及政书的记载，则不难发现，它们每多讹误，不可轻信。然而，有关屯堡的祖先记忆是否皆不可信呢？答案显然是否定的。在卫所武职世袭制度的规范下，明清相当长一段时间内，屯堡家族关于入黔始祖或军功来源的叙事，是有较强的真实度与可信性的。《黔南陈氏族谱》有关陈氏入黔始祖陈旺、二世祖陈亮的记载，不仅背景真实，细节处亦多有可考。陈旺陈亮父子的履历，在黔中屯堡家族中，具有一定的典型性。

* 孟凡松，安顺学院科研处副处长，副教授。

一　陈旺史事考述

陈旺，黔南白云陈氏奉之为入黔始祖。据《黔南陈氏族谱》载《入黔始祖纪略》云：

> 始祖讳旺，公江南扬州府江都县太平桥剪刀巷人，前长枪何同佥下万户。□□己亥正月，□婺州附，从军取诸暨，攻绍兴，克衢州等处。庚子年，随常平章攻杭州。辛丑年，接应信州，攻李明道贼寨，生擒千户周贵，赏缎一匹。壬寅年，张寇诸暨侵犯，剿捕龙游反寇。癸卯年，克复诸暨，给潮头，驻扎兴朝新城。九张侵犯东阳、义乌，国公接应，杀败贼众。甲辰年，统总旗守严州。丙午年，平定杭州，赏缎一匹。洪武元年拨杭州卫，曹国公拨杭州守御。三年，征上都应昌，平定全宁红罗山贼，赏钱六石。四年，复征应昌，克破密剌等寨，赏银三两。七年，破大麻等寨，生擒反贼一名，杀获首级一颗。九年，随顾指挥守捕甕榜。九月，钦除河南都司祥符卫左所百户。十四年，随本卫指挥陈胜进征云南。十月，征越州，破千家硐，平定普定、盘江、普安、曲靖、云南等处，赏钞十锭。十五年，平定楚雄、沙店、罗洛、高宗、南州、大理、金齿、普蛮等处。六月，随定远侯攻东川达鲁等处。十六年五月十九日，敕授昭信校尉。十八年，奉旨准以年老致仕，恩赐平坝卫左所百户，子孙食禄，世袭，与国周替。吾族之隶籍黔南，世居平阳，盖自公始焉。①

概观族谱记述，陈旺一生的军旅生涯，可分为三个时段：洪武元年前，以金华为中心，转战诸暨、绍兴、衢州及信州等地；洪武三年至四年，两征应昌；洪武七年至十八年致仕前，主要在滇黔地区活动。

① 黔南白云陈氏族务会整理复印：民国《黔南陈氏族谱》，第3册，《传述纪志编·入黔始祖纪略》，2009，第3~4页。又，此篇末载“十二世孙元士敬述”，并加按语云：“此篇年久，似有脱文错简”，表明此篇入黔始祖陈旺的传记，虽有难解之处，但仍文有所本，此是照录原献。笔者注，下引《黔南陈氏族谱》，同此版本，仅标注谱名、册数、篇名与页码。

1. 转战浙东诸地

“前长枪何同佥下万户”，“前”即前元，“长枪”指长枪军，万户之称，在元末多滥，有元廷授衔万户者，亦有义兵领众数百十人自称万户者。长枪军，即元末青军元帅张明鉴军。元至正十七年（丁酉年）十月，朱元璋命元帅缪大亨率师取扬州，克之，青军元帅张明鉴以其众降。《明太祖实录》载张明鉴本末云：

> 初，乙未岁，明鉴聚众淮西，以青布为号，名“青军”，人呼为“一片瓦”。其党张监骁勇，善用枪，又号“长枪军”。党众暴悍，专事剽劫，由含山、全椒，转掠六合、天长，至扬州，人皆苦之。时元镇南王孛罗普化镇扬州，招降明鉴等以为濠泗义兵元帅，俾驻扬州分屯守御。丙申三月，明鉴等以食尽复谋作乱……因逐镇南王而据其城……明鉴等既据城，凶暴益甚，日屠城中居民以为食。至是，大亨攻之，明鉴等不支，乃出降。①

张明鉴虽降于朱元璋，其部众则犹未尽降，或仍与朱元璋相持，长枪何同佥即此类。

元至正十八年（戊戌年）十二月，朱元璋“遣主簿蔡元刚往东阳招长枪元帅谢国玺，不从。其部将何同佥阴遣其属龚敬赍书，以所部兵来降”②。此前，朱元璋“以枢密院判胡大海攻婺州，不克，乃自将亲军副都指挥使杨璟等师十万往征之”③。东阳招降长枪元帅谢国玺，乃朱元璋婺州战役的一部分。在谢国玺部将何同佥降后十余日，朱元璋命掾史周得远招谕婺州，不下，乃督兵围而降之。④ 遂改婺州路为宁越府，⑤ 旋于庚子年（至正二十年）改金华府。

---

① 《明太祖实录》卷5，丁酉年（元至正十七年）十月甲申。

② 《明太祖实录》卷6，戊戌年（元至正十八年）十二月庚午。

③ 《明太祖实录》卷6，戊戌年十一月甲子。

④ 《明太祖实录》卷6，戊戌年十二月壬午载：“（上）至婺，升枢密院判胡大海为佥枢密院事，命掾史周得远入城招谕。不下，乃督兵围之……翌日……枢密院同佥宁安庆与都事李相开门纳大兵”。

⑤ 《明太祖实录》卷6，戊戌年十二月丙戌。

族谱载“己亥正月，婺州附”，此虽“似有脱文错简”，然亦大致不误。一来，何同佥之降与婺州之下皆在戊戌年十二月，与己亥正月相隔甚近；二来，二者皆朱元璋婺州战役的一部分，此处笼统以“婺州附”言之未尝不可；三来，婺州乃浙江居中之地，控制婺州之后，“取诸暨，攻绍兴，克衢州”，及至攻占杭州，乃朱元璋既定战略，时间上亦前后相承。①

在“太祖谋取浙东未下诸路”② 的背景下，己亥年正月，“佥院胡大海帅兵取诸暨”，“改诸暨为［诸］全州”，“仍命大海总兵攻绍兴”③。四月，胡大海攻绍兴之役取得重大进展，而“帐前元帅陆仲亨攻衢州”却“不克而还”④。七月，“枢密院同佥常遇春率兵攻衢州”⑤，在“围城两月余，攻击无虚日”之后，“同佥常遇春克衢州”⑥。因此，族谱载陈旺“从军取诸暨，攻绍兴，克衢州等处”，率皆己亥年事，初随胡大海征进，继在常遇春麾下。

十月，“升同佥行枢密院事常遇春为佥枢密院事”；⑦ 十二月，“命佥院常遇春帅师攻杭州”⑧。至次年三月，以“战数不利”，“城不得下”，“遣使召之还”。⑨ 及至己亥年末，庚子年春，随常遇春攻杭州，战数月不利，为朱元璋遣使召还。

己亥年正月，陈友谅兵陷信州。⑩ 次年（庚子年）闰五月，胡大海领兵克信州，改信州路为广信府。⑪ 又次年（辛丑年）五月，陈友谅将李明道寇信州，⑫ 李明道攻信州急，守将胡德济遣人求援于浙东胡大海，胡大海率兵

① 《明太祖实录》卷7，己亥年（元至正十九年）正月乙巳载：“上既抚定宁越，欲遂取浙东未下诸郡”。

② 《明史》卷1《太祖本纪一》，中华书局，1974年，第1册，第7页。

③ 《明太祖实录》卷7，己亥年正月庚申。

④ 《明太祖实录》卷7，己亥年四月戊寅。又载：“佥院胡大海率元帅王玉等攻绍兴，军至蒋家渡，遇张士诚兵，击败之……其众退至萧山东门，我师又破之，余众溃走”。

⑤ 《明太祖实录》卷7，己亥年七月乙巳。

⑥ 《明太祖实录》卷7，己亥年九月丁未。

⑦ 《明太祖实录》卷7，己亥年十月壬申。

⑧ 《明太祖实录》卷7，己亥年十二月戊辰。

⑨ 《明太祖实录》卷8，庚子年（元至正二十年）三月戊子。

⑩ 《明太祖实录》卷8，庚子年五月戊午。

⑪ 《明太祖实录》卷8，庚子年闰五月戊寅、甲申。

⑫ 《明太祖实录》卷9，辛丑年（元至正二十一年）五月甲戌。

由灵溪而援信州，擒明道及其部卒千余人。[①] 族谱载陈旺接应信州事，即此，信州围解，陈旺等随胡大海再回浙东守御。

壬寅年二月，金华苗军元帅蒋英等叛，杀参政胡大海等。[②] 乘蒋英之乱，张士诚遣其弟士信率兵万余围诸全，守将谢再兴固守二十九日，朱文忠遣胡德济援之，于三月初退敌。[③] 族谱谓“张寇诸暨侵犯”，语虽有不通处，指蒋英叛杀胡大海，张士信围诸全事则是实。在胡大海被杀后四日，处州苗军元帅李佑之等亦杀耿再成等，据其城。[④] 朱元璋即命平章邵荣讨处州，四月初，复之。[⑤] 龙游即原衢州改名而来。[⑥] 蒋英等叛杀胡大海时，“衢处苗帅”，亦即“处州苗军元帅”李佑之等亦反，衢处相邻，族谱谓剿捕龙游反寇事，追指此而言，陈旺或先随胡德济等援诸全，事竣，又受调遣参与了克复处州的平叛战斗。

癸卯年二月，移置浙江行省于严州，时张士诚屡寇严州及诸全，自金华发兵不能即达，故移置之。[⑦] 四月，诸全守将谢再兴叛，奔绍兴降于张士诚。九月，“诸全叛将谢再兴以张士诚兵犯东阳，左丞朱文忠率兵御之，部将夏子实、郎中胡深为前锋，与其兵遇于义乌，战方接，文忠自将精骑横出其后击之，再兴大败遁去。深因建议以为诸全乃浙东藩屏，诸全不守则衢不能支，乃度地距诸全五十里于五指山下筑城备御分兵戍守之”[⑧]。诸全新城甫筑，张士诚将李伯昇即大举攻之，城坚不可拔，乃引去。[⑨] 此所述与族谱“九张侵犯东阳、义乌，国公接应，杀败贼众”之事大致相合。国公，即朱文忠，后复姓李氏，以功封曹国公。

乙巳年二月，张士诚愤诸全之败，集兵号二十万遣李伯昇、谢再兴将之，再攻诸全之新城，同时出兵桐庐趋严州。在朱元璋方面，经严州行省

① 《明太祖实录》卷9，辛丑年六月丙午。

② 《明太祖实录》卷10，壬寅年（元至正二十二年）二月癸未。

③ 《明太祖实录》卷11，壬寅年三月癸丑。

④ 《明太祖实录》卷10，壬寅年二月丁亥。李佑之，他处又作李祐之，此称“处州苗军元帅”，同卷二月癸未则称其“衢处苗帅”。

⑤ 《明太祖实录》卷11，壬寅年三月丁未、四月己卯。

⑥ 《明太祖实录》卷7，己亥年八月丁未。

⑦ 《明太祖实录》卷12，癸卯年二月戊寅。

⑧ 《明太祖实录》卷13，癸卯年（元至正二十三年）九月壬午。

⑨ 《明太祖实录》卷13，癸卯年九月乙未。

右丞朱文忠调度，大破士诚兵。[①] 族谱谓“甲辰年，统总旗守严州”，若指张士诚再攻诸全之役，则时间上当以“乙巳年”为更确。

丙午年八月，朱元璋命徐达、常遇春帅师二十万伐张士诚。[②] 九月，命朱文忠帅师攻杭州。[③] 十月，下桐庐，围余杭。[④] 十一月，攻下余杭，进兵杭州，张士诚平章潘原明降。[⑤] 丙午年平定杭州，李文忠为主帅，陈旺与役，后浙江沿海州县设兵镇守，旺即被拨杭州守御。

2. 两征应昌

洪武三年正月，明廷以王保保为西北边患，命徐达为征虏大将军，李文忠、冯胜、邓愈、汤和为副，分道北征。[⑥] 二月，李文忠下兴和，进兵察罕脑儿，执元平章竹贞。[⑦] 五月，败元太尉蛮子等于白海子之骆驼山，进次开平，趋师应昌，克之，追元太子爱猷识理达腊至北庆州，不及而还。师过兴州，降元将江文清等，至红罗山，降其将杨思祖等。[⑧] 陈旺洪武三年之征应昌，即随李文忠部征进。族谱载“赏钱六石”，不确，明初因军功遍赏旗役者，或钱或银或米，钱以千、百计，银以两计，米以石计，此或应作“赏钱六千”、“赏米六石”。据《明太祖实录》载，三年十月，“命户部赐平章李文忠所领征北士卒之家米人六石”[⑨]，则族谱作“赏米六石”为确。

洪武五年正月，命徐达为征虏大将军，出雁门，趋和林，李文忠为左副将军，出应昌，冯胜为征西将军，出西路，帅师征王保保。[⑩] 六月，李文忠败元兵于阿鲁浑河，骁骑左卫指挥使周显等战殁。周显，历功升指挥同知，洪武三年收应昌红罗山等寨升指挥使，至是，从李文忠再征应昌战殁。[⑪] 九

① 《明太祖实录》卷16，乙巳年（元至正二十五年）二月丙午。
② 《明太祖实录》卷21，丙午年八月辛亥。
③ 《明太祖实录》卷21，丙午年九月乙未。
④ 《明太祖实录》卷21，丙午年十月甲子。
⑤ 《明太祖实录》卷21，丙午年十一月己丑。
⑥ 《明太祖实录》卷48，洪武三年正月癸巳；又《明史》，第2册，第23页。
⑦ 《明太祖实录》卷49，洪武三年二月是月。
⑧ 《明太祖实录》卷52，洪武三年五月丁酉、辛丑。
⑨ 《明太祖实录》卷57，洪武三年十月辛酉。
⑩ 《明太祖实录》卷71，洪武五年正月庚午、甲戌。又《明史》，第1册，第26~27页。
⑪ 《明太祖实录》卷74，洪武五年六月甲辰。

月，诏徐达、李文忠等还京，士卒还驻山西、北平近地。[①] 洪武三年后，复征应昌当在洪武五年初。

3. 有事滇黔

族谱载陈旺"七年破大麻等寨"，未详统兵将领，亦未详大麻等寨究系何属，据后文"九年"云云，或系贵州某地。据载，洪武六年闰十一月，"贵州谷峡剌向关蛮寇的令等聚众树栅为乱，命贵州卫指挥佥事张岱率兵讨之"[②]。七年二月，张岱率兵攻谷峡剌向关，击蛮寇的令等走之，追至的敖寨，大破其众，斩首数百级，蛮人震慑。复遣总旗康成等追禽的令、的若二人而还。[③] 陈旺破大麻等寨，擒斩各一，或即此役，时陈旺当系总旗。洪武六、七、八年间，贵州卫领兵征战将领见于实录者有指挥佥事张岱[④]，指挥同知胡汝[⑤]。随后，主要领兵者则有顾成。据载，九年十二月，"贵州新添瓮傍蛮犵猪叛，贵州卫指挥顾成讨平之"[⑥]。瓮傍即甕榜，顾指挥即顾成。

在洪武五年再征应昌之后，陈旺或即以总旗调入贵州卫，至九年九月，除河南都司祥符卫百户。十四年，傅友德领兵征云南，祥符卫与役，陈旺亦随本卫指挥陈胜征进。十六年三月，在云南初定的局势下，明廷开始考虑班师之计，朱元璋打算留沐英镇云南而令傅友德还朝。[⑦] 十七年三月，傅友德、蓝玉班师还京。[⑧] 族谱载陈旺于洪武十六年五月敕授昭信校尉，其或即在此前后召还祥符卫。《明太祖实录》载德庆侯廖永忠子廖权洪武十四年从傅友德征云南，即于十六年五月召还。[⑨] 在陈旺受敕前后，明廷正下诏廷臣定拟文官封赠荫叙之制，[⑩] 盖武官勋禄封赠，已有定制。昭信校尉，据洪

① 《明太祖实录》卷76，洪武五年九月是月。

② 《明太祖实录》卷86，洪武六年闰十一月壬辰。

③ 《明太祖实录》卷87，洪武七年二月癸卯。

④ 《明太祖实录》卷86，洪武六年闰十一月壬辰；卷87，洪武七年正月戊子、二月癸卯；卷95，七年十二月壬子；卷98，洪武八年三月辛酉；卷107，九年七月丁卯。

⑤ 《明太祖实录》卷100，洪武八年五月庚申、六月壬寅、八月甲辰。

⑥ 《明太祖实录》卷110，洪武九年十二月己卯。《明名臣录》卷16《镇远侯夏国武毅顾公神道碑铭》载："八年，调贵州卫。明年，瓮傍等山寨蛮寇叛，公率兵讨之，斩首百余级，俘获人马尤众，夷慑服叩首，请岁纳租赋"。所载即顾成讨捕瓮傍事。

⑦ 《明太祖实录》卷153，洪武十六年三月甲辰。

⑧ 《明太祖实录》卷160，洪武十七年三月丁未。

⑨ 《明太祖实录》卷161，洪武十七年四月癸巳。

⑩ 《明太祖实录》卷154，洪武十六年五月庚申。

武二十五年重定品阶勋禄之制，典仗、百户为正六品，武勋云骑尉，阶初授昭信校尉，升授承信校尉，禄月米一十石。[①] 又据洪武六年所定文武官诰命制度，公侯一品至五品诰命，六品至九品敕命。[②] 陈旺于洪武九年九月除祥符卫百户，调征云南有功，得初授敕命，百户正六品，故为昭信校尉。《黔南陈氏族谱》载陈旺敕命云：

> 奉天承运，皇帝敕曰：轩辕平蚩尤以制兵，列圣相传而有军职焉。所以军职者，御辱防奸。朕虽薄德，敢不效先圣而安众庶。尔陈旺从征有功，今特授昭信校尉，祥符卫管军百户。既承朕命，夙夜毋怠以称斯职。尔惟懋哉。
>
> 洪武十六年五月十九日。[③]

此敕命内容，合于当时的制度规定，夙夜、毋怠、尔惟懋哉等，其用语习惯亦与洪武时期所颁其他诰敕相合，信非杜撰。洪武十八年，陈旺致仕，若无他故，当仍以祥符卫百户身份致仕，非平坝卫百户。平坝卫正式设置的时间是洪武二十三年闰四月。[④] 陈旺致仕，其子陈亮替职，因故调新设之平坝卫，陈旺以子之故移居平坝，“隶籍黔南，世居平阳”，被尊为入黔始祖，亦未尝不可。

陈旺原系长枪何同佥手下一名基层将领，诸暨归附朱元璋之后转战浙东各地。明朝建立后，曾于洪武三年至五年间两次参加了征伐应昌的战役。此后一段时间内，在贵州地区参加军事活动，并于洪武九年升授河南祥符卫百户。此后，他随本卫指挥陈胜参加了克平云南的战争。在朝廷敕授昭信校尉之后不久，陈旺致仕。其子陈亮替职，因故降除新设平坝卫百户，旺亦随子亮徙居平坝。

---

① 《明太祖实录》卷 222，洪武二十五年十一月。

② 《明太祖实录》卷 85，洪武六年九月癸卯。

③ 《黔南陈氏族谱》第 3 册，《敕诰赠言哀祭·敕诰类·敕命一》。

④ 《明太祖实录》卷 201，洪武二十三年闰四月壬辰载：置平坝卫指挥使司于贵州威清驿，以金镇为指挥佥事领兵守之。

二 陈亮史事考述

陈亮，即黔南白云陈氏族谱中的入黔二世祖。谱载其传云：

> 二世祖讳亮，公原任湖广都司安陆卫后所副千户，洪武二十一年调征北军，追至桑安县。二十二年，为追北军事降除平坝卫实授左所百户。二十五年，随本卫指挥金征康佐□蹉，杀获首级一颗，进征紫江、清江、平浪、居宗等处。二十六年，攻阿贡垄、西堡等处。二十七年，平定康佐，赏钞六十锭。二十八年，随曹指挥征平紫江，赏钞二十二锭。三十年，随金指挥征伍开天堂山、春花、金井，杀获首级一颗。十二月，调征陈濛烂土。三十一年三月，赴京考选，升平坝卫左所正千户。永乐五年七月，调随指挥刘刚征广西，攻山都掌等处，杀获首级一颗。六年，随鹰扬将军方征思南、桂县等处，生擒反贼杜庆。是年九月，随总兵黔国公征交趾。七年，随都指挥陈滨征昌江，登岸攻打排栅，杀败贼众。九年，征大海口。十一年，征大安三江口等处。宣德六年二月，老，致仕。子善袭职。①

观族谱所载，陈亮的军旅生涯，可分为三个阶段。其替父职，升授副千户，因调征北军事降除平坝卫百户为第一阶段；调入平坝卫之后的洪武晚期，参与了贵州地区系列征战，为第二阶段；永乐五年至十一年间，先后调征广西、交趾诸处，为第三阶段。此后，陈亮回卫履职，至宣德年间致仕。

1. 降除百户

陈亮父旺于洪武十八年致仕，则亮替职应在稍后，或即十九年。亮初替职，当为祥符卫百户，旋升副千户，调安陆卫，故族谱谓其原任安陆卫副千户。咸丰《安顺府志》据《陈氏家谱》谓亮“调征北无功”，“降平坝

① 民国《黔南陈氏族谱》，第3册，《传述纪志编·二世祖纪略》，2009年，第4~5页。传末附言云：“《安顺府志》有公小传，兹不具录”。

左所百户"[①]。族谱谓"调征北军，追至桑安县"，"为追北军事"降除百户。"追北军事"究属何事，此言之不详。

洪武二十年正月，明廷以冯胜为大将军，傅友德、蓝玉副之，征纳哈出。六月，纳哈出降。八月，收冯胜大将军印，召还，以蓝玉摄军事。九月，以蓝玉为征虏大将军，延安侯唐胜宗、武定侯郭英副之，以期在纳哈出金山之众悉众来降的基础上，能够乘势"肃清沙漠"。[②] 次年三月，诏申国公邓镇、定远侯王弼、南雄侯赵庸等从蓝玉北伐。四月，蓝玉袭破元嗣君于捕鱼儿海。八月，蓝玉师还，大赉北征将士。族谱说陈亮调征北军，盖指此次蓝玉之征。

平坝卫置于洪武二十三年闰四月，领兵者为宣德侯金朝兴之子指挥佥事金镇。[③] 与平坝卫前后设置的还有威清卫，当时，延安侯唐胜宗往云南训练军士，所训练者，即洪武二十二、二十三年间，湖广通往云南的驿道沿线新设平溪、清浪等十数卫，平坝、威清同列名其中。[④] 又安陆侯吴杰往湖广长沙府训练将士，籍其土军凡 18023 人，即将之分隶平坝、威清诸卫。[⑤] 平坝、威清二卫设置时间相近，设置地点相邻，旗军皆系编练垛集民丁而来。在威清卫武职选簿中，记载了多例洪武二十二年为事调威清卫，或该年军、充军发威清卫者。[⑥] 尽管平坝卫实设置于洪武二十三年间，但族谱谓陈亮洪武二十二年为事降除平坝卫百户，是符合明末卫所选簿的记载习惯的。[⑦]

2. 黔中转战

洪武二十五年，陈亮随本卫指挥金征进。本卫指挥金，当即平坝卫指

① 咸丰《安顺府志》卷 30《职官志·明名宦传·陈亮传》，《中国地方志集成·贵州府县志辑》，第 41 册，第 420 页。下引该志同，仅标注卷次、页码。

② 《明太祖实录》卷 185，洪武二十年九月丁未。

③ 《明太祖实录》卷 201，洪武二十三年闰四月壬辰载："置平坝卫指挥使司于贵州威清驿，以金镇为指挥佥事领兵守之。镇，宣德侯朝兴子也，十八年袭侯爵。至是，坐事夺爵，授今官"。

④ 《明太祖实录》卷 202，洪武二十三年六月乙丑。

⑤ 《明太祖实录》卷 203，洪武二十三年七月乙卯。

⑥ 参见《中国明朝档案汇编》第 60 册，《威清卫选簿》。因这类例子较多，故此不枚举。

⑦ 洪武二十三年夏，胡惟庸余党案定谳，受此牵连的中基层军官及士兵甚众。在官方档案及其他记载常见的"洪武二十二年为事"云云，或与此有关，并成为一种口径相当统一的表述。

挥使金镇。金镇，庐州府巢县人，《皇明开国功臣录》载其为金朝兴长子，袭封宣德侯，洪武二十三年降平坝卫指挥，累建征伐功，升都指挥。镇子润，袭昌江卫指挥，没于阵。润弟澄，澄子桂，桂子琮，琮子声，声子鼎，世袭平坝卫指挥使。[①]《明书》更是具体指出，金镇"追论胡党，降平坝卫指挥"[②]。金镇以胡惟庸余党案夺爵，初授平坝卫指挥佥事，寻升指挥使。[③]

《明太祖实录》载：

（洪武二十五年七月）己丑，贵州卫指挥使金真等率兵击苗民于郎浦、摆山、老鸦等寨，斩其负固不恭命者，俘其从乱者千余人，于是诸寨悉平。仍令副长官薛福寿等抚其余众，复供税如故。[④]

此贵州卫指挥使金真，当即金镇。此又言其为贵州卫指挥使，或为贵州平坝卫之略，尤言贵州卫所的指挥使，或金镇升指挥使之后旋调贵州卫，故其时确为贵州卫指挥使。副长官薛福寿者，即黔中史籍所载康佐司长官薛福寿。据《贵州图经新志》载：薛福寿，镇宁州人，洪武初任康佐司长官，安集流散，抚字困穷，民始□（复）业。[⑤] 康佐长官司在明镇宁州北四十里，元为康佐寨，洪武十九年置长官司，领寨四。[⑥] 可见，洪武二十五年，陈亮以百户从金镇征镇宁州康佐司一带。

据族谱载，陈亮随指挥使金镇征康佐后，又征进"紫江、清江、平浪、居宗等处"。紫江之名，见于《元史》数次，元世祖至元二十九年，葛蛮军民安抚使宋子贤请诏谕"未附诸洞猫蛮"，即有平伐、紫江等处。[⑦] 平浪当即都匀卫平浪长官司地，今都匀平浪镇。今贵定亦有平伐村，与平浪镇相去不远。可见，从征康佐后，陈亮又参与了贵州宣慰司迤东都匀一带的征伐活动。洪武二十四年底至二十五年夏，后军都督茅鼎、前军都督佥事何

① 《皇明开国功臣录·金朝兴传》，《明代传记丛刊》，第23册，第709～710页。
② 《明书》卷96《金朝兴传》，《明代传记丛刊》，第87册，第284页。
③ 《明太祖实录》卷201，洪武二十三年六月庚寅。
④ 《明太祖实录》卷219，洪武二十五年七月己丑。
⑤ 弘治《贵州图经新志》卷9《镇宁州·人物》。
⑥ 弘治《贵州图经新志》卷9《镇宁州·公署》。
⑦ 《元史》卷17《世祖本纪十四》。

福、杨春等会讨五开诸蛮，其前后又有何福领兵对都匀九名九姓等地的战斗，此处所指，或即此。

洪武二十六年七月，贵州都指挥顾成领兵讨普定卫西堡长官司阿德诸寨长卜剌赞等乱。[①] 族谱谓陈亮于该年攻阿贡垄、西堡等处，或即随顾成征之。

族谱谓，“二十七年，平定康佐，赏钞六十锭”。查《明太祖实录》等，并无该年平定康佐的记载。此所载或侧重于“赏钞”。陈亮曾于洪武二十五年从指挥金镇征康佐。顾成亦于洪武二十五年夏赴京，升授贵州都指挥同知，旋还贵州，“首征康佐叛蛮，破阿老诸寨峒”[②]。陈亮之受赏，系平康佐之功，洪武二十七年当系受赏时间。

洪武二十八年，随曹指挥征平紫江，赏钞二十二锭。曹指挥究系何人，仍须进一步讨论。迨与平康佐受赏相似，系稍前随征，至此时受赏。

洪武三十年，随金指挥征伍开天堂山、春花、金井，杀获首级一颗。伍开即五开卫，洪武十八年置。《明名臣琬琰录》载顾成史事云：“（洪武）三十年，五开蛮反，公率兵至臻剖大峒，悉破之，进剿天柱、天堂、春花、金井、蒲头、大小坪等生苗及螃蠏、米毫、湾溪、万潮等寇，皆破之”[③]。《明太祖实录》亦载，洪武三十年六月，命顾成讨靖州洞蛮。当时，顾成平水西叛酋，被召，将还京，“会蛮人寇五开，故遣使赍敕即军中命成与都指挥程暹统兵讨之”[④]。春花、金井，在今天柱县境内皆有以村名者，二村相距不远。地名以天堂（或天堂坡）名者，在天柱、锦屏境内有数处，其中亦有与春花、金井相距稍近者。陈亮随金指挥征五开，当即今天柱、锦屏一带。又永乐十一年，明廷在废置思州、思南二宣慰时，朱棣即敕谕思州台罗等寨及青龙、渡马、上下小坪、春花、金井、天堂等处苗首人等云云，[⑤] 亦可见所指为同一地区。又十二月，调征陈濛烂土。陈濛烂土，即今三都县烂土乡一带。

---

① 《明太祖实录》卷229，洪武二十六年七月壬申。

② 《明名臣琬琰录》卷十六《镇远侯夏国武毅顾公神道碑铭》。

③ 《明名臣琬琰录》卷十六《镇远侯夏国武毅顾公神道碑铭》。

④ 《明太祖实录》卷253，洪武三十年六月己酉。

⑤ 《明太宗实录》卷142，永乐十一年八月辛酉。

洪武三十一年三月，赴京考选，升平坝卫左所正千户。以考选而越升正千户，其后亮子善替职，又降为百户。其越升原因当非考选如此简单，其子降替百户则又表明，该正千户职事，止终陈亮本身。洪武三十五年，也即建文四年，朱棣“靖难”功成，得登大宝，遂大赦天下云：“建文除授并升调文武官员，仍依见职不动，军官有升职事者，止终本身，子孙仍袭原职”[①]。以此看来，陈亮赴京考选，或正赶上朱元璋之崩及朱允炆之继皇位颁恩天下之时，故得以成为建文年间军官升职事者。

3. 与役交趾

永乐五年六月，“广西总兵官右军都督同知韩观奏，蒙敕兵移兵剿捕柳州等处蛮寇……命指挥徐祐、周鼎、刘纲往湖广、广东、贵州三都司选壮士三万，同锦衣卫指挥程远，期以十月初一日至广西，与观军合攻之”[②]。显然，陈亮系指挥刘纲自贵州都司所选“壮士”之一，并随之征广西获功。则族谱此处云“攻山都掌等处”，当有误。山都掌蛮在四川叙州府戎县，非广西。而广西亦有名“融县”者，正系同年十月广西总兵都督韩观等领兵破敌处。[③] 如此，则此处因误“融县”为“戎县”，故将戎县“山都掌”系此致误。

永乐六年，随鹰扬将军方征思南、桂县等处，生擒反贼杜庆。鹰扬将军方即方政，而桂县无其名，或为临桂县。考虑到临桂县在广西，上年十月广西浔、柳蛮平，方政与役，陈亮亦与之，且破融县地，故此处思南或亦广西思恩之误。此当系明廷锐意交趾背景下，在广西地区的一次军事行动。

同年九月，随总兵黔国公征交趾。永乐六年八月，“命发云南、贵州、四川都指挥使司、成都三护卫共兵四万，命黔国公沐晟为征夷将军，总率由云南往征之，仍命兵部尚书刘俊往赞军事”[④]。陈亮随黔国公沐晟征交趾，指此。

永乐七年，随都指挥陈滨征昌江，登岸攻打排栅，杀败贼众。《明太宗

---

① 《明太宗实录》卷10，洪武三十五年七月壬午。

② 《明太宗实录》卷68，永乐五年六月壬辰。

③ 《明太宗实录》卷72，洪武五年十月丁未。

④ 《明太宗实录》卷82，永乐六年八月乙酉。

实录》卷95，永乐七年八月甲子，“是日，交阯总兵官英国公张辅等师至泸渡江太平桥，贼党邓景异弃营先遁，遂招谕避贼之名（民）复业，而交州、北江、谅江、新安、建昌、镇蛮等府，镇夷、昌江、市桥诸卫所皆安集云”①。

永乐九年，征大海口。交趾之役，地以海口名者多，张辅等于该年分别败交趾于月常江、生厥江等处，未知此大海口究竟何指。此大海口，或系大安海口。

永乐十一年，征大安、三江口等处。永乐十年八月，“交阯总兵官英国公张辅驻舟师安谟海口，遥见贼舟由大安入神投海，旦率都指挥方政等击之”②。

洪武十八、十九年间，陈亮以父老替职，升安陆卫副千户。在洪武二十年间，参与了北征纳哈出的战役。稍后，可能因受到胡惟庸余党案的牵连③，降除新设平坝卫百户。洪武二十五至三十一年间，陈亮主要在贵州康佐、西堡及都匀、天柱一带征战。洪武三十一年，赴京考选，越升正千户，止终本身。自永乐六年九月至十一年间，陈亮都参与到明廷征交趾的军事活动中，甚或一度调入在交趾地区设置之昌江等卫，随着明廷交趾战略的调整，亮仍回原卫致仕，子善降替平坝卫左所百户。④

三　结语

隐恶扬善，溢美虚誉，家谱载祖先勋业，每多如此，故读者尤当谨慎。不过，谱牒固然不可尽信，然亦不能因其有所虚饰、讹误而概谓其所载皆非。近人所述屯堡家族故事固多讹误与虚饰，然在明代及至清初，则未必如此。由于武职世袭制度的约束，明代的卫所武职家族非常强调所袭军功

① 《明太宗实录》卷95，永乐七年八月甲子。

② 《明太宗实录》卷131，永乐十年八月癸丑。

③ 咸丰《安顺府志》谓“北征无功”，族谱谓“为追北军事”，但至少应置于党案大背景下来理解。

④ 民国《黔南陈氏族谱》，第3册，《传述纪志编·二世祖纪略》，2009，第4~5页。传末附言云：“《安顺府志》有公小传，兹不具录”。

的由来，重视武职袭替簿册的保存。与此相应，屯堡族姓亦看重谱牒之修，以其载世系，别亲疏，维系着屯堡家族内部、家族之间乃至整个屯堡地域社会的正统秩序。同样的，屯堡村落正是在武职世袭的制度限定之下，以军功职级及入黔时间为据区分家族之间的地位等差，并因此而形成相互监督的舆论氛围，在明清相当长的时间里，保存了屯堡家族入黔始祖及其后裔军功叙事的“真实性”。

明代卫所军功研究

——以贵州都司武职选簿为中心

赵小芳*

摘　要： 明代卫所军功有战阵中获得的奇功、认功、擒斩功和阵亡功，非直接参加战阵获得的有开通道路、报捷、报功、纳粟、冒功等，后者获取的升级及其承袭与前者均有所不同。

关键词： 明代　卫所　军功　武职选簿

引　言

武职选簿是研究明代卫所武官世袭制度的基本档案资料，也是研究明初移民与民族关系、靖难之役、郑和下西洋等问题的重要参考文献。梁志胜《明代卫所武官世袭制度研究》一书，以武职选簿档案为主，结合实录、会典、方志、文集等文献，对明代卫所武官世袭制度进行深入研究，厘清了明代武官世袭制度的基本内容及其流变，进而对武官世袭制度发展的后果及影响做出客观分析。梁氏指出，军功升授是卫所武官最主要的来源，

* 赵小芳，安顺学院人文学院2010级本科生。

“武职非军功不得袭授”，是武职世袭制度的一项基本原则。[①] 然而，何谓军功？这是一个看似简单而实则相当复杂的问题，学界并未就此进行深入探讨。即使在前述梁氏著作中，对军功问题的论述也是语焉不详。实际上，作为武职升袭最基本的依据，军功问题理应是武职世袭制度研究所应包含的重要内容，不容忽视。

有明一代，军功法则的完善及其破坏过程都相当复杂。本文拟以贵州都司威清、平越、安南等卫武职选簿为中心，结合《明实录》《明会典》等明代史籍，对军功的类型、概念及其法则衍变等问题进行初步讨论。

一　军功的概念

在讨论卫所军功之前，有必要对立功、军功等概念稍作澄清。立功，狭义而言，即立功赎罪之义，属于法律规范的范畴。广义而言，指一切功劳，即一切据以得到某种赏赐、授职、升职或其他权限的功劳。在武职选簿中，“立功”一词兼有二义，只有依据具体语境来区分它的含义。

卫所武官及旗役、军役人等，在实际上都有可能成为立功的主体，有可能因立功得到赏赐或授予、升迁职位。在各种功劳中，关乎武职袭授的功劳主要是军功。

军功，它的适用范围很广。广义而言，是指与军事活动有关的一切功绩。狭义而言，是指卫所武官借以世袭的功劳。在明代，武职升陟与军功有着密切的关系，“武职非军功不得袭授”，是明初以后卫所武职袭替的一项基本原则，它几乎适用于除洪武开国以及永乐靖难之外的其他一切在军事活动中所获得的功劳。不过，归纳起来，可以作为武职世袭依据的军功主要是指卫所军役、旗役因参与战阵而晋升至武官阶层（即试百户以上职级）时所依据的功劳，或已具有武职身份者因直接参与战阵所获得的可以作为升袭依据的功劳。通过比对武职选簿资料及《明实录》等有关史籍的记载，在战阵中获功，其主要形式有奇功、头功、擒斩功以及阵亡功，而诸如开通道路、报捷、报功、纳粟、冒功、遇例、出使、伴送贡使入京、

① 梁志胜：《明代卫所武官世袭制度研究》，中国社会科学出版社，2012，第88、90页。

献俘及特殊背景下擒拿反贼、迎驾、保守城池、出首等功劳，则通常会被认为并非直接参加战阵所获得的，若以之获功升级，其所升之级或仅终其本身，或在承袭数辈之后予以减革。其中，领军功的具体规定又相当复杂，是否作为世袭依据的军功，要视具体情况而定。

二　奇功、头功

《明会典》规定："凡头功、奇功官军人等，有计谋膂力过人、众所推信者编入行伍，当先破贼、斩首数多、不能挟持者，听从征军官保结，抚按核实，名为头功、奇功，不必看验首级，量贼之多寡、捷之大小具奏，超格升职，有"世袭"字样，准与世袭。"[①] 此规定系《明会典》所谓通例，虽概言"当先破贼、斩首数多"之谓奇功、头功，而实际上并未对之有具体的界定。可见，其重点并不在于界定二者的含义，而是强调奇功、头功的验功、报功等程序与擒斩功的差别。其实，奇功、头功的概念在整个明王朝一直存在，但它的概念内涵在不同时期多有变化，界定的标准也因此变动不居。

1. 奇功、头功概念的衍变

在洪武时期，对奇功并没有具体的界定，泛指战役中出奇制胜而立大功，只有论功高级将领或追述开国勋臣生平之时才间用"奇功"一词。如《明太祖实录》追述在阿鲁浑河战役中阵殁的骁骑左卫指挥使周显生平勋绩时，称他"从讨友谅，大战鄱阳湖，累著奇功"[②]。洪武二十三年，朱元璋规定："凡开国功臣，死后俱追封三代，其袭爵子孙非建立奇功者，生死止依本爵，著为令"[③]。可知，在洪武时期，奇功泛指特别的功勋、功劳，还没有成为一种军功赏格概念。至于头功，也同奇功一样，泛指具体战斗中获第一功、头等功。

建文四年六月，即燕王朱棣取得靖难之役胜利初登帝位之际，朱棣命

① 《明会典》卷123《兵部六·功次》，续修四库全书，第791册，上海古籍出版社，2002，第237页。

② 《明太祖实录》卷74，洪武五年六月甲辰。

③ 《明太祖实录》卷204，洪武二十三年九月乙未。

礼部定征讨并守城功次，规定：

> 凡对敌之际，冲入敌阵，搴旗斩将者；或遏敌阵敌众军，随之克敌者；或深入敌境者，或深入敌境得其声息，众军乘之破敌者；或鏖战之际胜败未决，能出奇制胜者；或以少击众，或别队为敌所制，而能率众救援克敌者，皆为奇功，升二级。严整队伍当先破敌者，不慢功无过者，或出哨杀退敌人得其声息者，或随军殿后者，皆为头功，升一级。中途养病、疲软不能入伍、随军给杂役者，皆为次功，不升。①

显然，这一关于头功、奇功的规定仅仅适用于追随朱棣参加靖难之役的将士。其关于奇功、头功的认定相对宽松，具有酬功从征将士之意。但是，无论如何，在这里对奇功、头功有了具体的相对标准化的界定。这种界定，促使二者的使用赏格化，奇功、头功由此具有了特定的含义，开始成为具有严格内涵的专用名词。

随即，朱棣命礼部参酌洪武时期升赏条例重颁赏格，分军功为奇功、头功、次功三种，规定奇功领队将校升二级，头功升一级外赏赐有差，二者随伍及次功领队、随伍皆不升级，仅予赏赐。②

此后，奇功升二级，头功升一级的规定得到进一步的推广应用，而有关军功升赏例也更加细密，这种趋势在永乐九年对下西洋官军锡兰山战功的升赏例中就得到了体现。此次升赏例，以官军奇功升二级，头功升一级为总原则，并对存者、亡殁者加以区分，又从奇功、头功中分出奇功次等、头功次等，分别升赏有差。③ 功分次等，盖以之比照此前所谓领队、随伍名目。永乐十二年，颁军中赏罚号令，依据交锋之际杀败贼众、破贼成功的具体情况对奇功、头功作了专门规定。④ 此次赏罚号令主要针对“虏贼”，而在实际战役中，战争的地点、规模及战绩的成败，各有不同，奇功、头功的运用也不能一概而论。永乐十三年二月，行征交阯升赏，就依据战役

① 《明太宗实录》卷9下，洪武三十五年六月甲戌。

② 《明太宗实录》卷11，洪武三十五年八月丙寅。

③ 《明太宗实录》卷118，永乐九年八月甲寅。

④ 《明太宗实录》卷150，永乐十二年四月己酉。

难易及官军调遣的具体情况，有奇功三次及以上或二次升一级，奇功二次仅给赏而不升级的区别规定。[①]

奇功、头功的认定标准既不易界定，就需要综合考量诸多因素方能予以升赏，故至成化十四年，全面修订军功升赏条例之际强调，“阵前当先、殿后、斩将搴旗、擒斩贼首等项奇功，临时奏拟升赏”[②]。此规定要求奇功临时奏拟升赏，表明明廷已经开始放弃明确界定奇功的做法。此后，奇功认定的条件进一步放松。万历元年题准，“果能奋勇先登、摧锋陷阵，虽无斩获，即论奇功”[③]，奇功认定条件的放松，也表明奇功地位的下降。

从永乐初至晚明，奇功、头功经历了一个由初期的颇受重视到后来不被看重的发展过程。洪武时期，军功赏格并未条例化，靖难之役以后，朱棣为酬功从征将士，遂颁奇功、头功诸名目以升赏新官集团。此后一段时期内，奇功升二级，头功升一级成为军功升赏的主要办法，而奇功、头功的界定也逐渐条例化。

但是，由于奇功、头功的认定常常受到诸多主观因素的限制，借以夤缘舞弊的现象日趋严重，使得因奇功、头功升级的官军数量激增。例如，在成化五年平定满四的功次升赏中，据擒斩贼级获得升赏者仅 41 人，而因奋勇当先等名目获得功次者却高达 1149 人。[④] 相较之下，奇功、头功的获取已有泛滥之嫌，这种趋势的发展又使得二者的可信度逐渐下降，地位也日渐降低。

成化二年，明廷就军功升赏究竟以奇功、头功为主还是以擒斩功为主展开了讨论。时明廷命彰武伯杨信将兵往征河套，教读训导戴仲衡上言认为，两军交战，生死定于呼吸，士兵披坚执锐，奋不顾身，无暇去割取首级，当先破敌之功即为上功，“今论功者反以首级生擒验功升赏，而当先破敌不为上功，所以士无斗志，惟图幸取首级，往往坐是而败，乞稽洪武、永乐间旧例，以当先者为奇功，生擒者次之，斩首者又次之，如此则人以进死为荣，而虏不难灭矣”。兵部尚书王复则以为，“论功行赏，欲以当先

① 《明太宗实录》卷 161，永乐十三年二月戊子。
② 《明会典》卷 123《兵部六·功次》，续修四库全书，第 791 册，第 237 页。
③ 《明会典》卷 123《兵部六·功次》，续修四库全书，第 791 册，第 237 页。
④ 《明宪宗实录》卷 65，成化五年三月庚戌。

破敌为奇，生擒斩首为次”，是行不通的，因为“擒斩者有实可验，而当先者无迹可凭”，“以是为功赏之差，不免有滥报之弊”，他还举例说，近日凉州奏报功次，生擒斩首者仅及三十，而奋勇当先者却高达千余，以此证明所谓奋勇当先的奇功、头功存在滥报之弊。①

成化六年六月，户部郎中万冀再度上言，奏请仍如“旧制”，“以奋勇当先者为奇功，不次升赏；以斩获首级为次功，量加赏赉”。兵部尚书白圭等则主张仍如“近例”，“虽近年间以奋勇当先与擒斩一例升赏，然皆斟量贼情，功次多寡处之，实非旧制，盖奋勇数多，恐赏至于滥，宜仍如近例”，当先、奇功等功次，听总兵等官拟奏区处②，即依据战争的难易程度与应予升赏官军的总体数量，临时决定，不为定例。

这一时期，就究竟以奇功、头功为主还是以擒斩功为主，明廷曾展开了辩论。其中，兵部官员多以为，擒斩功易于查勘，而奇功、头功难以勘验，且每次战役中报奇功、头功者数量众多，难保无冒滥诸弊，应以擒斩功为主给予升赏。其他部门一些中下级官员多有主张以奇功、头功为主者，以为临阵交锋以杀敌取胜为目的，而不是忙着去割取敌人首级。报验军功并给予升赏，乃兵部职掌所关，自然倾向于难以冒滥而易于勘验的升赏功次。旧制与近例相争持的结果，是在一段时间里，功次升赏将奇功、头功及擒斩功并重。相对而言，奇功、头功等功次的地位开始下降。

此后，擒斩功逐渐替代奇功、头功成为论功升赏的主要依据。若在某个军事活动中，出现因擒斩功人少，而报奇功、头功人众的情况，一般奇功、头功仅予赏赐，而擒斩功则依例升赏。成化十二年二月，兵部奏赏上年正、二月大同官军斩获首虏功。兵部以斩获首虏仅20级，而巡抚等官奏列领军督战、奋勇当先并执旗牌等官军6243人，功少人多，不宜滥赏，仅予其中斩首一级为首者13人并阵亡者4人升一级，斩首为从又阵伤者10人加赏，阵伤者64人及斩首为从者9人给赏，其余，6128人俱不予升赏。③此次升赏几乎以擒斩为唯一标准，擒斩、阵亡、阵伤以外，领军、当先等

① 《明宪宗实录》卷31，成化二年六月丁卯。

② 《明宪宗实录》卷80，成化六年六月乙亥。

③ 《明宪宗实录》卷150，成化十二年二月壬午。

功一概不赏。这种做法一定程度上限制了奇功、头功等形式功次的冒滥，也使得擒斩功在功次升赏中的主体地位更加巩固。

2. 麓川战役与奇功、头功在贵州卫所的应用

在贵州卫所军功升授案例中存在一个独特现象，那就是贵州卫所的武职只在正统年间的麓川战役中获得奇功、头功等功次，而贵州卫所参与的其他军事活动，因获得功次而升授职级的，一般以擒斩功为主要依据，这与其他地方时常存在的以奇功、头功及擒斩功并重的情况有所不同。

贵州卫所官军参与麓川战役升授职级的依据一般是奇功、头功，其中又以头功为主。嘉靖十年，明廷对永乐至弘治时期应袭应革功次作了清理，对于麓川战役升授职级的规定则是："正统六年，云南麓川征苗贼，奇功、头功照例准袭，内越升者减革。"① 此次清理军功，因奇功、头功升授职级者多所减革，而麓川战役奇功、头功功次升授仍循旧例。正统年间曾对天下军政进行过一次系统的清理，而贵州军政清理工作的完成是在景泰年间。麓川战役由于持续时间较长，且大小战役众多，过程复杂而未及清理。麓川战役申报功次与这一时期绝大多数战役报功一样，报奇功、头功功次的占绝对多数，而擒斩等其他功次寥寥。下面，对贵州卫所官军在麓川战役中所获军功进行分析。

麓川战役中，奇功、头功是升授职级的主要依据。

（1）安南卫指挥同知梁通正统七年征麓川，奇功升指挥使。②

（2）安南卫左所正千户吴兴，正统六年因麓川奇功升指挥佥事，七年复征麓川，以头功升指挥同知。③

（3）安南卫左所副千户李福，正统六年麓川一次头功升正千户。④

（4）安南卫右所总旗王智，正统六年麓川攻围刀招汉贼寨二次头功例升二级，七年升实授百户。⑤

---

① 《明世宗实录》卷132，嘉靖十年十一月癸酉。

② 中国第一历史档案馆、辽宁省档案馆编《中国明朝档案总汇》第60册，广西师范大学出版社，2001，第186页。

③ 《中国明朝档案总汇》第60册，第184页。

④ 《中国明朝档案总汇》第60册，第203页。

⑤ 《中国明朝档案总汇》第60册，第218页。

（5）安南卫后所总旗于祥，正统六年麓川攻破杉木笼山截路贼寨，一次头功升一级，七年升试百户①。

（6）安南卫右所总旗李春，正统六年麓川破贼巢，当先杀贼，十二月思任发巢穴二次头功，例升二级，七年升实授百户。②

（7）安南卫前所世袭百户李谦，正德（统）七年，调征麓川反寇思任发于上江等处剿杀蛮贼有功，以一次头功升副千户。③

（8）平越卫左所正千户刘睿，正德（统）四年在贵州计绅等处杀苗贼有功，升指挥佥事。正统七年征麓川获一次头功升指挥同知。④

（9）平越卫右所总旗邵信，正统七年调征云南麓川反寇思任发于上江等处剿杀蛮贼有功，一次头功升试百户。⑤

（10）平越卫中所军邓兴，“正统六年征麓川，攻破杉木龙山截路贼寨，杀贼败寇，杀败马鞍山贼冠次，攻破贼首思任发巢穴，当先杀败夷寇获三次头功，升平越卫中所试百户”⑥。

从上述的例子我们可以知道，在麓川战役中，并不遵循永乐时一次奇功升二级，头功升一级的惯例，而是奇功、头功皆升一级，表明奇功、头功区别的模糊应用。选簿绝大多数例子都是奇功、头功升授职级，说明麓川战役报功以这两类功次为主。此外，还有少数麓川立功升授职级者，因查有关功次选簿无“头功”“奇功”字样，也无擒斩贼级名颗数量的记载而被减革的例子。如威清卫前所副千户朱暹，正统三年麓川剿杀蛮贼有功升正千户，至其曾孙朱伋承袭时，因朱暹立功“不系斩首”减革其升正千户一级。⑦ 虽然选簿记载减革的原因是“不系斩首”，而实际上其升职也无“奇功”“头功”字样，而所见案例中，其他有此字样者，皆未减革。

此外，在麓川战役中，还普遍存在旗役“以功准并枪”的现象。并枪，即旗役、军役人员比并枪法，系明初形成的制度，总小旗补役以并枪胜负

① 《中国明朝档案总汇》第60册，第253~254页。
② 《中国明朝档案总汇》第60册，第219页。
③ 《中国明朝档案总汇》第60册，第238~239页。
④ 《中国明朝档案总汇》第60册，第22页。
⑤ 《中国明朝档案总汇》第60册，第48页。
⑥ 《中国明朝档案总汇》第60册，第59页。
⑦ 《中国明朝档案总汇》第60册，第122页。

为升降，“选年深精壮勇敢军人、小旗并枪，军人并枪得胜升小旗，小旗并枪得胜升总旗”①。嗣后，总小旗补役也以一种世袭的形式承担，而补役资格的取得则要求以并枪为前提。再后来并枪也流于形式，加之成本不菲，遂逐渐出现了以军功充抵并枪的做法。正统八年，明廷规定：总旗代役，未并枪获功一级该升试百户者，以功准并枪，补实授总旗；奇功一次、头功二次，该升实授百户者，各除一级准并枪，升试百户。② 这类以功准并枪的例子，如平越卫中所总旗彭爱，正统六年麓川二次头功本应升实授百户，因其未并枪，以一次头功准并枪，升试百户。③ 又平越卫中所小旗丁瑄，正统六年麓川二次头功例升二级，因未并枪准一级升总旗。④ 安南卫后所小旗刘荣，“六年征麓川等处杀贼有功，七年以未并枪升小旗”⑤，尽管并未明言“有功”究系何功，但也以其功准并枪而仍充小旗役。

三　擒斩功

军功以擒斩计之，对旗役、军役人等而言，是一种相对公平的方式。而擒斩之功成为军事战争计量军功的主要方式，已经到了明代中期。

1. 擒斩功的概念及应用

擒斩功是明代中后期军功最重要的组成部分之一。擒即生擒，斩指斩首，两者都是军功的主要依据，且在军功体系中的地位相当。一般而言，若军功只有生擒或斩首等一种形式，则选簿亦仅载生擒若干名或斩首若干颗；若二者兼有，则笼统载作“擒斩若干名颗”，“擒斩”与“名颗”分别并举，擒敌数量以名为单位统计，斩首数量以颗为单位统计。

洪武年间，及至明开国以前，战阵以胜负为较，功劳视战争的重要性及其难易程度而定，并不汲汲于奇功、头功的区别或擒斩名颗的多少。开创之初，计量军功亦无定制，军功升赏，多临时定夺。后来军事渐有规模，

① 《明会典》卷121《铨选四·旗役升用》，续修四库全书，第791册，第215页。

② 《明会典》卷121《铨选四·旗役升用》，续修四库全书，第791册，第217页。

③ 《中国明朝档案总汇》第60册，第69页。

④ 《中国明朝档案总汇》第60册，第105页。

⑤ 《中国明朝档案总汇》第60册，第259～260页。

立国渐有制度，有关军功升赏的规定才逐渐规范。简言之，明初并无所谓擒斩功，至少擒斩之功对于普通士兵而言，还没有精确的计量要求。朱棣通过靖难之役登上皇位之后，对从征将士进行大规模“酬功”，而其功也只有奇功、头功及次功等名目，而无擒斩一目。

宣德五年，在一次军事行动之后，有关方面奏功上闻，宣宗即命行在兵部，要求擒贼及斩首与当先者皆升一级，擒、斩之功开始与当先之头功并列，说明擒斩功已经开始成为升授职级的依据。此后，由于奇功、头功多有冒滥，擒斩功逐渐被看重。经过成化年间的反复辩论，擒斩功逐渐替代奇功、头功成为职级升授的主要依据。

随着擒斩功逐渐被重视，有关擒斩功升赏的指标也逐渐被量化。明政府根据各地区“擒斩”难易程度的不同，对升袭一级武职也作出了与之相应的不同要求。对于擒斩获功的难易程度，《大明会典》载：“其论功，以擒斩北虏为首，辽东女直次之，西番及苗蛮又次之，内地反贼又次之”①。武职以擒斩获功升级，不同地区有不同规定。如成化十四年曾规定：

> 北虏，一人擒斩一名颗升一级，至三名颗升三级；
> 辽东女直，一人擒斩二名颗升一级，至六名颗升三级；
> 西番及苗蛮，一人擒斩三名颗升一级，至九名颗升三级；
> 内地反贼，一人擒斩六名颗升一级，至十八名颗升三级。②

对于擒斩名颗的统计，还有具体的要求，即必须“验系壮男”，方“与实授”，若系“幼男、妇女”，或不及升级之数，或超过了升三级的名颗数，“俱给赏”，不以升级论功。

这是明中期对擒斩获功升袭的一个详细规定，反映出擒斩获功升袭规定的地域性与对象性差异。当然，这只是针对当时情形的一个普遍规定，在不同时期的具体军事活动中，可能依据实际情况的不同而有区别。弘治十七年，辽东录州沙河一人自斩首级一颗，二人共斩贼级一颗为首，准袭。

---

① 《明会典》卷123《兵部六·功次》，续修四库全书，第791册，第231页。
② 《明会典》卷123《兵部六·功次》，续修四库全书，第791册，第231～237页。

内二人共斩贼级一颗为从升署一级者，不准袭。这说明在弘治十七年辽东录州沙河的军事活动中，二人共斩贼级一颗为从者亦升署一级并可以世袭，只是到了嘉靖十年才将因此所获得的署级减革，不再世袭。[①]

2. 擒斩功在贵州卫所的应用

在了解擒斩功在贵州卫所的应用时，我们应该知道这点：除了麓川战役，从选簿所反映的贵州卫所武职因其他军事活动升袭的记载中，并没有奇功、头功升袭的案例。可见，贵州卫所武职升袭的主要依据是擒斩功，并非奇功、头功。这是明朝贵州军事活动中的一个独特现象。

明代贵州军事活动的对象大多属于苗蛮，这从《明宪宗实录》中成化十四年四月兵部尚书余子俊条上军功赏格“陕西、甘肃、四川、贵州、湖广、两广剿杀不入版籍番苗蛮贼。若官军一人斩首三颗，升一级；至九颗升三级，生擒者亦如之。验系丁壮，与实授。幼男妇女与十名颗以上，并不及数者，俱止给赏”[②] 中可以体现。虽然各地区的一些军事活动可能对军功的具体要求有所不同，但总体而言，对川、贵、湖广地区擒斩“番苗蛮贼”，是遵循了这一升赏规定的。以下所举数例，都是擒斩贼级三名颗升授职级一级的例子。

（1）平越卫军丘胜，景泰四年征草塘等处节次杀贼，斩首三颗，由军升小旗；至天顺三年又因征东苗等处节次杀贼斩首三颗，由小旗升冠带总旗。后来，其子丘岳也因弘治十八年贵州普安获一人自擒斩贼级三名颗的功次而由实授百户升副千户。丘岳嫡长子丘汉，也因正德九年镇筸功次一人自擒斩贼级三名颗由正千户升指挥佥事。[③]

（2）平越卫小旗袁志聪，正统六年贵州乖西一人自擒斩贼级三名颗，由小旗升总旗，次年又于镇宁斩首三颗，升试百户。[④]

（3）平越卫后所实授总旗钟廷，正德六年征剿乖西清水江苗贼，因“一人自擒斩贼级三名颗”的功次升一级不赏，升实授总旗，后又因香炉山

① 《明会典》卷120《铨选三·武职袭替》，续修四库全书，第791册，第208页。

② 《明宪宗实录》卷177，成化十四年四月庚子。

③ 《中国明朝档案总汇》第60册，第15页。

④ 《中国明朝档案总汇》第60册，第40页。

获“自擒斩级三名颗”的功次“升实授一级不赏”，升试百户。①

（4）安南卫前所正千户林凤，因正德八年思恩等处功次，“一人擒斩贼级三名颗升实授一级不赏”，升指挥佥事。②

在上述例子中，擒斩功每升授职级一级或以斩首三颗，或以擒斩贼级三名颗为标准。说明生擒与斩首功是可以合并折算的，也就是二者是可以等同的。同时，上述例子中，立功的形式或是节次杀贼斩首，或是一人自擒斩贼级。说明每次战役中，在不同地点斩杀敌人的数量是可以累计的，斩获苗蛮首级限于“一人自擒斩”，与斩获虏级区分为首为从也有不同。

上述例子都是擒斩三名颗或斩首三颗的。实际上，在每一次军事活动中，并非是每人都刚好擒斩三名颗，三名颗以下或以上的情况都有才是正常的。在贵州卫所中，职级升授以擒斩三名颗为率，至三级而止。擒斩之数不够升级之数者，一般情况下都会给予赏赐。在武职选簿中，一般都会记载因擒斩功次升授职级的具体情况，而不会对赏赐数额给予记载。因为赏赐无关职级的升授与承袭。在贵州卫所中，也大量存在擒斩名颗超过升一级的基数而不够升两级者。这种情况之下，或直接记载擒斩贼级名颗数目及升授职级情况，或会出现“升一级不赏”的记录。其中，前者多出现在弘治六年、七年都匀功次中，而“升一级不赏”的记载则多出现在正德六年征剿乖西苗贼的功次中。如，平越卫所镇抚丘岳即因在弘治七年都匀功次中“一人自擒斩贼级四名颗”而升实授百户③，中所实授百户徐淮则因正德六年贵州征剿乖西苗贼功次“一人自擒斩贼级三名颗、四名颗”“升一级不赏”升副千户。④

从这些例子，我们可以知道，贵州卫所武职在军事活动中擒斩贼级数额超过三名颗而低于六名颗，那么只会升一级，且还会根据具体情况决定是否要给予赏赐。同时擒斩未达三名颗的武职，就会根据“不及数者，俱给赏”的定例进行赏赐。

① 《中国明朝档案总汇》第60册，第100页。

② 《中国明朝档案总汇》第60册，第197页。

③ 《中国明朝档案总汇》第60册，第15页。

④ 《中国明朝档案总汇》第60册，第63～64页。

四　阵亡功

阵亡就是指官舍旗军在与敌对阵时被敌杀死，因阵亡而产生经济或升授职级的补偿，即所谓阵亡功。作为军功之一种，有关阵亡功次的升赏规定在不同时期也不尽相同。

1. 阵亡法则的衍变

由于不同时间制度的完善程度不同，对阵亡的态度与认识也有差别，具体战阵中投入兵力的多少与阵亡人数的多少等关乎战争规模与成本的数量不同，战后功次的统计规模与军功赏赐方面的承受能力也因时因事而异，等等，这些情况就决定了虽然同样都是在战阵中牺牲，官舍旗军人等却有可能享受到不同的抚恤待遇。不过，尽管受到诸多因素的影响，阵亡作为军功之一种，综观明代阵亡法则，仍有一个逐渐完善，最终形成定例的过程。所谓阵亡法则，即对阵亡的升赏规定。

在洪武、永乐年间，阵亡大多是给予赏赐，即在其本身职级的基础上加倍或加半。如在洪武十二年，“赏征进广西猺贼有功者，指挥人绮帛各五匹，自千户以下各有差，阵亡者倍之，征伤者加半；随征无功者，指挥人绮帛各三匹，自千户以下亦各有差，军士人钞二锭，阵亡者倍之，征伤者加半”[①]。将阵亡区分为有功、无功而分别给赏，各依其本身官阶而有等差。在此时期，阵亡本身不一定作为“功”的评判标准，但只要阵亡，都会得到抚恤性质的赏赐。永乐八年，朱棣率军亲征阿鲁台，在对从征将士进行论功行赏时，也规定阵亡、伤故者加倍赏赐。[②] 所以从这些史料可以看出，洪武、永乐年间，对于官军阵亡，普遍的做法是给予加倍的赏赐。

在洪武年间，阵亡者加倍赏赐的做法是普遍现象，因阵亡升授职级的规定也开始出现，不过尚非普遍现象。洪武十九年，朱元璋规定：军官从大将征讨，没于行阵，子见存者厚加抚恤，仍令其世袭，未升者升一级。[③]

① 《明太祖实录》卷125，洪武十二年闰五月丙午。

② 《明太宗实录》卷106，永乐八年七月甲午。

③ 《明太祖实录》卷178，洪武十九年五月甲辰。

此次关于阵亡的规定，仅限于从征官没于阵所者，其子孙袭职升一等。①

永乐初，对于靖难之役中朱棣阵营的阵亡将士，多升授职级二级，而对于建文一方的阵亡官军，则不予过问，甚或对革除年间而升授的职级，也即因抵御朱棣军马所发生的军功一概减革，不予承认。不过，尽管朱棣因为敌我阵营的差别而对军功进行了重新界定，但阵亡升授职级的做法却因为酬功靖难将士的需要而得到推广。永乐八年，论从征阿鲁台之功，仍以奇功、头功等名目为主，区分领队、随从而各有升赏②，“阵亡及病故、溺死者悉厚赐其家，袭职优给如例”③，除了“厚赐其家”以外，并未对阵亡有特别的规定。永乐九年，在升赏下西洋官军在锡兰山的战功时，就依据奇功、头功为基本标准，在官舍旗军的原有职级上对现存者、亡殁者作出了不同的规定，而阵亡者亦在“循前例赏”的基础上加赏。④大致而言，从永乐年间军功升赏的实际例子来看，仍以奇功、头功为基本依据，阵亡者循例升赏外再给予加赏，而阵亡本身作为一种功次的情况尚属个案。

直至正统年间，阵亡才逐渐有了“功”的含义，开始有了阵亡升一级的规定。然而，它成为一种明确规定的定例，是在“成化十四年申明，阵亡官军、与哨探被杀、夜不收人等，俱升一级”⑤。此后，阵亡升一级成为一种适用于全国的定例。

从明初到明中期，阵亡法则经历了从抚恤性赏赐向升授职级转变。但是，由于具体军事活动中获功的难易程度有所不同，有的战争未免会出现阵亡人数太多甚至战争失败的情况。此时，对于阵亡者，就可能仅予赏赐而不予升授。相反，如果在战争中获功人数众多，而阵亡人数极少，也会有阵亡者升二级的特例。如景泰元年九月，明廷以贵州偏桥、清浪等处杀苗贼功升赏将士，都指挥李震等2117人获功，其中416人因获功4至8次升一级，1697人获功1至3次给赏，阵亡4人，子孙袭升二级并予赏赐。⑥

① 《明会典》卷123《兵部六·功次》，续修四库全书，第791册，第241页。
② 《明太宗实录》卷106，永乐八年七月甲午。
③ 《明太宗实录》卷107，永乐八年八月庚戌。
④ 《明太宗实录》卷118，永乐九年八月甲寅。
⑤ 《明会典》卷123《兵部六·功次》，续修四库全书，第791册，第241页。
⑥ 《明英宗实录》卷196，景泰元年九月戊辰。

景泰三年十二月，定广东杀贼官军功，赏生擒贼首黄萧养及获功十一次并阵亡者俱升二级[①]，阵亡者升二级，盖亦因阵亡人数较少的缘故。

不过，阵亡军官升二级不只这一种情况。永乐四年曾规定，“一家阵亡二、三人者，升二级”[②]。景泰三年，金吾左卫指挥同知王清即以父兄阵亡例增二级，升为都指挥佥事[③]。不过，以此所升之指挥使以下职级是否可以世袭，仍要进一步探讨。

2. 阵亡功在贵州的应用

洪武、永乐时期，卫所武职官、军阵亡升级，并没有成为一种惯例。阵亡只赏不升在当时是一种较为普遍的现象。如西安卫世袭百户赵奎调守平凉，在开城县南川与贼对敌阵亡，其子赵瑛于洪武十一年袭除兴化守御千户所百户。[④] 赵奎在阵亡前是世袭百户，其子赵瑛在父阵亡之后，先充参侍舍人，后于国子监读书，至此仍袭百户。这说明，赵瑛并没有因伊父阵亡得到升级。又骁骑卫左所流官副千户刘敏于洪武十二年阵亡，其子刘真袭职，十八年调府军左卫仍为副千户。[⑤] 刘敏阵亡前系副千户，其子袭职仍为副千户，刘真并没有因伊父阵亡而得以升级。

虽然阵亡例不升授职级，对于旗役，洪武末年规定：阵亡、失陷、伤故、残疾、出海运粮覆没者，补役免并枪。[⑥] 平越左所总旗胡振，永乐七年调往宣化与贼对敌阵亡，其子胡贵补役，免并枪授充总旗[⑦]，即是对该规定的应用。

宣德九年十月，明廷论四川总兵官都督佥事方政等讨松潘番蛮功，有功一次而阵亡者与有功二次以上者，俱一体升职一级。[⑧] 此次论功，官军阵亡等同于获功一次。不过，从贵州卫所武职选簿提供的例子来看，阵亡升级成为惯例是在正统年间。平越卫后所副千户周昂，正统四年征进麓川阵

① 《明英宗实录》卷224，景泰三年十二月辛丑。

② 《明会典》卷123《兵部六·功次》，续修四库全书，第791册，第241页。

③ 《明英宗实录》卷217，景泰三年六月丙戌。

④ 《中国明朝档案总汇》第60册，第7页。

⑤ 《中国明朝档案总汇》第60册，第92页。

⑥ 《明会典》卷121，《铨选四·旗役升用》，续修四库全书，第791册，第217页。

⑦ 《中国明朝档案总汇》第60册，第54~55页。

⑧ 《明宣宗实录》卷113，宣德九年十月丙辰。

亡，其子周豫于九年袭授正千户。[①] 平越卫总旗李昂于正统七年升试百户，即因其父六年征麓川高黎贡阵亡之故。[②] 正统年间，尤其麓川战役之后，阵亡升一级已经成为一种惯例，并逐渐开始纳入明代军功体系中。

3. 阵亡与靖难之役

从贵州都司卫所武职选簿中，我们可以找到建文年间阵亡的大量案例，其中又分阵亡升二级、阵亡未升两种情况。

阵亡未升袭例：

（1）平越卫世袭指挥佥事王武于洪武三十四年四月袭职，其父王先白沟河阵亡，王武并未因其父阵亡升袭。[③] （原选簿作“二十四年”，应为“三十四年”。）

（2）抚州卫世袭百户刘寿，于洪武三十三年白沟河阵亡，刘杰系嫡长男，三十四年袭职，授平越卫左所世袭百户。[④]

（3）平越卫陈忠于洪武三十年袭平越卫右所世袭百户，三十四年白沟河阵亡，其子瑄仍袭平越卫右所世袭百户。[⑤]

靖难之役结束后，洪武三十五年，太宗朱棣曾规定“太祖高皇帝恩养者、奸臣迫胁、调遣拒战、冲冒矢石，情有可悯，见存者俱还原卫所，其有阵亡、伤故、失陷、病故者，官则传袭其子孙，旗军每户赏钞五锭”[⑥]。这说明靖难之役结束后，太宗朱棣对于建文阵营的阵亡军官，准许其子孙袭革除以前原职，而将革除年间所立军功则“止终本身”，“子孙仍袭原职”[⑦]。上述三例皆白沟河阵亡，子承袭父职而未升职，说明平越卫官军曾调征燕王，并在白沟河战役中遭受重创。

阵亡升级例子：

（1）某卫军吴咬儿，洪武三十二年克怀来，八月克雄县、漠州，攻围真定，十月克大宁，十一月郑村坝大战阵亡。其叔吴兴补役，三十三年白

① 《中国明朝档案总汇》第60册，第16~17页。

② 《中国明朝档案总汇》第60册，第70页。

③ 《中国明朝档案总汇》第60册，第18页。

④ 《中国明朝档案总汇》第60册，第32~33页。

⑤ 《中国明朝档案总汇》第60册，第46页。

⑥ 《明太宗实录》卷10，洪武三十五年七月壬午。

⑦ 《明太宗实录》卷10，洪武三十五年七月壬午。

沟河大战全胜，五月攻围济南升小旗，十月克沧州，十二月东昌大战，三十四年夹河大战、藁城大战，八月攻西水寨升总旗，三十五年克东阿、东平、文上，四月齐眉山大战失陷。吴信系吴兴亲叔，补总旗役，为侄阵亡，永乐三年升燕山右卫中所世袭百户。①

（2）军林九儿在靖难之役中历功升小旗、总旗、百户，于小河阵亡，其子刘顺系嫡长男袭职，为父阵亡升正千户。②

（3）安南卫指挥同知李定，父李得玉，洪武四年充军，在靖难之役中历功升小旗、总旗、百户，于夹河阵亡；长叔李四儿袭升正千户，三十五年齐眉山阵亡；次叔李敬，永乐元年袭升镇南卫指挥同知，因为事南军，拘虏朦胧袭职，检举改正。定系李得玉亲男，永乐十一年优袭本卫指挥同知。③

（4）安南卫右所军刘驴儿补役，洪武三十三年济南升小旗，三十五年齐眉山阵亡，关生系亲弟，于永乐元年钦补前役，升广洋卫右所百户。④

（5）威清卫试百户沈容，其兄沈来儿于夹河阵亡，沈容系亲弟，由小旗升威清卫试百户。⑤

靖难之役发生在洪武三十年至三十五年之间，其中白沟河、齐眉山、夹河、小河战役中，双方阵亡人数极多。以上例子，根据他们参加战役的时间及参加战役的地点，可以推算出，他们是在靖难之役中阵亡的。由于靖难之役的特殊性，虽然都是阵亡，但因阵亡双方分属敌对的阵营，由此而导致不同的阵亡待遇。

靖难之役后，太宗朱棣对参与靖难的官员及从征将士们进行了一系列升赏。由于对靖难功臣的优待，所以曾于永乐元年规定“上谕兵部臣曰，从朕平内难，将士已论功升赏。朕念平九门者其功最先且难，可再升一级；功小不在升例者亦升一级，升未及数与未升者通升之。”⑥ 以上例子，是贵

① 《中国明朝档案总汇》第60册，第90页。

② 《中国明朝档案总汇》第60册，第42页。

③ 《中国明朝档案总汇》第60册，第187~188页。

④ 《中国明朝档案总汇》第60册，第216~217页。

⑤ 《中国明朝档案总汇》第60册，第176~177页。

⑥ 《明太宗实录》卷18，永乐元年三月丁亥。

州卫所参加靖难之役的武职阵亡，其子孙升二级。从这些例子中，我们可以知道，在贵州，因参与靖难之役而阵亡的武职，其子孙升二级是一种普遍现象。

当然，也有特例，如安南卫军何安，洪武二十八年为年深赴京并枪充小旗，三十三年攻济南升总旗，三十四年藁城升试百户，后于小河阵亡。何能系嫡长男，于永乐元年袭父前职。五月，钦升通州卫后所正千户。[①] 上述记载中有“钦升”二字，说明何能因父阵亡所升职级是由皇帝直接任命的，所以才会升三级。由于在靖难之役中，立功的人数众多、军功的形式也有多种，所以在对功臣进行升赏时，偶有遗漏，但一般查证后都会给予升赏。如永乐五年，“升武城左卫指挥使马丑儿为都指挥佥事，命金吾左卫故千户李聚侄茂袭升本卫指挥佥事，以聚靖难时战殁故也。”[②] 又永乐九年，“金吾右卫千户张士名侄兴、张荣子重兴，俱袭升本卫指挥同知，士名、荣皆小河战殁故也。”[③] 这是在与靖难之役相隔几年之后才对靖难时立功的武职进行升级，但因时间与靖难之役相隔时间久远，所以并没有照永乐元年阵亡升二级的情况对其升级，这类补升之例，有的升一级，有的升两级，据皇帝喜好而定。

五　领军功

领军就是由指定的领军官员带领或多或少的军队进行领军巡哨、领军戍边、领军守城、领军追捕、领军搜索、领军杀贼等军事活动。所以领军功相应的也分为几类，有领军部下获功领军报功、领军自斩首级功等。

1. 领军部下获功

领军部下获功，一般就是指某领军将领因其带领的军队在某次军事活动中所获得的功劳（如擒斩名颗、头功、奇功次数等）而受到的升赏。

对于领军部下获功，在明前期的军事活动中，若战役胜利，则领军将

① 《中国明朝档案总汇》第60册，第199~200页。

② 《明太宗实录》卷64，永乐五年二月丙午。

③ 《明太宗实录》卷121，永乐九年十一月丙子。

领会有一定的升赏。这个升赏的额度，在开始的时候并没有明确的指标。如永乐元年，福建金门千户所因追捕海寇，焚贼船，斩首58级，生擒贼首金总管等男、妇11人，获船2艘。明政府对此进行升赏，“统兵副千户升指挥佥事，……领军百户升正千户，所镇抚升卫镇抚”①。在此次战役中，统兵副千户、领兵百户、所镇抚等皆升职有差，即领军部下获功。

明廷对于领军部下获功的规定，也有一个逐渐完善的过程。明初，将领带兵获胜，或完成战役、战略任务，其升赏及具体额度，皆临时取旨，是综合考量的结果。慢慢地，它与擒斩功一样，因领军部下而获得的功劳开始考量领军的地域与擒斩的对象等因素，将领军部下获功细分为斩获达贼领军功、斩获番贼领军功、斩获苗蛮山贼领军功及斩获倭贼领军功。成化十四年，明朝政府对于领军部下获功重新作了调整，对于斩获达贼领军功，就规定：“把总领军、千户、指挥、都指挥、同知等官，若所部官军五百人，擒斩虏贼五名颗升一级，十名颗升二级，十五名颗升三级；若所部官军一千人，擒斩十名颗升一级，二十名颗升二级，三十名颗升三级；若所部官军一千五百人者，照前则例递加升授，俱至三级而止，二级实授，一级署职。若系都指挥使以上，止升署职二级，其余加赏。别种贼寇，类推而行，如女直十名颗升一级，番苗蛮贼十五名颗升一级，反贼三十名颗升一级之类。已升之外功次更多、并不及数者，俱给赏。”② 这是明朝第一次对领军部下获功所做的详细规定，后面因地区差异，又陆陆续续地增加了一些内容，但只是领军部下擒斩贼级名颗的改变，其余内容，相差不大。

对于领军部下获功是否可以升袭的问题，明廷曾有分歧，后来形成的意见是，当部下斩获贼级名颗到了朝廷所规定的要求，领军官就可以按例升袭。正德元年，对于大同擒斩虏级曾规定：一人自斩首一颗为首、部下领军斩首及数、阵亡及二人共斩贼级一颗为首，各升署一级，俱准袭。③ 在这个规定中，将领军部下获功与斩首、阵亡等功并列，若领军部下斩首及数，即可按例升袭。

---

① 《明太宗实录》卷20，永乐元年五月辛巳。

② 《明会典》卷123《兵部六·功次》，续修四库全书，第791册，第232页。

③ 《明会典》卷120《铨选三·武职袭替》，续修四库全书，第791册，第208页。

2. 领军报功

报功，它有两层含义：一是因参加明政府举行的报功之典而升级；二是奏报功次，是将军事活动的结果（一般是捷报），如将战争获胜的结果及擒斩名颗、获功次数上报明朝政府等。领军报功，即拥有领军身份的武职向朝廷奏报某地区军事活动的结果，并通过奏报功劳或参加报功之典获得升赏。如威清卫实授百户彭锐即因正德七年镇箄领军报功升副千户[①]，桂林右卫百户牛诚也曾因荔浦领军报功升副千户[②]，柳州卫百户徐能在以功升副千户之后又因领军报功升正千户[③]，柳州卫百户赵文明也曾以百户领军报功升副千户[④]。这些都是领军报功升级的例子。一般情况下，领军报功可以奉旨升一级。但是，领军报功，虽说与军事活动有一定的关联，但并不属于严格意义上狭义军功的范畴，与逐渐巩固的“武职非军功不得袭授”的观念相悖离，故后来的规定对领军报功作了严格的限制。如云南左卫指挥同知马铉，成化五年乔甸领军报功升指挥使，至其堂侄马鲸袭职时，被认为属于“领军违例报功”，将升指挥使一级减革。[⑤] 南丹卫百户李纲以弘治七年平乐府领军报功升副千户，其弟沿袭，至其侄袭职时，认为其“所据领军违例报功，例无承袭”，仍革袭领军之前百户职级。[⑥] 清浪卫夏祖景原系指挥佥事，成化十年靖州领军斩首升指挥同知，其子、孙沿袭，至曾孙袭职时，领军之功亦以“违例”减革，仍袭回指挥佥事。[⑦]

嘉靖元年，明廷颁布条例规定：正德元年以后，在京、在外官旗军舍人等，但系例外奏带及称报效，在各边各处，或一人数处，或一时两三处报功，或并功升授官、旗者，除原祖职役照旧，其余尽行除革。[⑧] 这是对正德元年之后报功过滥情况的限制。嘉靖四年，兵科都给事中郑自璧言，“朝

① 《中国明朝档案总汇》第60册，第168页。
② 《中国明朝档案总汇》第58册，第221页。
③ 《中国明朝档案总汇》第58册，第275页。
④ 《中国明朝档案总汇》第58册，第320页。
⑤ 《中国明朝档案总汇》第59册，第389~390页。
⑥ 《中国明朝档案总汇》第58册，第363页。
⑦ 《中国明朝档案总汇》第63册，第398页。
⑧ 《明世宗实录》卷1，正德十六年四月壬寅。

廷报功之典，但参随人等均升一级，以为过滥”[①]。同时，他还举例，“旗校李全等，以夤缘升锦衣卫副千户等职，其奉登极诏裁革后，奏辩不已”[②]。于是，兵部又再次对违例报功问题进行强调。在上述例子中，领军报功所升职级多在正德年间取得，在其子孙袭职二、三代之后，于嘉靖年间被减革，盖即明廷限制正德年间领军报功升袭过滥的结果。威清卫陈立原系百户，据《功次簿》记载，在正德六年贵州征剿清水江苗贼功次中，他因“一人自斩贼级三名颗四名颗”获升副千户。不久，即正德八年，他又因思南等处功次“一人自擒斩贼级三名颗”升正千户。至其玄孙陈嘉猷于万历二十二年袭职时，被认为陈立副、正千户职级系领军违例报功，予以减革。[③] 此所谓领军报功，明有“自擒斩贼级三名颗”之言，却仍予以减革，而陈立正德十年类似情形升指挥佥事一级[④]，又并未在此次减革中一并革除。这似乎表明，嘉靖以后，明廷关于领军报功的界定愈加严格，而在具体执行过程中，却未必尽如例而行。

永定卫指挥佥事彭伦以“湖贵香炉山并永顺等处杀贼获功共二级，照例升指挥使”，至嘉靖十五年，其曾孙彭鸣高袭职时，认为“伊曾祖伦以指挥佥事香炉山等处二次领军违例报功升指挥使二级，例应减革”，但是，“扣有都指挥佥事、同知二级系部下及数，□与合降职级，仍与本人袭指挥使。”[⑤] 在该案例中，减领军违例报功所升职级则仍该袭指挥佥事，而所减职级又以彭伦领军升都指挥佥事、同知二级来扣抵，以此彭鸣高仍得以袭指挥使之职。按照惯例，都指挥佥事、都指挥同知二级，属于“例不准袭”的职级，这里却被用来冲抵所减革的可以世袭的指挥同知、指挥使职级。从上述陈嘉猷、彭鸣高的例子可以看出，所谓“领军违例报功”，在具体操作中仍受到诸多人为因素的影响。

3. 领军自斩首级功

领军自斩首级功，就是指领军将领在军事活动中亲自斩获贼级所获得

---

① 《明世宗实录》卷 50，嘉靖四年四月丙申。

② 《明世宗实录》卷 51，嘉靖四年五月甲戌。

③ 《中国明朝档案总汇》第 60 册，第 126 ~ 127 页。

④ 《中国明朝档案总汇》第 60 册，第 126 ~ 127 页。

⑤ 《中国明朝档案总汇》第 64 册，第 107 ~ 108 页。

的军功。

领军官自斩首级，在明朝前期是只赏不升的。弘治二年，兵部奏言，近者虏入辽东之溜水口，广宁前屯卫指挥杨茂御之，斩贼首一颗，军士被伤者五人，旧例西北各边斩首一颗者升一级，然茂系领军官，例不自报首级，请照加赏例赏之。① 弘治十四年，提督军务都御史史琳上奏："今把总领军官虽有斩获首级，不论功次，盖恐其夺下之功也，然不以为功，谁肯效力，乞准照例升赏，而但严其冒功之罚"②。史琳解释了不论领军官自斩首级功次的原因，认为这种情况应该照例升赏，但要严防冒功之弊。显然，史琳所奏得到了允准执行，在随后的弘治十六年论陕西叶兰领军官自斩首级功时，就以斩级一颗升一级为数太少，照成化十九年例予以减革。换言之，对于领军官自斩首级，经历了不予升赏、加赏而不升级、照例升赏但严格限制、照例予本人升赏而子孙袭职时仍予减革等几个阶段。武职选簿中记载的例子对后一种情况多有反映。柳州卫孙宪借袭祖职正千户，正统元年领军自斩首级报功升指挥佥事，其兄、侄、侄孙承袭，至侄曾孙孙略袭职时，将曾叔祖宪领军自斩首级所升一级减革。③ 此减革一级，不以犯堂，而以领军自斩首级，是其时限制领军报功的结果。沅州卫副千户李瑄，以领军部下斩首功升正千户，子、孙沿袭，至其曾孙李胜替职时，将所据领军功以"功不及数"为由予以减革。④ 建宁左卫舍人原袭世袭百户，福建领军获功斩首一颗升副千户，至其孙洪大谟袭职时，亦以功不及数而革袭署副千户事实授百户。⑤

嘉靖元年清理正德年间冒滥军功，兵部云："近年军职人等，在各边不曾斩有首级，巧立当先、冲锋等项名色，及各处斩首不及数，该部查例拟赏，奉旨升级世袭者，兵部通行查革"⑥。上述例子，正是正德年间斩首不及数而奉旨升级的。

---

① 《明孝宗实录》卷30，弘治二年九月癸亥。

② 《明孝宗实录》卷172，弘治十四年三月丁巳。

③ 《中国明朝档案总汇》第58册，第260页。

④ 《中国明朝档案总汇》第63册，第280页。

⑤ 《中国明朝档案总汇》第64册，第411页。

⑥ 《明世宗实录》卷1，正德十六年四月壬寅。

六 贵州开通道路及其他升授职级的功次

奇功、头功、擒斩、阵亡及领军部下、领军自斩首级等功，即常见的所谓军功。而实际上，作为卫所职级升授的功劳，还有其他很多种形式。在这里，重点对涉及贵州的开通道路功次展开叙述。

1. 贵州开通道路

所谓贵州开通道路，一般情况下，是指正统末、景泰初，王骥三征麓川旋师之际，贵州苗（韦同烈）发生变乱，围攻贵州驿路各卫所（主要是湖广通滇沿线卫所）阻断交通，为疏通驿道而开展的一系列（搜斩）行动。

贵州开通道路，并不属于直接参加战阵的军事活动，所以一般而言，贵州开通道路没有擒斩名颗，武职选簿一般记载“开通道路升前职”或“开通道路，例升一级”。但如果他在开通道路的过程中，有了擒斩功，那么，武职选簿上就会有所记载，如“杀贼获功”或“擒斩×名颗”。云南左卫实授百户尚文，因在贵州开通道路时“斩获首级四颗”，未升，后在香炉山获功并遇例，所以由总旗升副千户。①

贵州开通道路，时间是在正统末、景泰初，这时，大量武职凭借奇功、头功等没有计量的功劳作为军功升级的依据，但到了成化年间，因为武官人数膨胀，对武职袭授的要求开始有所转变，如成化二年，戴仲衡对陕西用兵事上言：“今论功者反以首级生擒验功升赏，而当先破敌不为上功，所以士无斗志，惟图幸取首级，往往坐是而败，乞稽洪武、永乐间旧例，以当先者为奇功，生擒者次之，斩首者又次之，如此则人以进死为荣，而虏不难灭矣”②。这说明，在成化年间，对于军功依据，已经由永乐时期的以奇功、头功等不能进行具体计量的功劳转变为以擒斩等可以计量的功劳作为军功赏赐依据。这是因为奇功、头功等没有具体的实际依据，所以在上报军功的时候，人为因素很多，这导致军功冒滥的现象泛滥。但当军功依据改变时，这并不能禁止武职的冒滥情况。如以擒斩首级论功，是要在战

① 《中国明朝档案总汇》第58册，第433～434页。

② 《明宪宗实录》卷31，成化二年六月丁卯。

役中，需将所杀敌贼的首级或耳朵割下来作为依据。但是，在敌我双方的混战中，情况瞬息万变，稍不注意，就可能阵亡。所以人们并不能立即割下自己所杀之人的首级，这使冒功成为可能。

面对这一情况，正德十六年明世宗即位时，下诏规定："近年军职人等，在各边不曾斩有首级，巧立当先冲锋等项名色，及各处斩首不及数，该部查例，拟赏奉旨升级世袭者，兵部通行查革。"[①] 在嘉靖十年，更是对明朝历代所发生的军事活动做了一个详细的规定，其中，对于贵州所发生的军事活动，如景泰三年，贵州香炉山；景泰五年，草场；景泰四年，贵州开通道路；天顺七年，贵州东苗功次；成化四年，贵州山都掌；成化十五年，贵州西堡等军事活动都做了详细的规定。而贵州开通道路中，"升级官、旗，照嘉靖元年例减革"[②]。于是，许多因参与贵州开通道路这一军事活动而升级的武职，在嘉靖年间所升职级被减革。如威清卫副千户丘资于景泰元年，贵州开通道路升正千户，其曾孙丘山于嘉靖年间承袭武职，按嘉靖十年规定"景泰四年，贵州开通道路升级官、旗，照嘉靖元年例减革"，所以，丘山祖丘资景泰元年开通道路升正千户之功被认为并非军功升授的，照例给予减革，丘山革替副千户。[③]

景泰年间，卫所官、军因参与贵州开通道路获得了军功，但到了嘉靖年间，因贵州开通道路所升职级却因"不曾有斩首"于是被减革。这反映了明代军功法则的一个衍变。

2. 作为升授职级依据的其他功次

除了上述诸种作为或一度作为卫所职级升授依据的功次外，还有其他很多功劳，如报捷、出使、伴送贡使入京、献俘、擒拿反贼、迎驾、保守城池、出首、遇例等。这些形式的功劳，或以为并非军功而仅予本身，或承袭数代而予减革。但不管怎样，卫所官舍旗军人等，都曾以这些名目得到过职级的升授，仍有必要给予关注。

报捷，即向朝廷报告战争胜利的消息。一般报捷的内容包括领军人物、

---

① 《明世宗实录》卷1，正德十六年四月壬寅。

② 《明会典》卷120《铨选三·武职袭替》，续修四库全书，第791册，第205~108页。

③ 《中国明朝档案总汇》第60册，第131~132页。

战争胜利的时间、最终所取得的战绩。成化十三年二月，湖广总兵官左都督李震等破靖州苗贼，于是向朝廷报捷，指出这次捷报的领军人物是由“李震等统兵，次靖州右副都御史刘敷、太监王定、左、右参将高端、彭伦、都指挥刘斌各领一军”，通过三个月的时间，取得了“破寨六百二十一，擒贼四百有奇，斩首八千一百二十二级，获贼属男女一万六百七十余，其堕崖溺水死者不可胜计”的战绩。当此消息到达朝廷时，皇上命令升其报捷者各一级。① 在这里，报捷者因报捷而升一级，但并不是只要向朝廷报告战争胜利的消息，报捷者就可以获得升授，朝廷会根据你所报告的内容，临时决定对报捷者的奖励。如成化十五年五月大同太监韦正等奏：大同玉林等处斩首二十九颗，获马四匹、牛三只。这一捷闻是属于战争胜利的消息，但从战绩来看，“斩首二十九颗”是非常小的，报捷者也只获得了赏赐新钞五百贯的奖励。② 当然还有因为报捷者报告的战绩非常大，如擒斩人数多，获取的马匹多等，那么报捷者甚至可以因报捷而“升二级”③。

献俘，就是将战争中抓获的首贼或重要人物作为战俘送至京师献给皇帝。这一种行为在明朝初期就普遍存在，洪武三年，左副将军李文忠遣人送所获故元诸孙买的里八剌等及其宝册至京师，省臣杨宪等请以买的里八剌献俘于庙。④ 献俘至京，参加献俘仪式者可能因此获得升赏，如永乐元年，金门千户所统兵副千户李敞献俘至京，就得以升职二级，升永宁卫指挥佥事，其他领军、所镇抚及总旗、小旗、小甲、舍人、军人等俱循例升赏有差。⑤ 不过，由于献俘者本身一般也是在战争中的立功者，献俘升赏除了具有庆典仪式含义外，仍是以擒斩等军功为基础的。永乐元年十一月，福建都司遣金门千户所千户王斌、巡检解迪等追捕牛岭海寇有功，王斌等献俘京师，王斌因此越级升为永宁卫指挥同知，巡检解迪升所镇抚仍掌巡检司事，其他有功及与事官旗人等亦皆从优升赏或加赏有差，而没有至京

① 《明宪宗实录》卷 151，成化十二年三月壬戌。

② 《明宪宗实录》卷 190，成化十五年五月乙丑。

③ 《明宪宗实录》卷 201，成化十六年三月丙戌。

④ 《明太祖实录》卷 53，洪武三年六月癸酉。

⑤ 《明太宗实录》卷 20 下，永乐元年五月丙申。

献俘者除了本赏外并没有格外升赏。[①]

遇例，也即例行升赏之意，一般皇帝登基之初，都会给予卫所试职、署职实授一级的升级作为恩赐。如平越卫中所试百户李昂，天顺元年遇例实授百户，年老。其嫡长男李英袭职，照例革去遇例一级，袭试百户。[②]这种具有恩赏性质的职级升授，往往限于受恩赏者本身而不能世袭。但也有一些恩及数辈情况的出现，安南卫右所试百户唐泉，遇例实授，子唐政、孙唐经沿袭，至曾孙唐恩才革去遇例职级，袭试百户。[③] 按例来说，遇例职级一般只限于受恩者本身，但在这个案例中，遇例职级却沿袭了三辈。这说明了在武职袭替过程中，对袭替档案文书管理及有关手续办理仍有疏漏之处，以至于"遇例"一级未能及时减革。遇例，不仅只是遇例实授，还有旗军遇例纳粟升试所镇抚、试百户、冠带总小旗等，为事武职遇例复职等情况。如在景泰年间，平越卫左所军杨秀，右所军姚昇皆遇例纳粟升试所镇抚[④][⑤]。遇例复职是对某一时间段内为事立功的武职以复职作为恩赐，如平越卫右所副千户马庸在"正统二年为事立功"充军，三年时遇例，于是恢复原职副千户。[⑥] 报捷、献俘及遇例等，都具有某种喜庆的仪式性质，参加这类庆典的有关人员，例得升职一级的赏赐，赏及本身，不得世袭。

出使外国，伴送外国或土司的朝贡人员入京，护送贡使返回本国或护送土司返回本管地方等，因为路途遥远，沿途多历艰险，接受此类任务的卫所职役人员，也有可能因为完成了任务而获得升职一级的赏赐。

至于擒拿反贼、出首或保守城池等，有类于军功擒斩、奇功之类，往往也予升授职级。至于迎驾，特指迎回北狩英宗，卫所职役人员以此升级者有之，但极特殊，可不予特别关注。

---

① 《明太宗实录》卷25，永乐元年十一月辛酉。

② 《中国明朝档案总汇》第60册，第70页。

③ 《中国明朝档案总汇》第60册，第221页。

④ 《中国明朝档案总汇》第60册，第36页。

⑤ 《中国明朝档案总汇》第60册，第54页。

⑥ 《中国明朝档案总汇》第60册，第43~44页。

七 “武职非军功不得袭授”与军功法则的破坏

武职非军功不得袭授，是武职世袭制度的一项基本原则。这个法则的建立与完善经历了一个漫长的过程，但它在完善的过程中，同时还伴随着对它的破坏，所以此过程看似简单实则复杂。军功法则逐渐完备的同时，也伴随一个人为破坏的过程。主要体现在军功冒滥、夺功及买卖等夤缘舞弊现象逐渐严重，皇权对军功法则的干涉等两个方面。

1. 军功冒滥、夺功及买卖等夤缘舞弊现象逐渐严重

军功冒滥主要体现在奇功、头功运用的泛滥，夺功、买卖军功的严重存在，杀获平民冒功等情况的逐渐普遍等方面。

报功将领扩大奇功、头功立功规模导致奇功、头功的贬值与冒滥。永乐时期，明太宗朱棣为了酬功靖难功臣，以奇功、头功的名目对奉天征讨的功臣进行了大量封赏。此后一段时期，奇功、头功成为论功升级的主要依据。但是，由于奇功、头功受到重视而又缺乏可以度量的准确标准，最终导致这类功次的泛滥与贬值。明朝中期一段时期内，以奇功、头功等名目申报军功的人数众多，直接导致了军功的冒滥情况屡禁不止。如成化八年，兵部统计抚宁侯朱永延绥杀贼军功册，朱永所领官兵在两年内擒贼11名，斩首257颗，却付出了阵亡官、军共664人的代价。对于敌我伤亡比例如此悬殊的“军功”，仍有1630余人因此获升职级，16700多人受到赏赐。即便如此，朱永仍要求再为3120余人升职。朱永还想再升授3120人，终于招致兵部的强烈抗议。[①] 由此也可见当时军功冒滥之严重，明廷已不堪重负。

明朝中后期，论功以可计量的擒斩为主，但这并不能禁止夺功、买卖军功等情况的出现。弘治十四年，提督军务都御史史琳上疏，要求恢复领军官斩获首级仍照例论功的原办法，指出取消领军官斩获首级论功的原因就是因有领军官“夺下之功”的存在[②]，这恰恰也从反面说明夺功现象较为

① 《明宪宗实录》卷120，成化八年三月丁酉。

② 《明孝宗实录》卷172，弘治十四年三月丁巳。

普遍地存在的现实。同时，史琳还提到首级买卖的普遍存在，原有的处理办法是“卖功及买者，法皆充军”。不过，他认为，首级买卖现象已经非常严重，甚至到了法难责众的地步。于是，他提出了将首级买卖合法化的建议，即“有功者即行报官，不愿升者赏银三十两”，“私卖者夺其价”，买者仍治其充军之罪。① 明代中后期，对于擒斩首级的功劳，经常出现愿升者照例升级，不愿升者给赏的规定，实际上是应对军功买卖现象的无奈之举。

明朝中后期，论功升赏以擒斩功为主，这不仅出现了夺功、买功的情况，还出现了杀获平民冒功的情况，这种现象性质恶劣，一般发现之后就会受到惩罚。如《明会典》规定：“若擅杀平人及被虏逃回人口、冒作贼级报功者，俱以故杀论”②。

夺功、买卖军功及杀平民冒功现象的广泛存在，说明明朝中后期军功冒滥情况已经相当严重，明政府虽屡颁禁令，但收效甚微。由于纪功、报功过程中存在大量的夤缘舞弊现象，官僚体制下案牍主义的发展使官员们对于案牍而非军功本身的重视，都造成了对“武职非军功不得袭授”原则的破坏。

2. 皇权对军功法则的干涉

在明朝，对于武职的升授，有许多特例的存在，这些特例的出现，一般是由于皇权对于军功法则的干涉或不遵守所造成的。它包括以下几种情况。

（1）皇帝将武职作为对王亲、大臣的赏赐；许多王亲、大臣以恩荫、奏讨等方式升授武职。如成化五年，锦衣卫副千户杭昱子锦告袭父职，兵部以杭昱系王亲，其职并非由军功升袭，例无承袭，锦应该回原卫“听继戎伍”，但皇上特命锦为所镇抚。③ 又如，正德二年，锦衣卫叶广，他从总旗历升指挥使全不由军功，照例其子只能补总旗役，但其妻张氏奏乞恩荫其子袭指挥佥事职，得到皇帝特许。④ 这些通过恩荫、奏讨等非军功的方式升授武职，是对“武职非军功不得袭授”原则的破坏。

---

① 《明孝宗实录》卷172，弘治十四年三月丁巳。

② 《明会典》卷166，《兵律一·申报军务》，续修四库全书，第792册，第37页。

③ 《明宪宗实录》卷71，成化五年九月己亥。

④ 《明武宗实录》卷31，正德二年十月乙未。

一方面，皇帝会强调“武职非军功不得袭授”的原则，但另一方面又允许不少特例的出现，这种反复的态度使该法则处于维持与破坏交互发生的尴尬境地而变得极其复杂。如弘治二年六月，曾特敕兵部审核，“武非军功并行事升者，自天顺元年至今一切革去，以杜幸门”①。但同年十月，云南广南卫指挥同知夏福之孙昊世袭正千户。夏福本系广南卫军，在“英庙北狩”的时候“随待虏庭”，后来又往返北京与“虏庭”之间为英宗返回北京积极奔走，终因与英宗的密切关系历升至指挥同知。后来，夏福年老，乞以孙代职。兵部以为，“福不由军功，例不当袭”，但弘治皇帝以福有“奉待”之劳，特与昊袭正千户职。② 前后仅隔四月，弘治自己就打破了“武非军功并行事升者”“一切革去”③ 的敕令。

（2）皇帝授工匠技艺之流以武职作为赏赐。明英宗时期，画工陈珏就因善于画画被授予锦衣卫正千户之职，并允许其子孙世袭百户职。④ 又如，嘉靖四年，内官监太监崔平、傅平以修理清宁宫等，为各匠役乞官，升授顺天府经历、知事等职者 510 人。给事中黄臣等谏以为不可，然明世宗非但不听，又升锦衣卫副千户冯铎一级。这引起了兵部的不满，以“锦衣非军功不升”为由反对冯铎升职，但并没有使皇帝改变主意。⑤ 这些因特殊技艺甚至匠作而升授武职现象的大量出现，即是皇帝对武职非军功不得袭授法则的干涉。

弘治年间，由于传奉升授文武职级现象的大量发生，甚至导致皇帝与兵部之间发生尖锐矛盾。弘治七年七月，太监韦泰传旨：“升御用监官匠千户张玘、检校李纶等四人各二级，人匠徐原初等三十人各二级”⑥。这一旨意，引起了兵部的强烈反对。兵部尚书马文升等言：“祖宗旧制，武职非有军功不升”，许多边防将士立有大功照例只升一级，而张玘等御用监官匠只因“制造微劳”就得以升级，甚至有四人升职“二级”，这消息传出，“恐各边将士闻而解体”⑦。八月，兵科给事中周旋上奏，言孝宗即位之初，“罢

① 《明孝宗实录》卷 27，弘治二年六月丙辰。

② 《明孝宗实录》卷 31，弘治二年十月丙申。

③ 《明孝宗实录》卷 27，弘治二年六月丙辰。

④ 《明宪宗实录》卷 31，成化二年六月癸丑。

⑤ 《明世宗实录》卷 56，嘉靖四年十月辛丑。

⑥ 《明孝宗实录》卷 90，弘治七年七月丁未。

⑦ 《明孝宗实录》卷 90，弘治七年七月甲寅。

黜传奉”，“重惜名器”。但现在孝宗的举动，不仅与即位之初罢黜传奉官的举动不符，且此例一开，其余类似之人也会提出升赏要求，所以应“使无军功者不得以冒爵秩章”①，孝宗不听。弘治十二年，孝宗又以传旨的形式升了一批官员。② 兵部尚书马文升上奏，认为这与“祖宗立法之意太相悬绝也”③，希望皇帝收回成命，革去张玘等升职。同时，兵科给事中张弘志将孝宗登基之初颁布的条例与当前孝宗的举动进行了比较，指出孝宗从八个方面违背了登基之初颁布法令的初衷，其中就提到孝宗登基之初裁革了五百余员传奉官，但近年来却又将升授了大批传奉官。④ 孝宗的这些举动，不仅干涉了武职非军功不得袭授的原则，且使大臣对他的做法质疑，破坏了他的个人权威。

（3）对皇帝或皇亲的近侍如太监、保姆的赏赐。锦衣卫告替舍人史宾是“宪庙保母庄靖夫人之孙”，其祖史玉以“缌旗传升实授百户”。兵部认为，“武职非军功不得世袭”，史宾所欲代父职，实以保姆恩非军功升授，例无承袭。但皇帝仍准史宾替百户。⑤ 又如嘉靖三年，世宗以司礼监太监张钦有功，荫其弟侄一人为锦衣卫指挥同知，且准世袭。因钦是朝鲜人，无族属，故其家人李贤得以承荫。贤故，其子儒乞袭职。兵部尚书金献民言：“武职非军功不得世袭，况李贤以他姓冒荫，李儒岂容再冒耶。乞如新诏裁革，以慎名器”。但世宗念钦劳，仍命儒世袭。⑥ 这种因近侍对皇帝或皇亲服侍有功，其家人被皇帝授予武职作为赏赐的情况在明朝十分普遍。而正是这种皇权对军功法则的干涉，使非军功升授武职的情况屡禁不止，破坏了“武职非军功不得袭授”的法则。

结　论

何谓军功，军功有哪些形式，各种形式的军功又是怎样规定的，它们

① 《明孝宗实录》卷91，弘治七年八月己巳。

② 《明孝宗实录》卷156，弘治十二年十一月戊寅。

③ 《明孝宗实录》卷157，弘治十二年十二月辛卯。

④ 《明孝宗实录》卷157，弘治十二年十二月辛亥。

⑤ 《明武宗实录》卷47，正德四年二月辛卯。

⑥ 《明世宗实录》卷41，嘉靖三年七月乙丑。

又有怎样的法则演变？在历史上，这些问题看似理所当然，而实际上仍然相当复杂。明代卫所武职升授以军功为基础，军功是武职袭授的基本依据，其军功法则经过长时间的调整完善，是一个相当复杂的问题。

从形式上看，据以袭授武职的军功，主要有奇功、头功、擒斩功、阵亡功、领军功等几种形式。

奇功、头功，在明代一直存在，但在不同时期有不同的概念内涵。对于武官、旗役及军役的军功，一般都会通过赏赐、授职或升职的方式给予体现。洪武时期，一般是“赏多升少”，对于奇功、头功等功次的授予是非常重视的，得到此功劳的人少之又少。但到了永乐时期，明太宗为了酬功靖难功臣，于是在洪武三十五年重新制定了奇功、头功的授予依据。并对其内容进行了详细的规定。明朝中期，明朝政府对奇功、头功的授予条件逐渐放宽，如军官在军事活动中阵前当先、殿后、斩将搴旗、擒斩贼首等就可以临时奏拟升赏奇功。因奇功、头功而得到升赏的武官、旗役、军役人等大大增加，使武职集团的数量激增，而奇功、头功授予的泛滥，使其已失去了原有的意义。

擒斩功。它是明朝卫所武职军功最重要的体现形式，擒即生擒，斩指斩首，两者都是军功的主要依据，且在军功体系中的地位相当。洪武时期，对于擒斩功，我们可以看到很多因擒斩而得到赏赐的记录，如洪武十五年定征南将士临阵战功赏格时，详细规定擒斩名颗、擒斩对象及相应的武职职级所得到的赏赐。但关于因擒斩功而得到升授的武官、旗役、军役人等的记载却非常少。永乐时期，对于擒斩功升授职级，开始有了案例可循，如沿海，就依永乐元年福建金门千户所副千户李敞督众追捕焚贼船例，而内地，则依洪武时期的平云南例增之。至宣德年间，则针对不同战役的难易程度而对擒斩数量有了初步的差异性规定。至明中期，擒斩论功已经体现出明显的地域性差异，“其论功，以擒斩北虏为首，辽东女直次之，西番及苗蛮又次之，内地反贼又次之”。至成化十四年，擒斩功升授职级将此惯例进一步细化，并将其记入《明会典》，成为通行于全国的关于擒斩功升授职级的定例。

从明初到明中后期，头功、奇功与擒斩功在地位上有一个转移过程。永乐时期，明太宗朱棣为了酬功靖难功臣，对跟随他参与奉天征讨的将士进行了大量的封赏。这一时期，明太宗朱棣命礼部参酌洪武时期升赏条例重颁赏格，将军功分为奇功、头功、次功三种。在此后的一段时间内，奇功、头功成为论功的主要依据，奇功升二级、头功升一级的规定开始在全国范围内逐步推广应用。这一时期，大多数战役申报功次都以奇功、头功为主，而擒斩等其他功次却寥寥无几。同时在这个过程中，由于各地区的情况有所不同，所以对奇功、头功的规定也逐渐细密化，如对奇功阵亡、以功准并枪等情况的规定，就是其细密化的一个体现。

但是，由于奇功、头功的认定常常会受到诸多主观因素的限制，如奇功、头功难以勘验，且每次战役中报奇功、头功者数量众多，所以借以夤缘舞弊的现象日趋严重，同时由于头功、奇功的认定标准逐渐放宽，使因奇功、头功升级的官军人数激增。面对这种情况，明中期，一场关于军功升赏究竟以奇功、头功为主还是以擒斩功为主展开了讨论。这一直接后果是奇功、头功的地位下降，便于计量的擒斩功地位上升，并在之后的具体实践中，军功升赏逐渐以擒斩功为主，并最终得到了确立。

阵亡功。虽然同样都是阵亡，但在不同时期或不同战役中，它却意味着不同的待遇。在洪武、永乐年间，除靖难功之外，阵亡大多只是给予赏赐，其中偶有因将领阵亡升级的例子，但毕竟属于少数，没有在中低级卫所武官及旗军中普及。直至正统年间，才逐渐形成了阵亡升一级的惯例。然而，它成为一种明确规定的定例，是在成化十四年。从此，阵亡升一级成为一种适用于全国的定例。当然，它适用于全国，并不代表它在每个军事活动中都遵循阵亡升一级的定例，在有些军事活动中，它可能根据其军事活动的难易程度、结果而予以不同的升赏。当然，这种现象也属于少数，阵亡升一级在明中后期是一种普遍的存在。

领军功。领军功的形式有多种，但一般常见的主要有领军部下获功、领军报功、领军自斩首级功。领军部下获功，它是可以让武官、旗役、军役人等得以授予、升迁的功劳，在明前期它并没有一个明确的规定，一般只要参与了军事活动，领军官都会得到升赏。根据地域性和对象性的差异，将领军部下获功又分为斩获达贼领军功、斩获番贼领军功、斩获苗蛮山贼领军功及斩获倭贼领军功，并在成化十四年，对领军部下获功的擒斩名颗做了一系列详细的规定。领军报功，是拥有领军身份的武职向朝廷奏报某地区军事活动的结果，并通过报功或参加报功之典的行为，获得升赏。但由于领军报功不属于直接参与战阵的功劳，所以它虽然可以奉旨升级，但到了嘉靖年间，就会因为“领军违例报功”而被减革。所以领军报功并不属于狭义军功的范畴。领军自斩首级功，在明前期，因怕领军官夺部下的功劳，所以对于领军官亲自擒斩的功劳是只赏不升。然而到了弘治十四年，提督军务都御史史琳上奏，要求对于领军官斩获首级的功劳，也应该照例升赏。所以明中后期，领军自斩首级功才得以升授。当然对于领军自斩首级功，斩不及数者，奉旨升级的武职，一般在嘉靖年间就会被减革。

上述几种形式的军功以外，卫所武官及旗役、军役人等立功还有其他途径，如报捷、出使、伴送贡使入京、献俘等，特殊背景下擒拿反贼、迎驾、保守城池、开通道路、出首、遇例等。这些形式的立功，大多数被认为并非军功，其袭授受到严格的限制，往往功及本身或数代而止，所立之功需要酌情或依例减革，不得袭授。

作为武职袭授的基本依据，军功法则不仅体现为一个逐步完善的过程，同时也是一个逐渐被破坏的过程。这种完善过程体现为军功法则的条例化、细致化。法度愈密而奸窦愈多，军功法则的完善过程本来就是因应酬功精神被逐渐破坏而产生的。奇功、头功，因报功、纪功过程中出现大量的夤缘舞弊现象，终至其泛滥而贬值，擒斩功则因其易于度量而成为升授职级最为主要的标准。诸多具有限制性或便于操作的法则的出现，其本身就是为矫正报功冒滥、夺功严重化、首级买卖普遍化等破坏军功的趋势而产生的。其他如皇权对军功法则的干涉，皇帝以传奉的形式给予近幸、太监之流以世袭的武职等，都破坏了军功法则。

陈法易学和儒学思想的研究向度及收获

王芳恒*

摘　要：陈法的易学研究，涉及易的起源和卦的形成，《周易》的体系结构和性质，以及解易体例。而在儒学研究方面，陈法赞成“理本论”，而批评“心本论”，坚持“格物致知”的为学和修养方法，对象山之学和王阳明的“良知”之论提出新解。

关键词：陈法　易学　儒学

陈法（1692—1766），字世垂、圣泉，晚号定斋，清代著名学者，贵州安平县（今平坝县）人。康熙五十二年（1713 年）春，陈法乡试，举亚元，同年“秋闱”成进士。入词馆，任职检讨，为翰林官八年。像许多传统知识分子一样，陈法学而优则仕，先后任职河北顺德府、山东登州府知府，河东运河道、江南卢凤道、淮扬道、河北大名道道台等。陈法的学术著作颇多，主要分为三类：哲学类，如《易笺》《明辨录》等；治河、治水类，如《河干问答》《河工书牍》等；教育类，如《醒心集》《敬和堂文稿》等；诗词类，如《内心斋诗集》等。2009 年，贵州人民出版社出版的

* 王芳恒，布依族，安顺学院副校长，教授，博士生导师。

《黔南丛书》第一辑、第二辑即收录了陈法先生的《易笺》《犹存集》等著作。《易笺》是陈法易学思想专著。陈法的儒学思想，主要体现在其所著之《明辨录》中。今存《明辨录》主要有清代山右（今山西）人荆如棠荫南于乾隆三十五年（1770年）校刊的刊行本。2011年，贵州人民出版社又出版了《陈法诗文集》上、下册，内容与《黔南丛书》第一辑、第二辑基本相同。这些著作的点校、整理和出版，为开展关于陈法先生思想的研究提供了方便。

陈法先生的思想体系，主要由易学和儒学两个部分组成。《周易》以其思想来源之古老、复杂，内容之丰富、深邃和影响之巨大，历来被视为儒家"六经"之首。中国历史上的著名学者鲜有不涉及《周易》的，学习和研究中国思想和文化的后人，更不能绕过《周易》。孔子曾感叹，"假我数年，五十以学易，可以无大过矣!"（《论语·述而》）陈法重要的学术贡献之一，即体现在易学研究方面。陈法因替同事白钟山辨冤，得罪朝廷，于乾隆十三年（1748年）被谪内蒙十六军台戍边。在此期间，陈法系统深入地研究《周易》，撰有《易笺》八卷。在《易笺》中，陈法总结并批判继承了历代著名学者研究《周易》的经验和得失，在关于易的起源、易的性质、《周易》体系结构和解易体例等方面，提出了自己独到的理解。陈法解易，曾得到《四库馆》作者的肯定，《易笺》亦被收入《四库全书》。

一　易学研究向度及收获

（一）关于易的起源和八卦、六十四卦的形成

关于易的起源，易学家们花费了大量的精力开展研究。可谓诸说并起，百家争鸣，但始终没有取得大致统一的看法，这或许正是学术研究的特点。关于易的起源和八卦、六十四卦的产生，主要有所谓"伏羲观象说"，即伏羲画卦、文王演而为六十四卦并作彖辞，周公作爻辞，即司马迁所谓"人更三圣，世历三古"之说。后来朱熹有所谓"人更四世"之论，即认为孔子为《周易》作传。还有所谓"画前有易说"，即八卦、六十四卦源于圣人对数和理的领悟等。这两种说法均具有明显的直观性和猜测性特点。此外，

易学家又从理论上将关于易的起源和八卦、六十四卦的产生概括为“参天两地而倚数说”“大衍之数说”“易有太极说”“乾坤父母说”和“设卦观象说”等，而这些学说在很大程度上又蕴含在“河图洛书说”之中。《易传》讲到的天三、地二之数，大衍数五十，都与河图之数、天地之数有关。“易有太极说”与“大衍之数说”是用两套不同的语言，说明天地万物和八卦、六十四卦的起源。“乾坤父母说”乃解释文王卦位的一种学说，而文王卦位由伏羲先天卦位变化而来，故此说也与河洛之说关系密切。从易学史看，真正具有代表性的是河洛图书说、易有太极说和乾坤父母说。

河图洛书说认为，上古时代，伏羲氏得黄河龙马所负“河图”，依其中的奇偶点数画出八卦，文王在此基础上演为六十四卦，此即为易的起源。又传洛阳一带的洛水出现神龟，背负“洛书”，大禹得之，以为治水和创立九章大法之依据，治理天下，取得成功。这是后来图书学派解释天地之数、大衍之数来源的又一根据。易学史上，也有许多易学家反对易的产生与河图洛书有关系，认为所谓河图、洛书，不过是古代地理图籍一类的东西。

陈法赞成河图洛书说，特别重视河图洛书的作用。同时，陈法又多说并举，采河图洛书说、大衍之数说和乾坤父母说等，而以河图洛书说为基础。陈法本邵雍河洛说，以河图为天圆，洛书为地方。在陈法看来，河图之数即大衍之数、天地之数，这是圣人作易的本源。主张有图而后有卦，有卦而后有易。关于易的起始和发展，陈法赞成朱熹、焦循等人的“四圣”说，即认为伏羲作八卦，文王、周公系之以象、爻辞，孔子作传。所不同的是，他认为“四圣”之易，皆以明人事为最终目的。而朱熹等则认为只有孔子易才讲人事。从体例上讲，关于六十四卦的构成，陈法赞成“重卦说”。就是说，伏羲根据河图奇偶之数画八卦，文王在此基础上按“重卦”原则演为六十四卦。可贵之处在于，陈法认为，无论是伏羲先天图，还是文王后天图，均来自阴阳相推而生变化的原理。先天图为体，文王图为用。体寓于用，用不离体。陈法认为河图是存在的，他不赞成欧阳修、毛奇龄等人以河图洛书为怪妄的观点。这体现出陈法对汉、宋图书说的继承。总之，陈法认为，卦与图是统一的。河出图，洛出书，圣人就是根据河图洛书而作八卦和六十卦。河图是天地万物产生和发展的总根据。

陈法认为《周易·系辞传》“大衍之数”章是讲揲蓍成卦的。笔者赞成陈法的观点，但又有所补充，即“易有太极”章和“大衍之数”章均讲天地万物的产生和八卦、六十四卦的起源。当然，前者是从哲学上讲，后者则以所谓河图之数为基础，直接讲揲蓍成卦。“太极”即揲蓍中“不用之一”，“两仪”即揲蓍中之“分二以象两”，“四象”即揲蓍中“揲四”的成果，结果都是讲八卦的起源。

乾坤父母说是易学家解释易的起源和八卦、六十四卦产生的一种重要学说，可分为乾坤升降说和乾坤本体说，后者自前者发展而来。这一学说是以阴阳升降、消长、相推为原理，认为其余六十二卦均自乾坤两卦变化而来。因此，在具体解释卦的形成时，乾坤父母说实际上主“重卦说”。乾坤两卦围绕二、五爻变化，产生六子卦。乾坤六子为体，其余卦为用，即所谓乾坤本体说。上下经构成等，均由八卦体用关系决定，六十四卦无非乾坤之体而已。乾坤父母说是卦变说的理论基础。陈法主张乾坤父母说，他认为伏羲卦位图是体，文王卦位图是用。而乾坤两卦是伏羲先天图的核心，是正卦。陈法从体用、阴阳、刚柔等方面，明确阐述了乾坤父母卦对于成就万事万物之重要性。

（二）关于《周易》一书的体系结构

《周易》体系结构历来是易学家们讨论的重要话题，这些长期争论的问题，主要包括言（辞）、象、数、意（理）及其关系，《十翼》的作者、上下经构成、经传关系等。多数易学家认为，彖辞为文王所作，爻辞为周公所作。陈法亦持此种观点。争论最激烈的，当属《十翼》的作者问题。一种观点认为《彖上传》《彖下传》《大象传》《小象传》等《十翼》为孔子所作，如朱熹等人即持此说。另一种观点认为《十翼》并非孔子所作，而是由不同的人于不同年代完成的。如北宋的欧阳修、南宋的叶适等即持此看法。陈法认为《系辞传》《彖传》《爻传》《象传》为孔子所作，《说卦》《杂卦》古已有之，《序卦》为文王所作。因此，他不赞成孔子作《十翼》的观点。关于言（辞）、象、数、意（理）的内涵及其关系，易学家们的观点主要体现为两种倾向，一种是置象或数于第一位，认为有象或有数，方有意或理，言（辞）为表达意（理）的手段。没有象或数，辞无所系。没有义理表达的需要，言（辞）就没有存在的必要。陈法即提出辞由象系，因数显理，因图显理。他明确反对扫象和泥象，指出解易离不开象数，但解易的重点在明人事和自然之义理。另一种是置意或理于第一位、为主体，主张有意、有理而后有象和数，如程颐、朱熹、杨万里、湛若水等即持此看法。

关于《周易》经传结构，涉及六十四卦的排列问题，即所谓“序卦”，上下经的构成及其原则等。易学们提出了多种多样的构成方式和原则，如“八宫卦说”“十二辟卦说”“错综说”“乾坤父母说”“体用说”“旁通说”“相错说”“相因说”“相成说”，等等。关于上下经的功用，易学家们认为上经讲天地自然的形成，下经讲人事之理，等等。朱熹则指出《易经》分上下篇并没有什么特别的理由，只不过，“以其简帙重大，故分为上下两篇”。在这一问题上，陈法继承了叶适、朱熹等人的观点。他认为，明其大义即可，不必探之过密、过繁。古人序卦合理之处，存之即可。他认为，上下经构成及各卦顺序，是按照先天方位图来定的。这是秉持和发挥元代萧汉中、明末清初方以智的观点。对于历史上所谓上经言天道，下经言人事的观点，陈法以为，天道人事一也，最终落实到人事。陈法还从体用说、重卦说等立场，论述了上下经的构成。

（三）关于《周易》的性质

关于《周易》的性质，主要有两种观点，一是认为《周易》乃卜筮之书，卦爻象变化预示吉凶悔吝的变化，而吉凶悔吝情况由卦爻辞而得。汉代易学家将卦爻象、五行与四时节气等结合起来，提出卦气说、月体纳甲说等，用以解释阴阳灾异，使《周易》走向谶纬迷信。二是认为《周易》虽在历史上曾以卜巫之书的形式存在，但《周易》的目的却是明人事自然之理。王弼、孔颖达、欧阳修、程颐、张载、朱熹、王夫之等均认为《周易》乃明人事之作。

陈法继承了这一传统，明确指出《周易》为本天道而明人事之书。这是圣人作易的本源。陈法解易，并不废象数，也讲揲蓍成卦并提出了独到见解。然而，陈法作出了“小人占”和“大人占”的区分，并指出“易为君子谋”，不为小人谋。吉凶悔吝根源于人自身的行为。六十四卦及其卦、爻、象辞均以明人事为目标。尤其是《大象》辞，专言人事。《周易》讲自然界的道理，由于天道与人道一致，所以，《周易》最终目的是明人事之理。陈法关于《周易》明人事的观点，在《四库全书提要》中是得到了充分肯定的。

（四）关于解易体例

关于解释《周易》经传的原则及方法，即解易体例，陈法批判地继承了传统观点，并在若干方面有新的发挥。为解释卦爻象和卦象辞之关系，易学家们提出了许许多多解易原则和方法。或者置象（卦象、爻象）于第一位，从而主取象说，或者置义（意）于第一位，而主取义说，或取象、取义说兼采，等等。以这两种解释倾向为基础，易学家又提出了一系列更为细致的解读方法，如在取象说的大前提下，又有爻位说、卦变说、互体说等。陈法在《易笺》中继承和吸收了传统的取象说、取义说、爻位说、中位说和趋时说等解易体例，同时，对传统解易方法又有发挥，提出善会说卦、以类而推、互卦取象、彖爻互证、全卦取象、变通取象等解易方法，可谓推陈而出新。

二　儒学研究向度及收获

儒学是陈法思想的重要组成部分，主要体现在其所著之《明辨录》一书中，其核心内容主要有以下几个方面。

（一）赞成“理本论”，批评“心本论”

由于孔子、孟子等先秦儒家思想的不同特质及其影响，以及对道家学说和佛教理论的不同理解和吸纳，儒学发展至宋代，出现了明显的理论分化，形成理学和心学两大系统。宋明儒学也因此被称为“新儒学”。朱熹和陆象山分别作为理学和心学的杰出代表，围绕着本体论、道德修养论、正统与异端等方面展开了长期的争论，史称“朱陆之辩”。而后世学者针对“朱陆之辩”所开展的讨论，则被称为“朱陆异同之辩”。“朱陆之辩”肇启于南宋，至明末清初仍有回声余绪。陈法《明辨录》一书以程朱理学为正学、为圣学、为道统，从本体论、道德修养论等方面对陆王心学提出了严厉批评，即属于回声余绪的重要组成部分。朱陆之辩的本质，是争夺道统的话语权，是如何重建儒家道德形上学的问题，是如何确立和发挥儒家道德伦理的问题。陈法站在程朱理学立场上，秉持朱与陆、儒与佛对立，以朱、儒为是而以陆、佛为非的观点，对象山和阳明哲学提出了批评。陈法坚定地捍卫了程朱一派的“性即理”说，以及道德修养方法上的“格物致知”说。

陈法以程朱理学为宗，即肯定了朱熹的“性即理”说。在《明辨录》中，以象山“认心为理”为非、“复心见性”为非，等等。陈法批评象山心学的前提是以程朱理学为正宗。这种批评在当时是一种思潮，并非陈法一人独创。

在陈法看来，象山认为心与理合一或心与理为一。然而，心分为“道心”和“人心”，受后天“气质”或“气禀”影响，心并不直接是“理”，只有道心才是理。因此，陈法认为象山的“心即理”说是受了佛教禅宗的影响。他认为象山所谓心之“灵明、不昧”，以至其所谓“明心见性”，皆来自佛禅。象山只见心，不见性，即不见客观存在的理，而以心之“灵明”为理。象山和阳明以佛教禅宗所谓“知觉灵明”之心，用来代替孟子具有“良知良能”之心。象山、阳明与朱子一样，均主张性善论，认为心体至善，但又承认人的心体可能“受蔽”“壅蔽”，既然如此，缺少了格物致知的工夫，心体怎么可能就是至善的？明此心，怎么就能够明此理呢？陈法认为这是不可能的。象山所谓“明心见性”，只是佛教的“机巧”而已。

（二）坚持“格物致知”的为学和修养方法，反对“复其本心”和“先立乎其大者”的“易简”工夫

既然人所得之理是天所授予的，说明理是客观的存在，实际上就是儒家那套伦理规范。那么，在朱子看来，人为了去恶存善，去欲存理，就得做“格物穷理”的工夫。既然象山认定心就是理，心具众理，纯然至善，那么，要去欲存理，恢复善性，就只需要在心上下功夫。朱陆本体论上的差异，导致他们在道德修养方法上的差异。陈法坚持程朱的修养方法，提倡“格物致知”的工夫。反对象山“发明本心”或“复其本心”的“易简”工夫，也反对王阳明的“致良知”说。

在道德修养方法上，陈法坚持程朱的“格物致知”“格物穷理”说，反对象山所谓“复其本心”之说，不赞成其“先立乎其大者”的“易简”工夫。陈法认为，这种工夫是受禅宗影响的结果，不可能认识万事万物之理。

朱子和象山都主张性善论，认为恢复人的善性是有可能的。但在如何去欲存理的问题上，朱子与象山、阳明产生了分歧。朱子提倡格物穷理，心统性情。象山倡导“复其本心”“先立乎其大者”，也就是“立心”，而仁、义、礼、智“四端”则是本心的核心和根据。

针对象山的观点，陈法指出，由于人受先天气禀和后天物欲影响，本心所具之理是不可能一复即现的。要恢复天理，得经过一番去欲、去蔽的格物穷理工夫。象山急功近利，乃以一己之私，而自以为本心自足，从而切近天理。这是做不到的。陈法认为，只有长期的修养和积累，才能保持向善的品性，纠正气质之偏、克服物欲之私，达到“大中”“至正”的标准。陈法批评了象山所谓“自证自悟”，认为这种方法不可能悟得天理。在陈法看来，象山所谓“易简”工夫，简直就不是道德修养工夫。所谓“自足”“自证”“自悟”，并非圣人的学问，乃是对禅宗所谓“知觉灵明”之本心说的发挥。陈法认为，孟子“万物皆备于我，反身而诚”与象山“复其本心”不同。孟子所谓“皆备”“固有”，是指圣人在精神境界上与万物为一体，这种境界是通过“格物”的工夫得来的。而“复其本心”则是复佛禅“虚灵明觉”之心。总之，象山抛弃了“见闻之知”，而认为本心之“灵明”自显，这完全是佛教禅宗那套办法。

陈法继承朱熹以“至”“尽”训“格”的观点，即认为“格”是“达于物”和“至其极”，他不赞成王阳明关于“格物”就是“格心”或“正念头”的思想。陈法认为，在格物致知问题上，阳明作内外之别，从而“是内而非外”，这是其格物说与程朱格物说最大的区别。陈法指出，阳明所谓“吾性自足”“万理咸具”，等等，都是“任心”之学，乃佛禅之学，不足取，实质是批评阳明对“见闻之知”的忽视。

陈法指出，后世学者之所以认为程朱格物致知之说“支离”，就是象山和阳明的误导所致。其原因是象山、阳明对格物致知之说的认识和理解有问题，具体体现为“失之太泛”“视之太难”“论之太拘”“失其本旨”。例如，阳明所谓“格竹”之举，就是把“格物穷理”理解为“格尽天下万物而穷其理”，此即为“失之太泛”。又如阳明以格物为“正物”，从而认为格物，就是“正念头”，就是“泥于训诂”之失。陈法认为，对程朱格物致知思想的认识，要懂得变通之道，不能作机械的理解。

（三）指出象山之学异于孟子而合符禅宗

在“朱陆异同之辩”中，象山之学的来源问题，是学者们讨论的重要话题。关于象山之学的来源，大致有三种说法。第一种是认为象山之学受启于北宋的程颢；第二种是认为象山之学以孟子学为宗；第三种是认为象山心学本体论和修养方法，主要是受佛教禅宗影响的结果。陈法持第三种看法，他认为象山之学异于孟子学而合乎禅宗。陈法否认象山之学源于孟子，至少认为象山不得孟学之真传。他认为对象山思想产生重大影响的是佛教禅宗。在陈法看来，孟子倡导性善论，讲究道德修道工夫，注重对“四端”的扩充。而这些为学的特征，是象山之学所不具备的。孟子虽讲“万物皆备于我矣”，但同时又强调“存心”“养性”“知性”“知天”，即重视渐进性的道德修养。陈法认为，格物致知在孟子道德修养中具有重要的作用。孟子只是指出了“四端”是人完成至善品性的基础，但并非就是至善本身。要达到至善，还需要格物而穷其理。因此，象山所谓悟本心、明此心的方法，既不能明此理，也不能直接成就至善人性的。

陈法指出，象山之学得于孟子者浅，却深受佛禅影响。所谓“先乎其大者”，是抛弃了“见闻之知”；而所谓“求放心”则受启于佛禅所谓“灵觉”和“明心见性”之说。这些都来自禅宗所谓“顿悟”的“机巧”，而非儒家传统的格物穷理说。陈法认为象山是借孟子“良知良能”说，来阐述佛教“诸法出自本心”的观念和“任心”之说，最终是用佛教“明心见性”之说代替孟子的“良知良能”说。

关于儒与释之别、道统与异端之辩等，陈法一如既往地站在程朱的立场上，对象山的有关论点提出了批评。朱陆均以尧舜禹汤文武周孔孟之道为道统，然而，他们对道德的内涵及本质、道统的传承体系等，则各有各的看法。朱熹至少还承认孟子之后，伊洛关诸公得儒学真传。而象山认为，孟子之后，儒学失去传承者，只有到他这里，才真正把丢失的儒学精髓找回来。陈法坚信朱子关于儒学传承体系的观点，坚决不同意象山的看法。

此外，在关于异端的外延问题上，朱陆的看法也是不相同的。朱子明确以佛、老为异端，而象山则认为，异端者，不止佛、老，凡是儒家圣学之外的学问，凡是与“心即理”说不相符的学问都是异端。关于儒、释之别，程朱以虚实为判断之标准，即以儒为实，以释为虚。象山则以公私、义利为判断的根据，即以儒为公、为义，以释为私、为利。陈法赞成程朱的判断原则，并在《论象山辟禅之非》一文中，从多个层次和侧面，对象山辟禅观点提出了批评。

（四）指出王阳明所谓“良知”和“致良知”是吸收佛教思想观念的产物

陈法在《良知辨》和《致良知辨》两文中，对王阳明的良知本体论和作为道德修养论的致良知说提出了批评。陈法批评的重点，集中在阳明所谓良知及致良知的本质和内涵方面，认为阳明良知本体和致良知说，是吸纳佛教禅宗思想的产物，是“阳儒而阴释”。孟子讲良知、良能，象山讲良心、本心，阳明讲良知，体现出心学理论特征的相似性和内在关联。阳明认为，良知是本体心、至善心和天理心。良知、良心就是天理，良知、良心与天理异名而同质。此由象山笼统的“心即理”说发展而来。良知又是自觉之心和是非之心。陈法对阳明以良知为是非之心提出了批评，在陈法看来，既然良知是善性，是心之体，又怎么是“是非之心”呢？这不自相矛盾吗？

陈法所谓良知辨，除涉及良知的先验性、局限性问题外，更主要的是围绕阳明所谓良知与孟子良知说及禅宗的关系展开的。阳明晚年居越时期提出的“四句教”，可以说是其良知本体论与道德修养实践相结合的一种尝试，是企图将本体与工夫打成一片的努力。陈法则指出，阳明“四句教”是用良知来阐述佛禅理念。陈法强调，孟子是在道德意义上讲良知，因而，良知是至善或纯善。而阳明所谓良知则是禅宗之“知觉灵明”，因而，是“无善无恶”之心体。阳明以良知和“无善无恶”为心之体，而良知又是天理，即儒家伦理。换句话说，天理是心之体，或心之体是天理，能说天理无善无恶吗？

在禅宗那里，本心之性与真如、佛性是同一的。在阳明这里，良知与理或天理也是同一的，良知即天理。然而，陈法认为阳明析良知为二，一是作为本体的良知，一是作为主体所具有的认识能力的良知。陈法认为阳明所谓良知者，实是佛教禅宗的产物，托之以先儒之词而已。他认为佛教禅宗讲真如、佛性、无念、无往、无相、无执着、不思善、不思恶等，正是象山、阳明所谓心体之性，象山谓之“灵明”“不昧”，阳明谓之“知觉灵明”等。阳明以儒家的良知等同于佛家的“真如佛性”，是想掩盖其学说之佛学本质。

陈法指出，在禅宗的影响下，阳明在解释本体和工夫的关系时，始终存在矛盾。一方面，阳明认为心体“无善无恶”或“不思善，不思恶”。另一方面，阳明又认为致良知就是去恶存善，本体和工夫始终未能统一起来。

阳明致良知说受到批评，首先源于其理论描述与禅宗言论的相似处。阳明以良知为“明觉”，欲使孟子所谓良知与《大学》之“明德”结合起来。而明觉就是佛教所谓“灵明不昧”，陈法认为，这种理念在儒家古代圣人那里是不曾有的，完全是佛教禅宗的东西。如禅宗即主张不立文字，得意忘言。禅宗提倡“明心见性”，认为体察本心，就可洞见本心佛性，象山和阳明都吸收了禅宗的这一观念。

陈法认为，致良知就是格物穷理，是从个别现象上升为普遍知识的工夫。阳明所谓致良知，与子思、孟子和朱熹所言都是不同的，子思、孟子、朱熹所谓致知，才是儒家圣门“最切至要之功”。陈法指出，阳明视良知为天理，正如佛教所谓“万法自一心流出”，只不过是禅宗那套“明心见性”的方法，是不需要下任何工夫的。

总之，在道德修养和为学之方上，陈法坚定地捍卫程朱的格物致知说，严厉地批评了阳明致良知的先验性、局限性，指出了阳明致良知说是受佛教禅宗影响的结果，是借用儒学的概念，阐述佛教禅宗的思想。因此，在陈法看来，阳明之学不属于“正学”的范畴。

屯堡仪式与文化

文化遗产视角下藏词式歇后语的抢救与发掘*

——以屯堡人的“言旨话”为个案说起

张定贵**

摘　要：“言旨话”是屯堡方言在日常社会生活中的惯用表达，属于藏词式歇后语，具有独特性、活态性、传承性、变迁性、综合性、地方性、濒危性等特点，也具有文化遗产的价值和意义。

关键词：屯堡　“言旨话”　藏词式歇后语

当今世界，如火如荼地开展的“遗产运动”对各国政府和社会产生广泛的影响，遗产保护正成为一项急迫的国际事务，诸多国家的政府、社会对遗产的申报、保护和本国遗产体系的建立都给予了相当的重视。

文化遗产可分为“有形文化遗产”和“无形文化遗产”两类。有形文化遗产即是传统意义上所讲的“文化遗产”，根据《保护世界文化和自然遗产公约》，包括历史文物、历史建筑、人类文化遗址。依据联合国教科文组织《保护非物质文化遗产公约》的定义，无形文化遗产则是指“被各社区、

---

* 原作发表于《教育文化论坛》2014年第2期，作者在收入本书时略有修改。

** 张定贵，安顺学院政法学院副教授。

群体，有时为个人，视为其文化遗产组成部分的各种社会实践、观念表述、表现形式、知识、技能以及相关的工具、实物、工艺品和文化场所”。它包括：口头传统和表现形式，包括作为非物质文化遗产媒介的语言；表演艺术；社会实践、仪式、节庆活动；有关自然界和宇宙的知识和实践；传统手工艺。

非物质文化遗产被誉为历史文化的“活化石”，“民族记忆的背影”，其最大特点是民族个性、民族审美习惯“活”的显现，是以声音、形象和技艺为表现手段，并以口耳相传作为文化链而得以延续，是“活”的文化及其传统中最脆弱的部分。

从社会学的角度看，外部宏大的社会结构影响着微观领域的变迁，当然微观领域的驱动亦可触动宏观社会的变化。对于轰轰烈烈的“遗产运动”，地处西南一隅的安顺屯堡村寨亦不甘为人后，成为地方政府、学界、企业、村民共议共谋申报各级各类遗产的重要对象。见其小，更要识其大。本文仅从文化遗产的角度，联系中国最早的歇后语形式——“藏词式歇后语”谈谈对屯堡人“言旨话”这一独特的语言民俗的认识。

一　藏词式歇后语溯源及现状

据语言学界的研究，歇后语根源于隐语，首先是藏词式歇后语在魏晋时代出现，如曹植《求通亲表》中的“今之否隔，友于同忆”，以“友于”表示兄弟。陈望道先生在《修辞学发凡》中认为，藏词式歇后语分为两类：一类主要取材于古代文人所熟悉的四书、五经中的某句话、某个短语，甚至某个复音词。如以“友于”表示“兄弟”，取材于《尚书·君陈》中的“惟孝友于兄弟”；以“燕尔”表示“新婚”，出自《诗经·谷风》中的“宴尔新昏，如兄如弟”，等等。另一类是以口头语为材料进行创作，如：下马威——风、牛头马——面、猪头三——牲（生）、胡里胡——涂（赌）等。这类歇后语一般在群众中流行，常见于戏曲、小说的人物对话。至唐代才出现说明式歇后语，即我们今天常说的如“十五只水桶打水——七上八下”“哑巴吃黄连——有苦难说”等盛行的歇后语。此后，两种歇后语并行发展。而藏词式歇后语在元杂剧、明清传奇小说中大量出现，至近现代以后则近乎绝迹，形成了说明式歇后语一家独大的局面。[①] 尽管整体现状如此，但是在我们对屯堡的田野调查中发现藏词式歇后语仍然鲜活地存在，运用于人们日常的生产生活中，这就是屯堡人所称的“言旨话”。

通过元杂剧、明清传奇小说的一些作品，我们看到屯堡人所称的“言旨话”与历史上出现的“藏词式歇后语”在结构和用法上有着惊人的相似。现略举一例。

明传奇剧本《明珠记》第二十五出：

〔旦倒介丑惊走下净丑上〕自不整衣毛，何须夜夜嗥！咱们劳倦，正要睡哩，不知隔房刘家娘子一夜啾啾唧唧、哭哭啼啼做什么。老身方才吃他惊觉了。不免去瞧一瞧。〔丑〕呀！怎么倒在地上？不好了！“祖武符，孝顺爹，草头天，七颠八，上天入，十死九，菜重芥，周发殷，手精眼，南去北。”〔净〕好也，人要死哩，你兀自打歇后语哩！有这等慢心肠的！待我叫。

这其中运用了一组藏词式歇后语：“祖武符（刘），孝顺爹（娘），草头天（子），七颠八（倒），上天入（地），十死九（生），菜重芥（姜），周伐殷（汤），手精眼（快），南去北（来）。”意思是“刘娘子倒地，生姜汤快来”[②]。

这种三字格的歇后语，歇后的那个字的本意或谐音正是所指的内容，这与“言旨话”完全一致。当然，可以推测“言旨话”并非凭空在屯堡产生，而是一种由外部带到屯堡的语言表达形式，是屯堡人历史记忆的结果。明清传奇小说盛行的时代正是屯堡人的先辈在贵州驻扎戍边、繁衍生息的时代，来自江淮等发达地区的他们想必会知道和使用这一类歇后语。据不少熟悉“言旨话”的屯堡老人回忆，“‘言旨话’是古老古代传下来，我们从小就听到老辈人在说，搞不清是什么年代就有的”[③]。我们可以断言，与屯堡人至今还保留了诸多乡音和古音一样，“言旨话”这类藏词式歇后语作

① 王晓娜：《歇后语和汉文化》，商务印书馆，2001，第1~25页。

② 转引自王晓娜《歇后语和汉文化》，商务印书馆，2001，第18页。

③ 张定贵访谈王厚福、顾之炎等人。

为语言民俗也被他们记忆并传承下来。“言旨话”实际上是中国最早的歇后语——藏词式歇后语在当下的历史遗存。

二 “言旨话”的类型、内容及其特点

（一）“言旨话”的类型、内容

通过田野调查和阅读有关屯堡研究文献，我们采集到了部分“言旨话”，根据其表达内容的所指，将其分为如下类型。

1. 数目类

董蓬蓑（衣——一），一心管（二），连二赶（三），颠三倒（四），装腔作（势），四不挂（五），文中取（武——五），青红紫（绿——六），家有贤（妻——七），槅门两（扒——八），一毛不（拔——八），羊羔美（酒——九），脱衣落（实——十），五马分（尸——十）。

2. 生肖类

胆小如（鼠），庖丁解（牛），武松打（虎），守株待（兔），五爪金（龙），七嘴八（舌——蛇），高头大（马），顺手牵（羊），马上封（侯——猴），太子登（基——鸡），霸王别（姬——鸡），关门打（狗），掌上明（珠——猪）。

3. 饮食类

一年到（头——猪头肉），对河二（面——面条），四马投（唐——糖），天长地（久——酒），冷火秋（烟——香烟），十三太（保——饱），万寿无（疆——姜），猛打猛（冲——葱），毛焦火（辣），神机妙（算——蒜），哑口无（言——盐），青山绿（水），羊羔美（酒），珍珠玉（米），天鹅孵（蛋），瓜园小（菜），刮骨熬（油），雷贺倪（汤），白皮嫩（肉），细皮嫩（肉），粗茶淡（饭），王法难（犯——饭），劳动模（范——饭），太子登（基——鸡），霸王别（姬——鸡），鸡毛蒜（皮），稀牙稀（齿——吃），孤陋寡（闻——文），一揽包（干），玉石栏（杆——干），将功赎（罪——醉），九九归（一——鱼），垛勃垛（将——酱）。

4. 用品类

两面三（刀），三战吕（布），万盏明（灯），大通小（亮），打破沙

（锅），定海神（针），大海捞（针），鱼跳龙（门），班门弄（斧），不成体（统——桶），围魏救（赵——灶）。

5. 身体类

面黄肌（瘦），都口都（嘴），抓脚舞（手），厚皮实（脸），慈禧太（后——厚），牵肠挂（肚），栏中半（腰），从头到（脚）。

6. 称谓类

打破沙（锅——哥），绅耆父（老），玉皇大（帝——地或弟），天官大（帝——地或弟），春回大（地——弟），一穷二（白——伯）。

7. 自然类

山遥路（远），八仙过（海），下马威（风），风调雨（顺），上满下（流），镐山耙（地），毛风细（雨），一手遮（天）。

8. 其他类

儿多母（苦），刘备招（亲），普天同（庆），偷师学（艺），盘缠打（坐），提刀弄（棒），路上行（人），团结友（爱），一刀两（断），站高望（远），山遥路（远），山高水（长），来日方（长），从小看（大），水涨船（高），一本万（利），四季平（安），亡羊补（牢），正大光（明），苛捐杂（税——睡），钦差大（臣——成）。

（二）文化遗产视角下“言旨话”的特点

关于“言旨话”的语言特征，本人在《“言旨话”与屯堡人的历史记忆》（《西南民族大学学报》2011 年第 8 期）一文有所归纳，亦可参阅李文军、杨正宏《屯堡“言旨话”及其文化内涵》（《凯里学院学报》2012 年第 4 期）、杨明《屯堡言旨话的语言特点及语言技巧来源初探》（《铜仁学院学报》2012 年第 1 期）的语言学概括。在此，本文主要从文化遗产的角度谈谈对“言旨话”特点的认识。

1. 独特性

从“言旨话”三字格的主要语言特征来看，“言旨话”就是中国最早的歇后语——藏词式歇后语，这种歇后语有着非常独特的特点，一是这种歇后语与今天常见的如“十五只水桶打水——七上八下”“哑巴吃黄连——有苦难说”等类似的说明式歇后语在表现形式上不一样，歇后一字而非一句话，这是屯堡人对中国最早的歇后语的一种历史记忆，或者说是屯堡人对于明代江淮地区语言民俗文化的一种历史记忆。至今仅在少数资料上看到类似的语言现象——如民国时期上海的股票交易场所、现在浙江杭州周边的少数村落和云南曲硐回民（属明代屯军后裔）方言。在当下中国歇后语的文化版图中，“言旨话”这一古老的歇后语可谓标“古”立异。

2. 活态性

活态性是指“言旨话”在屯堡村寨中尚存，一是不少村寨的中老年人还在日常生产生活中使用交流；二是在少数村寨比较集中和典型，如九溪，有着“二铺的秤杆子，九溪的言旨”的美誉。在屯堡村寨多年的田野调查中我们常常听到令人意想不到的“言旨话”，由此钦佩屯堡人的诙谐幽默。

3. 传承性

“言旨话”是屯堡人世世代代延续下来的一种语言民俗，尽管今天受到现代化的冲击，但由于中老年人在村中的经常应用，一些外出打工、经商回村的年轻人和在家的小孩也会受到潜移默化的影响，也会使用一些常用的、简单的表达方式，因此“言旨话”传承的文化生态尚在，链条尚存。

4. 变迁性

“言旨话”具有变迁的特征，主要是指在内容上会随着时代的变化而与时俱进，有所创新，而“三字格”的形式化特征则数百年基本不变，如甲问乙，请你看看你手上的“三个代”几点钟了？——“三个代”（表）这就是一个新的表达；如在九溪村主人劝人喝茶时说，请你喝点儿“百村调”，“百村调”（查，谐音“茶”）① 就是新说法。另外，为了使用的方便，少数用法在形式上也出现变化，如以往将“放点盐”说成放点“哑口无”（言，谐音“盐”），现在不少人干脆就说成放点“哑口”，将“无言（盐）”省去，由三字格变成两字格，这又回到了取材于《尚书·君陈》中的“惟孝友于兄弟”，直接将“友于”当作“兄弟”了。

5. 综合性

从前述“言旨话”的类型和内容，我们看到“言旨话”涉及的内容比

① 2001年至2005年国家社科基金重大项目“中国百村经济社会调查·九溪村”课题组在九溪村开展研究。

较宽泛，几乎覆盖屯堡人日常生产生活的多个方面，构成了人们日常交流话语的一部分内容。

6. 地方性

藏词式歇后语在中小学语文课程乃至在大学语言类课程介绍“歇后语”时鲜有提及，至今仅在少数资料上看到类似的语言现象——如民国时期上海的股票交易场所、现在浙江杭州周边的少数村落和云南曲硐回民（属明代屯军后裔）方言。“言旨话”比较集中、鲜活地存在于屯堡村寨，凸显出其地方知识而非普遍知识的特征。

7. 濒危性

“言旨话”尽管尚有不少中老年人在使用，但是由于受到现代化、城市化的影响，不少年轻人外出打工、经商，他们中一些人不使用但还听得懂，而一些人听不懂也不使用，而生活在村中的很多人则意识不到这也是文化遗产，随着一些老年人的离去，“言旨话”这种中国最早的歇后语——藏词式歇后语将随着人们的淡漠而可能消亡。因此，这成为本文最为关切的指向和研究重心所在。

三　作为文化遗产的藏词式歇后语的抢救和发掘的路径

藏词式歇后语作为中国最早的歇后语，这一珍贵的语言文化遗产由于在今天使用的地域极少，为存录汉民族祖先在历史进程中的语言现象，我们认为可以从以下两个方面进行抢救性的整理与发掘。

（一）以屯堡村寨为载体，及时对中老年人进行录音记录整理

屯堡文化是鲜活的汉民族地域文化，作为其中一部分内容的“言旨话”尚存留在诸多中老年人的日常交流中，我们可以将他们作为采集对象，将这种屯堡人呼之为“言旨话”的中国最早的藏词式歇后语，利用现代科技手段对其进行录音录像的记录和整理，这是对祖先遗留文化遗产进行保护的一份文化责任。

（二）以相关文献资料为依托，较为系统地整理历史上的藏词式歇后语

主要通过对元杂剧、明清传奇小说涉及的大量藏词式歇后语的系统梳理和分类，将元明清时期古人对藏词式歇后语的记录呈现出来，丰富这一语言民俗的资料，再将其与屯堡人现在使用的“言旨话”进行汇总，有可能建成一个藏词式歇后语的语言民俗资料库。这既是对历史遗存的记录，亦可为相关学科研究社会史、风俗史、语言史等提供一定的基础资料。

四　藏词式歇后语抢救发掘的当代意义

“歇后语”是人们在日常生活中创造的经典而又风趣的语言，它在全国各地司空见惯，很多人对其熟视无睹，而作为中国最古老的藏词式歇后语在屯堡的具体形式——“言旨话”，不仅屯堡人习以为常，外人也仅仅将其当作一种“好玩”的地方语言来看待。实际上，藏词式歇后语是中国人在长期的生产和生活实践中通过联想创造出的具有丰富文化内涵的生动语言形式，在当今社会中仍然有着诸多重要的价值意义。概括而言，主要有以下两大方面的意义。

从理论上而言，第一，为中国几乎消失的藏词式歇后语这一语言民俗留下珍贵的文字、语音资料。歇后语是中国汉民族独特的语言文化现象，而藏词式歇后语则是独特现象当中的独特现象，并且是现在广泛流行的说明式歇后语的源头，有着珍贵的文化遗产学价值，当然也有着宝贵的语言学、民俗学、历史学等学科的资料价值。第二，为语言学等学科研究歇后语开辟了一个新的研究空间。检索现在研究歇后语的研究文献，成果富集，但绝大多数是针对说明式歇后语的，藏词式歇后语的专文专著较少。如果建立一个较为系统的藏词式歇后语的资料库，将为语言学等学科拓展歇后语的研究开辟出一个新的研究空间。第三，为人类学、民俗学、社会学等学科研究符号、象征、记忆、认同、秩序、规则、族群意识，进而认识中国底层社会的文化现象提供很好的素材。

从现实意义而言，第一，为将歇后语这一独特的语言民俗申报中国乃至

世界非物质文化遗产充实了丰富的内容。查看各省非物质文化遗产名录，我们看到一些省份已将歇后语列为该省名录，一些省份的谚语也列入中国非物质文化遗产名录，按照联合国教科文组织通过的《保护非物质文化遗产公约》的规定，藏词式歇后语属于“口头传统和表现形式”一类，作为中国独特的语言民俗现象，与当下广泛流行的说明式歇后语捆绑在一起申报中国乃至世界非物质文化遗产是有可能的。第二，为贵州、安顺地方政府将屯堡文化申报国家及世界文化遗产充实了丰富的内容。屯堡文化群落作为明初军事政治行动与集团迁徙的产物，申报国家及世界文化遗产是数年来地方政府的目标追求。作为中国最早的歇后语尚存于屯堡，这对充实申报内容亦会增色不少。第三，为屯堡文化旅游开发补充新鲜的、生动的旅游文化资源。以往人们未必注意将言旨话作为一种旅游资源来进行开发利用，近年来在天龙屯堡风景区的巷道石墙上看到一些木刻的言旨话，令游客好奇，使导游有说头，让游客有听头。第四，为中小学语文课程、大学语言课程和地方文化课程讲授歇后语提供了丰富的，既新又古的资料来源。在语文课堂上，歇后语生动的特征往往让中小学生觉得有趣，如果再将藏词式歇后语加入进去，亦会使课堂教学效果增色不少，特别是如果在安顺和屯堡区的学校渗透这一内容，让学生领略家乡鲜活文化的内涵，将会激起学生的兴趣。同样，在大学的语言课程和地方文化课程中将这一形式加入进去，既可激发学生兴趣，还可引导学生去进行研究。

结　语

语言濒危现象的出现，导致语言多样性的锐减，从而引起文化多样性锐减和文化的断裂与消亡，这是一个全球性问题。藏词式歇后语作为中国最古老的歇后语，历经千百年，而今仅系于屯堡人等少数族群，危哉险哉！保存一种语言就意味着保存一种文化，相反死掉一种语言则会失去一种思维和认知方式，失去一份极其珍贵的历史文化遗产。在全球化、现代化的背景下，从文化遗产的视角来考察，对于藏词式歇后语这一濒危语言现象，应该及时进行抢救和发掘，让中华民族先辈留下的宝贵文化供后人有所了解，并通过它去认识当年先辈的生活智慧、生活心态，从而形成一个民族具有连续性的历史记忆。

屯堡人诞生礼仪的象征意义与社会功能*

汪青梅 陈 斌**

摘 要："做大客"是屯堡人新生儿的外婆和奶奶联合组织，邀请和答谢女性亲友探视祝福新生儿的诞生礼仪，具有极强的族群性特征。它表达了屯堡人对生命的热望和期盼，表现了屯堡社会对族群新成员的接纳、保护和安顿。女性作为"做大客"仪式实践的具体承担者，体现了屯堡人社会性别的特点。参与"做大客"的亲属关系范围大于清明祭祖所整合的亲属关系，显示和构建出一个具有开放性的、关系内涵丰富且不断延伸扩展的社会关系网络类型。"做大客"作为屯堡人确认、检验、强化和整合多种社会关系并进行相应互动的社会过程，以屯堡族群内通婚构造的姻亲等人际关系为社会基础，也再次加强双方家庭及其村落的勾连和整合，是"屯堡式"社会关系的再生产。在当今社会变迁的背景下，"做大客"仪式仍然受到重视，也出现了与社会转型相适应的调整。

关键词：屯堡人 诞生礼仪 做大客 象征意义 社会功能

* 本文系国家社科基金西部课题"屯堡社会稳定性的宗教视角考察"（项目编号：08XZJ007），教育部人文社会科学研究青年基金项目"黔中屯堡人的生活方式与身份认同"（项目编号：12YJC850020）的阶段性研究成果。

** 汪青梅，贵州师范大学文学院；陈斌，安顺学院旅游学院。

诞生礼仪包括婴儿出生之前及幼儿成长过程中的系列仪式活动。诞生礼仪在各类研究和记述中通常都被包含在关乎出生、成年、结婚、死亡的四大人生礼俗中，鲜有单列论说。万建中在“中国民俗文化丛书”之一《民间诞生礼俗》一书中，基于文化史的梳理和各地的田野调查，分别从祈求生命孕育的生殖崇拜、怀胎、分娩、诞生、满月、周岁庆贺六个主要方面详尽地介绍了中国民间的各种诞生礼俗。[①] 在屯堡社区，宣告和庆祝诞生的“做大客”是诞生礼仪的重要内容，它被夹杂包裹在人情往来、摆酒席吃酒席的喜庆氛围中，在表达其相应的象征意义时，也具备重要的社会功能。

一 人生礼仪研究综述

人生礼仪，指为个人生命的危机或重要转折时刻而设的过渡礼仪，这些生命的重要关口通常是指出生、成年、结婚、死亡几个时刻，人们认为这些时刻必须通过一定的仪式才能安全过渡。过渡礼仪是范热内普（Arnold Van Gennep）在其著名的《过渡礼仪》（*The Rites of Passage*）一书中提出的，主要用来指与人生转折或社会转换有关的仪式，即个人或社会从一种状况到另一种状况的转换过程中所相应伴随的典礼。范热内普将通过礼仪分为三个主要过程：与原有的社会关系脱离和隔绝的阶段，从一种状态进入另一种状态的中间阶段，与新的社会关系结合为一体的重合阶段。他认为，在自然与社会的发展过程中，都普遍存在如过渡礼仪所展示的那样的过程和状态，他尤其注意挖掘仪式的内在结构模式，并注重这一模式与社会生活的普遍联系及其功能。[②]

人生礼仪是世界各地习见的社会文化现象。在范热内普之后，英国民俗学家博尔尼（Char Lotte Sophia Burne）在其《民俗学手册》中对范热内普的理论进行介绍，并根据范热内普对仪式进程“分离—阈限—重合”三分的方法，对分娩、成年、婚礼和丧葬礼等人生礼仪进行了在她那个时代

① 万建中：《民间诞生礼俗》，中国社会出版社，2008。

② 李鹏程主编《当代西方文化研究新词典》，吉林人民出版社，2003，第301页。

看来显得与众不同的描述。[①] 西方学者对人生礼仪的研究显示出两个主要方向，人生礼仪的社会功能不断得到深入阐释，与此同时，人生礼仪成为人类学仪式研究中的经典概念，埃德蒙·R. 利奇（Edmund R. Leach）、维克多·特纳（Victor Turner）等人类学家对仪式、象征及其相关的社会分类与文化秩序的研究，都与这一概念有直接或间接关联并不断持续推进。

马林诺夫斯基考察了原始人的“生命过程”，对其“成年礼”和“丧礼”进行了精到的社会文化功能剖析。原始社会成年礼的主要作用在于表现“原始社会里面传统的无上势力与价值；深深地将此等势力与价值印在每代的心目中，并且极其有效地传延部落的风俗信仰，以使传统不失，团体固结”。而在死亡时举行的人生礼仪，则有助于人类战胜对死亡的恐惧和由死亡带来的群体瓦解的威胁，它“使个人精神得到完整”而且使社会得以保全。[②]

特纳研究了恩登布人与死亡和青春期有关的生命危机仪式（life-crisis rituals），认为在这些生命的转折时刻中，典礼不仅以其所围绕的个体为中心，同时还表明与个体相联系的人们之间的关系已经发生变化，这些联结方式有血缘、婚姻、金钱、政治控制以及许多其他仪式，就像一个恩登布女人生下第一个男孩的时候，她从年轻的妻子转变成母亲时，她所在的社会也经历了变化：意味着她给作为部落头人的兄弟带来了一个继承人，使她的丈夫成为父亲，她的母亲成为祖母，相应地，与这些新关系相联系的地位和行为也都发生了变化。“无论我们生活在什么样的社会里，我们都彼此关联。我们自己的‘重要时刻’，也同样是他人的‘重要时刻’。”通过相应的仪式，人们得以重新适应个人和社会的转化，从而利于社会整合。[③]

此外，特纳对范·根纳普过渡礼仪的三阶段结构进行的扩展也广为人知。范·根纳普的结构包括一个前中介阶段（分离）、一个中介阶段（转

① 〔英〕查·索·博尔尼：《民俗学手册》，程德祺等译，上海文艺出版社，1995，第 154 ~ 174 页。

② 〔英〕马林诺夫斯基：《巫术、科学、宗教与神话》，李安宅译，中国民间文艺出版社，1986，22 ~ 24 页。

③ 〔英〕维克多·特纳：《象征之林》，赵玉燕，欧阳敏，徐洪峰译，商务印书馆，2006，第 7 页。

型）与一个后中介阶段（重新整合）。特纳注意到，在中介状态，两个阶段间的过渡状态，个人处在"模棱两可"状态：他们不属于他们先前所处社会的一部分，而且尚未被重新整合进入该社会。中介状态是一个中间过渡阶段，一个模棱两可的时期，其特色是谦卑、隐居、测试、性别模糊与集体中介性（communitas）。为此，他区分出"阈限"（liminal）和"近阈限"（liminoid）这两种不同的状态，前者指"在依靠仪式性分离才得以延续的群体中，仪式的操作方式"，后者指"在开放的社会中""有更大选择余地的活动"。①

包括利奇在内的许多人类学者对人生礼仪中的象征尤为关注，利奇认为，人生礼仪与人生周期的阶段划分有关，它是对时间的一种表述或者概念化，因此也同样是人们用来界定时间的一种手段。②

国内学者对人生礼仪的研究虽然也受到西方学者的影响，但长期以来积累的主要是民俗学者和一大批进行中国文化研究的学者的成果，其视角主要表现在对人生礼仪的现象描述和资料整理，对人生礼仪进行内容界定和分类，对人生礼仪进行文化史探源和心理、文化内涵的解释等方面，其中对全国各地汉族以及少数民族人生礼仪丰富的具体表现形式描述和记录得较为充分，注意突出不同地域、不同民族和文化群体在人生礼仪形态上的差异性。此外，在从古至今的各地方志中，也有许多对人生礼仪的记载和描述。

马林诺夫斯基功能主义式的研究，是从个体的心理感受出发，将人生礼仪视为一种承载情感态度和价值观念的文化表现形态。特纳认为恩登布人的人生礼仪是对社会构成的暗示，它使人们确认由于新成员的出现或其社会地位的转化而出现的社会关系的更新，从而影响新一轮的社会运行。而利奇等人的研究集中关注人生礼仪中的象征，强调对象征的生成机制和结构的理解。上述研究或多或少都有涂尔干式的社会学或列维·斯特劳斯式象征－结构主义解释方式的影子，由于研究旨趣各异，而往往侧重其一。

① ［英］维克多·特纳：《仪式过程：结构与反结构》，黄剑波、柳博赟译，中国人民大学出版社，2006，序言。

② 史宗主编《20世纪西方宗教人类学文选》，金泽等译，上海三联书店，1995，第499页。

应该看到，“人生礼仪在民俗的观念和实践中，形成了自身内部自然的、社会的、心理的和信仰的特征互相交织的多重复杂结构，呈现出一种由生到死的社会生活过程和由死到生的信仰过程的循环圈。”① 正如格尔茨所指出的，成年礼等宗教信仰和仪式，其重要性在于作为世界和个体二者间关系的“一般而又独特的观念之源的能力”，二者一方面是其归属模式，另一方面是其目的模式，与此同时，在“这些文化功能中又产生了宗教的社会与心理功能”，因此，探求宗教的社会和心理作用，不仅要发现具体仪式行为与世俗社会之间的相关性，同时还要理解：人们关于“真正真实”的概念如何影响了人的各种观念，这种影响有多大、多深，影响的效果又如何。因此，格尔茨认为，在研究方法上就应该首先分析那些构成宗教自身的象征当中所包含的意义系统，然后将这些系统与社会的结构和心理的过程联系起来。②

屯堡人向来极为重视人生礼仪，隆重地举办这些活动是家庭和社区生活中的重要事件，尤其在当下，其经济、时间、精力投入和人员参与规模及热情都显示出强烈的社会生活感染力。在一年四季，屯堡人家的人生礼仪此起彼伏，在每个屯堡人的生命历程中人生礼仪如期而至。对屯堡人的人生礼仪全面而深入地理解，成为我们认识其社会构成和运行不容忽视的切入点。依照格尔茨在方法论上的启示，根据屯堡社区的实践经验，我们采用象征仪式与礼俗生活互嵌和耦合的探讨框架，力求在观照屯堡社会生活的历史感、屯堡社会构成的结构特征和运行机制、屯堡文化的意义模式基础上，将人生礼仪作为一个屯堡人主体性凸显的动态的社会过程看待。

二　“做大客”的仪式过程

“做大客”是新生儿的外婆和奶奶联合组织，邀请和答谢女性亲友探视祝福新生儿的仪式。我们讨论这个活动过程的前提是屯堡人的核心通婚圈

① 张紫晨主编《中外民俗学词典》，浙江人民出版社，1991，第9页。

② 〔美〕克利福德·格尔兹：《文化的解释》，纳日碧力戈等译，上海人民出版社，1999，第101～143页。

仍然在屯堡族群内。

（一）送人亲

屯堡人对做大客仪式尤为重视，尤其是添第一个孩子的时候。随着新生儿诞生消息的传播，村里与奶奶关系好的，或者近旁的邻居等亲戚好友开始前来“送人亲”。“送人亲”是对诞生礼仪中赠送产家礼物的专称，也即将肉、蛋等营养品送来，现在也直接多送现金。外村或远处的亲戚朋友也逐渐得知婴儿诞生的消息，家中女性也会陆续赶来“送人亲”。在开始做大客之前，奶奶除了忙于照顾产妇、筹备做大客，主要的活动就是接待“送人亲”的亲戚、朋友和街坊。对远处的亲戚、朋友，奶奶以茶饭热情款待，同时还要赠送几个鸡蛋或糕点等作为回礼；对本村的，奶奶会将来者登记姓名，待到做大客时再宴请答谢。

外婆通常会在婴儿降生的第一时间得知消息。孩子落地后，奶奶会打发新爸爸到外婆家报喜，生男孩带只公鸡去，生女孩带只母鸡去。随着通信的发达，现在有的人家也采用直接打电话告知的方式。外婆收到消息后，随即也会迅速将添外孙的消息散布出去，最亲近的直系和旁系亲属以及与外婆和产妇关系好的女性亲友得知消息后，会纷纷前来赠送礼物，主要是鸡鸭蛋、大米，为新生儿添置的衣物、用具等，外婆将来者礼物收下并登记，据此组建赴奶奶家做大客的队伍。除了亲朋们送来的实物外，外婆常常不惜破费，为新生儿购置数套衣物、妈妈带宝宝时的用具“背扇”等，现在还增加了婴儿推车、学步车等新式用具。早年屯堡村落为了应对外婆筹备到产妇家做大客的鸡蛋还有互助形式的“鸡蛋会”，家里有出嫁未育女儿的主妇，大多要参加“鸡蛋会”。

（二）宴饮与庆贺

时间一般选定在产妇坐月子快结束时，但还是要请风水先生在这个时段内择日，以求吉时。到了做大客的前两三天，奶奶家便开始请人采买置办酒席所用的物资，租借来炊具餐具，支起顶棚摆开炉灶架起大锅积极准备炊事。做大客有三天正日子，届时，外婆率领众女宾，多则三五十人乃至上百人，少则也有一二十人，携带礼物前往外婆家的村子。奶奶家要组织帮忙的妇女到村口接下来人肩挑手提的鸡蛋、大米等食物，殷勤地将其引到家中。做大客不仅要办三天的酒席，而且酒席的伙食也很讲究。如果经济条件允许，酒席的食物种类繁多菜肴丰盛，几顿饭食都不重样，有十几道炒菜就米饭，有煮米粉，还有用大米磨成面粉和水之后蒸制的松软可口的“松糕粑”，每人一份的荷包蛋汤饭必不可少。吃酒结束后，外婆家来的客人依然受到热情的欢送，而送的方式通常表现为热情的挽留，甚至以唱山歌的形式来表达。在整个做大客过程中，奶奶本人或者委托帮忙的妇女记得早晚在神龛上香，告知和礼敬天地、祖先。

人们在做大客礼仪中，表达对新生儿及其家庭祝福的一个典型的方式是妇女们在酒席之余唱山歌和念佛歌。当然，这同时也是来自两个主要村落的妇女们交往和互动的时机。主人家请来帮忙的妇女，不仅要招呼客人吃饭喝茶安排其住宿，还要在茶余饭后陪伴来客，以免其感到单调无聊，也让主人家充满欢声笑语。在这连续三天的欢宴上，唱山歌和念佛歌活动的开展，增添了主人家热闹喜庆的气氛。屯堡村落中大多数中青年妇女都爱听唱山歌，也有不少擅长者，外婆家来的客人与奶奶家帮忙的本村妇女相逢，代表主人家的妇女们通常会热情地邀请来客献唱，双方在羞涩谦虚地相互推让一番后，往往由客人先唱起来，主人家的陪客也会随之附和，有时候是轮流进行，有时候是某位善歌者成为众人瞩目的中心，仿佛开演唱会一般向众人展示歌喉。一般都是祝贺主人家添丁之喜，祝愿新生儿健康成长，读书明理，前程远大。我们在九溪村调查时，参与了一户人家的做大客仪式，记录下这段由外婆家来的客人念诵的祝福歌：

主家办事喜洋洋，三亲六眷到喜堂。
有缘到此来相会，姨妈姊妹开喜堂。
开得牛来牛成对，开得马来马成双。
牛成对来马成双，鸡牲鹅鸭满池塘。
开得金银千千万，五谷丰登粮满仓。
老人长寿活百岁，引子抱孙站满堂。
晚辈入学中科举，荣华富贵万年长。
自从今日开过后，子孙发达状元郎。

佛呵，南无阿弥陀佛！

东道主一般会谦让着客人，让其尽情展示，有时候唱到高兴处也免不了有比试的劲头被激发出来，双方客气礼貌中带着各显其能的意味。

三　做大客中的意义表达与社会关系

与《民间诞生礼俗》中叙述的各地汉族的诞生礼俗相对照，屯堡人的做大客表现出许多相似之处，例如，在向外婆家报喜时，用鸡的性别来暗示新生儿的性别，等等。但除了具体做法、物资使用等方面具有地域性和族群性特征之外，屯堡人的做大客礼仪在仪式与社会的勾连方式上显示出极强的族群性特征。

做大客在作为诞生礼仪的文化意义表达上，体现为社区对新生儿的关注探视和馈赠祝福，对待增添新生命的欣喜态度折射返照出成人世界对待自己的态度，人们郑重地表达对生命饱含的热望和期盼。从社会关系和社会化的角度来看，做大客的关键在于让社会知晓并接纳新生儿，以便其融入理应所属的群体中，这是新生儿人生社会化的第一步。通过做大客仪式，新生儿诞生的消息得以扩散出去，社区成员组织和参与对这位社区新成员的欢迎仪式，是对新成员在社会关系网络中的位置给予明示和强化。

这项实践的具体承担者从性别上体现了屯堡社会的社会性别的族群特征。做大客的实际组织者和参与者，无论是奶奶家来帮忙的、吃酒的，还是外婆家来的客人等皆为女性。有少数男性参与办酒席，但只是帮忙和协助，而不是组织和参与的主角。女性作为主导，并非仅仅因为在自然和生理意义上与生育之事的直接关系，也不仅在于女性对产妇的探视便利和提供照顾新生儿的知识分享。从参与者与当事人的关系来看，其中的亲属关系主要是奶奶家和外婆家这两个家庭的，非亲属关系也是围绕这两个家庭的，具体又包括街坊邻里和朋友两种。

在亲属关系来客中，女性出面参与做大客的话，来人除了伯母、婶婶和舅妈等人，还有姑姑和姨妈等，由此而连带的社会关系范围就大于凸显男性继嗣系统的清明祭祖时所整合的亲属关系，其关系的具体类型也更丰富，更大的内涵更丰富的亲属关系网络往往暗含了日后人们所能获得的帮助的可能性也更多更大，一个屯堡人便是这样在出生之时即被安置到了这样的社会关系网络中。做大客场合的亲属关系网络和清明祭祀的亲属关系网络的大小有别，也由此凸显出相应的象征意味，做大客毕竟是既有社会关系对社会新成员的接纳，同时，也意味着特定社会关系网络的扩大，因而，这是一个具有开放性的、关系内涵丰富且不断延伸扩展的社会关系网络类型。虽然它也具有相应的边界，但仍有别于清明祭祖时用于区别姓氏同异、世代远近、支系亲疏的相对内敛聚合且内涵单一的亲属关系网络。在非亲属关系来客中，无论是街坊邻居还是朋友熟人，也都是女性出面。女性所承担的这种联合，恰是非宗族的屯堡社区中，一个个核心家庭之间相互勾连的具体表现和实践，这是屯堡女性的社会地位与其核心家庭结构套嵌下社会交往和互动的一种具体表现方式，对于屯堡社区的历史和现实而言，既是实然，也是应然。

当然，这些亲属和社会关系并非静态显现，而是处于一个互动的过程之中。在做大客的过程中，多种形式的社会互动在亲属关系和社会关系密集的情况下展开。

（1）置办酒席的水平不仅显示出奶奶家的经济条件，更是在间接透露出奶奶平日为人处世慷慨与否以及与产妇的婆媳关系是否融洽，以及奶奶对村里舆论等社会评价的顾及。

（2）前来“送人亲”的人多与少，人们送礼的多少，也反映与奶奶和外婆各自关系的亲疏。

（3）与此同时，奶奶也会通过外婆家带来的礼物衡量外婆家的慷慨与否、对女儿和外孙的重视程度、是否尊重奶奶家。

（4）相应地，外婆及其来客也很在意奶奶家的接待是否大方和热情，等等。

这一切没有人会直接说出来，而是通过实际行动来表达和判断，在话语体系上，屯堡人最多以是否合乎礼数来评论，但这都进而会影响日后的交往和互动，这种显得隐秘而微妙的社会心理和动机，诉诸是否“懂礼”和“讲礼”的话语，体现出屯堡人特有的精神气质。

这样的社会结构方式及其过程，完全符合做大客仪式的象征意义诉求，如格尔茨所说，它不仅从人生意义和生命态度上解释社会和心理过程，还塑造了这些过程，而在这个仪式过程中显示出来的情绪与动机，为屯堡族群的世俗生活的实在特征披上了“一层派生的返照”。[①]

做大客仪式在当今社会变迁的背景下，仍然受到人们的重视，但也出现了与社会转型相适应的调整。

（1）现在屯堡村落也娶进了不少外地媳妇，产妇娘家因而缺少做大客仪式的相应文化知识背景，但产妇婆家还是会参照和比拟屯堡村落的常规行为方式来进行。

（2）随着生活节奏的加快，三天正日子的吃酒席加之奶奶家提前的筹备和事后的处理耗时太长，有许多村落或有的人家已经进行了改革，将正日子缩短为一天，这样既减少了外婆家的客人留宿奶奶家的时间，也大大减轻了奶奶家的相关事务和投入负担。

（3）年轻的或中年妇女外出打工后，遇上需要参加做大客的情况，会请家中的婆婆带着自己留守在家的孩子一同前去代表，有的甚至会请妯娌做代表。

这些变迁形式都共同表明，人们并不会因为现代生活的时间、空间变化引起实际生活中的种种变化，而一味地删减看似耗时费力花钱的象征仪式，相反，人们通过一些变通形式来保障这项仪式的传承，使得传统仪式和现代生活方式兼容，这是因为无论生活时空如何变化，人们都需要这样的礼俗生活场景来体验经由接纳新生命而表达和实现的社会延续功能。

屯堡人诞生礼仪象征意义的表达是通过组织做大客礼仪这样的礼俗生活来承载的，换句话说，人们对于神圣性的追求和体验是在世俗生活过程中得以实现的。但人们选取什么样的世俗生活内容来寄托这个象征意义并不是随意的，做大客是与新生儿亟待社会化的安顿和保护，从而摆脱种种不确定性中潜藏的生存危险这个诉求相符合的，是亲属关系和社会关系的重温和这些关系网络的集结。而其中尤其凸显的社会模式是以女性来主导这项仪式，在社会关系范围上，做大客是姻亲双方及其相关的亲属、社会

① 〔美〕克利福德·格尔兹：《文化的解释》，第141～142页。

关系互动的表现。因此，做大客就成为屯堡人确认、检验、强化和整合多种社会关系并进行相应互动的社会过程，这个过程既以屯堡族群内通婚构造的姻亲等人际关系为社会基础，同时也再次加强双方家庭及其村落的勾连和整合，是“屯堡式”社会关系的再生产。

屯堡婚姻仪礼初探

——基于九溪村婚礼仪式的田野描写

黎维丽*

摘　要：作为典型的屯堡村落，九溪村保持屯堡人婚姻礼仪中的开合、上头、出门、进门、吃团圆饭和回门等仪式，体现了屯堡文化的传承与变迁、结构与功能。

关键词：屯堡　婚姻礼仪　九溪

曾经被视为文化孤岛中的贵州安顺屯堡人，拥有明洪武“调北征南”屯军后裔之称，但随着社会环境和自然环境的改变，其文化生态也在发生着巨大的变化。婚姻仪礼作为人一生最重要的仪式实践之一，长期根植于文化生态之中，是地方文化和民族文化的重要体现。对屯堡婚姻礼俗的研究，将有利于对屯堡文化的整体形态作进一步理解。

婚礼涉及生育、家庭、宗族等社会制度对人的地位规定和角色认可，“是一定文化规范对他进行人格塑造的要求，是将个体生命加以社会化的程序规范和阶段性标志”①。关于屯堡人的婚姻方面，曹端波、周贤润等对屯

* 黎维丽，贵州独山人，中央民族大学2011级民俗学硕士研究生。

① 钟敬文：《民俗学概论》，上海文艺出版社，1998，第156页。

堡人的家庭结构和通婚圈做过研究[①]，但是对于现代屯堡婚礼的具体仪式描述较少。本文在文献阅读的基础上，试图采用民族志的书写方式，以田野调查中的参与观察和第一手资料的获得为主，通过对九溪村婚礼的几个具体文化事象进行勾勒，由此对相关习俗展开探讨，以呈现屯堡文化的当代形态及其变化。

一　婚礼主、客人际关系

作为屯堡第一村，九溪村拥有1200多户人家，近4600人。庞大的村落为屯堡人长期坚持族内通婚提供了可能性，取代“父母之命，媒妁之言”的是自由恋爱，但汉族仍是人们主要的通婚圈。密集的村落居住环境和特殊的居住格局，也为九溪村酝酿了复杂的人际关系。

在村落之间，通知人参加婚礼完全是一种自发式传达，形成现代先收礼后发喜帖的奇特现象。一旦男女双方确定了结婚日期，人们便在“报日子”之后和婚礼之前的一段时间（一般为五至十天或者更早）前来随礼，主人收礼之后给随礼人发喜帖。收到喜帖之人便是参加婚礼之人，包括周围帮忙的邻居、亲戚和少数村里熟识的人。然而按照旧的风俗，应在正酒当天公开送礼，主人家事先准备好亲属名单，在桌上放一个盘子，有专人对随礼者做记录。有人说，“这样比倒送（比照或参照之意，屯堡方言），前面的送多了，有些送后面的不好做事，是藐视人的。解放以后就变了，解放以前富人有的是，解放后大家都差不多，简单了，以明了为主，提倡节约。”[②] 现在的做法更能让人接受，一是资金提前到位，方便婚办方置办嫁妆和筹备婚礼；二是主人可根据自家情况拒绝收取部分礼金，免去日后大量还礼的风险。村民给笔者举了一个例子：有的人送2000元，主人家只

① 曹端波：《屯堡人婚姻习俗与择偶观的变迁》，载李建军主编《学术视野下的屯堡文化研究》，贵州科技出版社，2009，第171页；周贤润：《屯堡族群通婚圈的社会人类学考察》，载“新一轮西部大开发与贵州社会发展”学术研讨会暨贵州省社会学学会2010年学术年会论文集。

② 口述者：朱正权，男，69岁；访谈者：黎维丽，访谈时间：2011年10月4日，访谈地点：被访者家中。

收 200 元，如果收了 2000 元以后要还 2200 元，怕到时还不了。自发性地参与婚礼，使人们选择性地拒收、少收礼成为可能。在旧的风俗秩序之下，婚礼中的随礼因透明化而带来一些不和谐的因素，而现代的随礼特点直接映射出人们人际交往的巨大弹性，有意在庞大的村落群体中划定和缩小圈子。其根本目的是在经济、人情等多方考量中追求人际网络中的不利因素趋向最小化。这些小小的细节，反映出屯堡人生活上的精打细算，善于在时代的变化中捕捉生存的优先法则。

看似随意的九溪人婚礼，其实颇有讲究。比如说，女方家举行婚礼不贴对联，很少放喜炮，男方家则与此相反①，这种“嫁出去的姑娘，泼出去的水”的传统观念在现代社会中依然根深蒂固。又比如，婚礼宴请客人之前的祭神仪式尤为重要，主人家堂屋的正中神龛下摆放一张八仙桌，备上一席上好酒菜，八个碗八双筷子，点一根蜡烛和三炷香，在桌子周围摆放八个凳子，待神仙用餐完毕人们才开席。神龛上的牌匾上印刻着：

> 某氏堂上　历代高曾　远近姻亲　考妣神位；忠义仁勇　关岳夫子　梓潼帝君　助笔魁星；南海岸上　紫竹林中　救苦救难　观音大士；东厨师命　灶王府君　青城得道　丑午宫中；大成至升　先师孔子　四配十哲　两庑诸贤；求财有感　四员官将　合和二仙　如意真人。

祭神的多是老人，更多的是一种仪式，九溪人供奉的神仙对于现代的年轻人而言，是一个模糊的概念，很少有人能够说清楚这些祭祀的神仙是何方神圣。

二　婚礼中的几个重要仪式

新娘是婚礼中的焦点，在九溪的婚礼中，整个仪式都是围绕新娘展开，

① 笔者在九溪村调查之时，发现很多人家门上贴的对联都是白喜对联，当时很奇怪为什么这么多人同时在一段时间过世，后来才发现原来像嫁女儿这一类的喜事人们根本不贴对联。

因此本文的描写也是围绕新娘的转移而展开的。

（一）开合

开合是屯堡婚礼中男方进入女方家娶亲必须进行的一项仪式。合，是一种类似于木箱或木柜的东西，旧时男方到女方家接亲，要抬一个盒子，里面装着婚礼用品。盒子分好几层，从下往上数，第一层装花粑粑，第二层装面条和糖等，第三层是一些衣物，最上层装香纸、蜡烛。现在已经没有这种盒子，改用脚篮，里面装的东西跟以前的基本一致。陪同新郎到女方家接亲的人是一群年轻小伙和两个接亲婆。接亲婆是在送日单里已经定好的，一般要求家境较好、家庭和睦、夫妻双全、多子多孙。此外，按照传统，男方还要请家族中一位德高望重、能说会道的长者作为押礼先生，以便与女方家进行聘礼的交涉。但是目前有些婚礼中已经省去了，因为很多东西在结婚之前男女双方都已经谈妥，至于一些礼节性或细节上的交涉，都可以由媒人甚至是接亲婆来代理完成。

新郎到女方家之后不能直接进女方家的门。女方把门关上，男方在大门口叫喊开门，相持一段时间，男方给女方家的小孩子红包，直到女方满意之后才开门。开门之后首要的事是请厨官先生开合，开合是为了检查男方所送的礼品是否符合要求，如不符合则会要求其增添。开合之前先敬菩萨，点一双红蜡烛，由两个童男来执行，之后点九炷香。开合时厨官说四句[①]：一开万事如意，二开天长地久，三开夫妻同乐，四开儿女聪明，五开五子登科，六开六意如祥，七开皇帝来坐位，八开少爷坐满桌，九开久长久远，十开金玉满堂。[②] 说毕，厨官检查男方带来的物品，表示满意，拿了红包离开堂屋，男方可以入席吃饭。现在有人家也实行先吃饭才开合，以减轻接亲队伍长途跋涉的旅途劳累。厨官开合结束，女方家开始打开并使用男方带来的婚礼用品。这些物品包括被褥、衣物，新娘上头的物品，酒水糖果，八把面条，两脚篮画有吉祥图案的粑粑，香纸蜡烛饭菜等祭祀品，

① 说四句，当地方言，即说吉利话之意。

② 口述者：陈永秀，女，62岁；访谈者：黎维丽，访谈时间：2011年10月6日晚，访谈地点：被访者家中。

另外还有一对红色电筒，开合结束后关掉。

（二）上头

新娘出阁之前举行上头仪式。传统屯堡未出嫁女子辫发垂于背，出嫁时给新娘扯杂毛发，把头发盘起来，俗称挽转转①。现在的年轻人结婚通常在理发店盘好头发，上头时只在新娘头上缠上男方家送来的红头绳。但是关于上头的一系列传统程序和规则仍然延续着。上头在九溪的婚礼中，是一个严肃而神圣的事情，现代人对于上头时间、方位、参与人的选择都具有严格的限制性。

上头人依新娘八字而定，选一位属相与新娘相符、命相好的妇女。上头人可以获得男方的红包，一般 12 元或者 36 元钱，也可根据实际情况多给。上头的方位由老先生测算，只规定方位，不规定房间，多在新娘的寝屋。上头时桌上放一把盛满白米的升子，上插一把梳子、一根秤杆、一面镜子、一把剪刀、一把尺子，还有一双筷子插着两个枣。梳子用于梳头。关于秤杆，村里流传着多种说法，一是以前 16 两为一斤，代表十六星宿，二是说做生意能说会算，三是寓意人不用秤来称，凭良心。镜子是明镜，寓意明明堂堂、明明正正的，不让四眼人（孕妇）、两结人（再婚者）参加，不让坏人看到新娘。剪刀是用来剪脱一些不好的东西。尺子表明一个人不用尺子量，有心就行了。上头人需在桌上点两根红蜡烛和九炷香，点一盏七星灯。七星灯的灯芯是七根长短一致的红纸包裹的棉线。七星灯点燃之后，一直照着新娘到天明。据说七星灯代表着七颗星宿，即紫微星（皇帝）、门光星、财帛星、福星、禄星、寿星、金童星，也代表 7 个人，分别是两个新人、四个太婆（两个接亲的和两个送亲的）和一个媒婆。点七星灯还具有驱邪的作用，可以照掉邪魔鬼怪。点七星灯时上头人说四句：七星灯亮铮铮，今天拿来敬新人，自从今日敬过后，等他五辈同堂家不分。② 新娘上头时，上头人会说一些祝福语如：一梳金，二梳银，三梳子孙

① 挽转转曾是传统社会区分女子婚嫁与否的标志，这种发饰目前仍然流行于屯堡老年妇女之中，有些中年妇女受到屯堡文化热的影响，也开始尝试挽转转。

② 口述者：陈永秀，女，62 岁；访谈者：黎维丽，访谈时间：2011 年 10 月 6 日上午，访谈地点：被访者家中。

发达坐朝廷。[①]

原本九溪村的上头仪式除了选定的上头人以外，只能由已婚的直系亲属参与，毛头姑娘不允许参加，上完头之后新娘被盖上乌云帕，不允许人看。演变至今，年轻的未婚女子可以参加，新娘的亲密朋友和亲人都可在场，包括男士，但新娘上完头之后依然不准到处走动，除了上厕所外，其他时间都必须待在上头的屋子里等待出门，这期间必须确保七星灯燃烧不灭。

九溪婚礼中的上头仪式，或许可以联系到古代的笄礼。在中国古代，女子成年，则称“及笄”，须行“笄礼”。“但迨至明代，冠礼之俗，社会上已少有单独行之者，大多只是于婚礼时顺便行之。”“女子嫁前数日，行笄礼听训诫”[②]。为什么这些繁文缛节仍然能够在九溪人的生活中如此重要，这与中国人固有的把头发看作“灵魂的栖息地、生命的象征和父母精血的结晶”[③] 的观念相关。虽掺杂着各种现代的元素，但是上头仪式的诸多规矩，更能反映出九溪人对传统文化的固执和坚守。

（三）出门

新娘出门，先由两个童男点燃两根红蜡烛敬菩萨。新娘出门时头盖乌云帕，即双手撑着一床红毡子以盖过头顶。从堂屋的大门出，遇特殊情况如新娘未婚先孕则从侧门出。跨过门槛之后，两个接亲和两个送亲分别撑两把红伞、点两把亮杆（两根用红绳绑在一起并点燃的葵花杆）。新娘出门时着普通的裙装，以红色为主色，并未穿传统的屯堡服装。唯有脚上穿的是手工制作的布鞋，从前是新娘自己做的，现在一般是新娘的母亲所做，俗称“拜堂鞋”。相比之下，新郎的服装则没有什么讲究，穿着随意，既不是传统的屯堡服饰，也不拘泥于西式的西装革履。

迈出大门，接亲在前带路，送亲跟在后面，一直将新娘护送至花车。新娘上车后，一把亮杆随新娘带上车，另一把则转交给娘家人带回。花车

---

① 口述者：全秀珍，女，70岁；访谈者：黎维丽，访谈时间：2011年10月6日下午，访谈地点：被访者家中。

② 周耀明：《汉族风俗史：明代、清代前期汉族风俗》，学林出版社，2004，第136～137页。

③ 叶大兵、叶丽娅：《头发与发饰民俗：中国的发文化》，辽宁人民出版社，2000，第11页。

行驶途中遇桥时，接亲把女方家事先准备好的红蛋往外丢，以便能够安全过桥。

除了新娘与一对送亲，女方家人不能上花车。新娘出门一般是凌晨或清晨，女方家会在当天下午另外派人前去追亲，并带上一些生活用品如水壶、盆等。追亲的人多是妇女，是除新娘母亲以外的亲人，当天去当天必须返回。送亲则需要在男方家待满三天。旧时送亲每天更换不同的服饰，以显示女方家的排场，现在这种习俗已经不复存在，不过，送亲往往穿着当下流行的屯堡服饰，颜色尤为鲜艳，以便在接亲队伍中凸显出来。

在接近男方家的村寨以后，花车会停下来休息，此时陪同男方接亲的年轻人会以一些方式捉弄新郎。他们给新郎穿上事先预备好的破旧衣物，给新郎脸上抹上黑色的锅烟，然后追赶捉弄新郎以取乐众人。新郎在众人的哄笑和催促之下，最终把新娘的花车徒步推到自家门口。

（四）进门

新娘到达男方家门口，等待吉时进门。扶亲给新娘端来洗脸水和毛巾，象征性地洗脸、擦手。这时男方家敬菩萨，堂屋里扶亲点燃两根红蜡烛并说四句：一双大蜡在大堂，左点左发，右点右发，钱也发人也发。四言四句四言八句，子孙发达安富贵。① 在大门侧面挨着墙的地方，摆一张桌子，桌上放着一把升子，升子上插一对红蜡烛、秤杆、剪刀、镜子，一位老先生正用一只活公鸡敬神，将鸡冠血滴到烧过钱纸的碗里，并笑着念叨一套话语。据说老先生是在念致谢辞，以感谢一位在路上专门护送新娘的神车马神道，这个仪式俗称点轿头。

吉时已到，新郎护送新娘跨过马鞍进门。相传马鞍摆放的位置必须是正对着门槛，不偏不倚，偏里被认为是对婆家不利，偏外则对娘家不利。进门之后夫妻拜堂，若新娘已有身孕则不拜，怕受到祖宗的责罚。拜完堂之后进入洞房，由扶亲等几个妇女护送并说四句：夫妻双双进新房，等他家儿子儿孙进考场。

---

① 口述者：陈永秀，女，62 岁；访谈者：黎维丽，访谈时间：2011 年 10 月 6 日晚，访谈地点：被访者家中。

新娘进门之后，另一个重要的仪式就是铺床。铺床很有讲究，第一层铺新娘出门时披的红毛毯，之后铺棉絮和床单，把女方家在被子里放的核桃、枣等搁在枕头下和床单上。床铺完之后，让两个家境好的男孩滚床，一般为2～10岁，每个男孩可获得红包6元，预示着新人将来生像他们一样的男孩。铺床时说四句：地接压床三尺六，鲁班师傅手艺好。打起压床太婆扒，莲子茶、扒铺茶。扒他家他个儿子满床爬，扒了抱单。自从今日扒过后，他家子孙做高官。我们扒了一层又一层，他家层层都有做官人。自从今天扒过后，等他家万事如意不求人。婆家送来的被窝多，我们抱一层，有一多。自从今天铺过后，等他家吃不愁来穿不愁。① 之后，扶亲把新人收到的所有被子叠在床头以示公众，一直叠放到新人回门回来以后才收起来。一般是晚上闹洞房，年轻人会以各种方式有意为难新人，开其玩笑。有的年轻人以找茶喝找酒吃为借口，其实是想趁机捣乱，所开玩笑大都与生子有关。

（五）吃团圆饭和回门

新人进门之后所吃的第一顿饭极为特殊，该饭是由新媳妇娘家附近或村落里已嫁到男方村落的妇女所送，送饭人与男家可能没有任何关系甚至不认识，送饭之后不用随礼，可直接到男方家吃酒受款待。嫁去男方村落的人越多，来送饭的人也越多，来的人越多预示以后新娘的日子会越好。不过，在这个传统中加入了很多现代的元素，人们从最初的送饭变成送电饭锅等炊具。送饭只是意思表示，新娘并没有真的吃多少。相传从前的婚姻多由人介绍，有些新娘直至出嫁都没有见过新郎，出嫁后三天不吃饭，是因为不知道厕所在哪里，害羞不敢吃。一直到吃团圆饭的时候，新娘才能吃到饭，所以民间还流传着一句俗语“吃不饱的团圆饭，望不败的美貌男”。

团圆饭在新人进门的第二天晚上吃，新郎的主要亲戚都参与，从大人到小孩。所有人都坐在堂屋里，围着一桌丰盛的饭菜，人多的时候可以围

① 口述者：陈永秀，女，62岁；访谈者：黎维丽，访谈时间：2011年10月6日上午，访谈地点：被访者家中。

两圈。先是厨官说四句：一张桌子四角齐，四条板凳四方围。牙骨筷子颠倒摆，八个金杯参酒来。我们四句说得多，你家的红包要拿多。红包拿上来，恭喜你家大发财。[①] 于是两个扶亲给厨子红包，第一次 88 元，第二次 36 元，红包放上以后，厨子继续叫添钱，一般添五六次，达 300 元左右才同意开饭。开菜时，扶亲给新娘夹菜，每开一个碗说一句祝福语。

吃完晚饭以后，新人给亲属敬茶。敬父母时，父母给新人 100 元的红包或者更多，新人到新房抱一套被子给爹妈，去拿被子的时候，十来岁的弟弟、妹妹、侄儿便把新房门顶住不让进，新人必须给小孩红包才能进去，一般不少于 100 元。敬茶给叔娘、奶奶、外婆，她们也会给一定的红包，多是商量着给，尽量给一致的数目。新娘则给家人挨个发一双鞋，称为满家鞋。按照传统，满家鞋由新娘亲手做，但现在大部分新娘已经做不了，有的钩拖鞋代替，也有些直接到市场上买。敬茶时扶亲说四句：茶杯倒茶茶杯清，茶杯装茶亮铮铮，自从今日来多谢，等你家添个大男孙。茶杯倒茶茶杯花，茶杯装茶很活泛，自从今日来多谢，等你家添个胖娃娃。[②]

团圆饭之后，念佛或唱山歌。念佛词、山歌的内容与说四句基本一致，都是恭贺喜家，以增添欢乐的气氛。据说念佛是比较古老的传统，但唱山歌是新风俗，除了请村里能唱的人，有些人家还到安顺等地，花钱请一些比较出名的山歌手来唱。

吃过团圆饭，第二天新人回门。娘家派两个男孩过去接新人，一个男孩与新人一起回来，另一个与送亲在新人走之后回来，而男家也派两个男孩跟随新人回门。新人回门途中若与返回的送亲路上相遇，一般是不允许相互打招呼的，各走各的。回门时，新郎携带 6 斤肉、一对粑粑、两升米（里面放引子）、香纸蜡烛、炮一串、苹果 6 斤、两瓶酒。返回时，娘家人会返给新郎 200 元的肉钱，俗称“买贵肉”。有些新娘嫁得比较远，交通不便，可到就近村寨与娘家有亲戚关系的人家去敬菩萨，吃一餐饭，这也是回门的一种方式，俗称“走破路”。结婚是“从一社会地位到另一社会地位

---

① 口述者：陈永秀，女，62 岁；访谈者：黎维丽，访谈时间：2011 年 10 月 6 日晚，访谈地点：被访者家中。

② 口述者：朱正权，男，69 岁；访谈者：黎维丽，访谈时间：2011 年 10 月 5 日晚，访谈地点：被访者家中。

的最重要的过渡，因为至少婚姻一方需要转换家庭、家族、村落或部落”①。回门及其“走破路”的习俗便是人们对家庭、家族和村落之间人际关系的适应过渡。

三 从九溪村的婚礼到屯堡社会

九溪村的婚礼中所呈现出来的传统与现代的交织只不过是当代屯堡文化的一个缩影而已。九溪村婚礼的这些仪式性活动时而显得复杂且严谨，时而又夹杂着诸多现代的气息，正是这种曾经的文化孤岛开放之后的半遮半掩的面庞，在传统的守望和现代的激进中徘徊。

从服装上来看，传统屯堡服饰的当代流行绝非偶然，除了屯堡人自身的文化认同之外，还夹杂着外来社会的一种观赏与叹息。鲜艳与新潮的新一代屯堡服饰在整个屯堡村落中渐渐升起一股势头，在各种仪式和表演中，中年妇女们迫不及待地换上崭新的屯堡服饰，点缀着村庄的喜庆气息，但是无法撼动年轻的一代人。新娘理发店盘起的头发与妇女们的挽转转已经不可同日而语，屯堡年轻人也逃不出外出打工、背井离乡的宿命，他们的思想和行为与传统的屯堡礼俗相隔越来越远。在物品的使用上，传统亮杆与新兴的手电筒同时登台，则是人们在传统与现代的交织中复杂的内心表达。

随着社会的变迁，在婚礼中发生的变化是必然的，表现形式在改变，相应的物品被替代，仪式先后顺序发生变化等。但是，如果从一个历时性的角度来看，从这些变化中，我们能更清楚地窥探到其稳定的部分，烦琐的程序、严格的秩序、诸多的禁忌，都显示出整个婚礼结构的稳定性、婚礼中人们行为的规范性，以及人们稳定的社会心理因素。

在古代社会里，“为了解释对人生和自然的疑问，不同文化群体的人们发展出各具特色的行为方式来满足自己的好奇和安慰自己的恐惧心理”②，于是出现了相应的仪式行为。如果说，这一切的行为都是为了寻求对某种

---

① 〔法〕阿诺尔德·范热内普：《过渡礼仪》，张举文译，商务印书馆，2010，第15页。

② 张举文：《重认“过渡礼仪”模式中的“边缘礼仪”》，《民间文化论坛》2006年第3期。

神圣或世俗的自然力解释，那么在当今的社会里，极少有人可以对这些行为作出合理的解释时，究竟是什么在支撑着这些仪式性活动的展演？当这种解释力消失的时候，仪式上的行为或物品更多的是作为一种象征符号而存在，不在于这些行为要达到怎样的效果，只是一种象征。作为意义的阐释，象征似乎是一个合理的解释方式。如果要解释婚姻仪礼的传承机制的话，靠这些符号并不能解决问题，这需要考虑到中国传统的社会因素。从历史发展的角度来看，它与屯堡的其他文化特征有着共同的特点，目前存在的聚落优势说、文化优势说、自我封闭说、文化固执说等或多或少的可以作为一种解释。但是，如果试图把它放到一个更大的社会发展环境下时，屯堡文化的这些行为都是孕育在传统中国社会中的。

自古以来，中国就是一个崇尚礼仪的社会。在现代社会多元文化发展的格局下，中国受到西方社会思潮的影响极大，但是这并没有把中国传统社会的特质给淹没，相反，它以其特有的方式和内在逻辑在中国社会中演绎着，而不少学者也早已清楚地看到这一点。梁漱溟认为“中国制度似乎始终是礼而不是法”①，基于中国社会的这一重要特点，在 20 世纪 40 年代的乡土文化建设中，他极为重视农村礼俗的建设。费孝通先生认为，乡土社会是一种“无治而治”的社会，遵循的是一种“礼治”的法则，与西方所推崇的“法治”有着根本的区别。在这种社会里，“人们不必知之，只要照办，生活就能得到保障的办法，自然会随之发生一套价值”②，人们反复的遵循着一种行为，于是出现所谓的“仪式”。他这样解释：“礼是按着仪式做的意思”③，他强调对这种礼的推行的根本是靠一种内在的传统力量。从中国社会转型的背景上来看，孙立平认为，“中国转型是在政体连续性背景下的渐进改革，它的实质性的很多改革措施，大都是通过变通正式机构按非正式程序运作的方式进行的”④，在这里，这种礼文化就是一种非正式

① 王冬梅、李小云：《变化与稳定：非正式制度中的性别呈现——以河北 H 村仪礼为例》，《妇女研究论丛》2010 年第 1 期。

② 费孝通：《乡土中国》，北京出版社，2009，第 76 页。

③ 费孝通：《乡土中国》，第 77 页。

④ 王冬梅、李小云：《变化与稳定：非正式制度中的性别呈现——以河北 H 村仪礼为例》，《妇女研究论丛》2010 年第 1 期。

的程序。可见，礼作为一种非正式的社会制度，无论是在过去还是当今的社会，都显示出其强大的生存空间，尤其是在农村的社会生活中。

对于九溪村来说，有学者指出其社会结构与费孝通所说的中国传统社会结构有所不同，“屯堡社区的社会结构不是以单纯的血缘或地缘为基础，而是发生学上的地缘关系与后来族群内通婚形成的血缘关系二者结合的产物”①。与宗族社会的村落不同，屯堡社会存在着一个介于传统社会与国家之间的“第三领域”，而人们的社会基础和文化网络都在这个所谓的“第三空间”里得到巩固和发展。但是，这种特殊的社会结构并没有削弱传统的“礼治”秩序。在这种没有二元对立的社会结构下，九溪村的婚姻仪礼既不会受到来自第一空间的压力，也不会得到第二空间有意识的拉力，而是以一种自然的方式演进。因此，九溪村婚姻仪礼延续的根本动力是其内在的逻辑，外在的环境是影响因素。

综上所述，通过九溪村婚礼中几个仪式的梳理，我们不难发现屯堡婚礼保留了传统婚礼的诸多特质，形式上具有极强的仪式性，结构上复杂而严谨。对这些烦琐仪式的遵循，从共时性来看，是人们对于新人边缘状态的保护以及对新的社会关系网络的积极建构。从历时性来看，生活在现代社会的人们对诸多现象不再具有很强的解释力，而中国传统社会礼治性的根本动力在婚姻仪礼的传承中凸显出来。这种复杂的推动力量，使得如今的屯堡社会呈现出传统与现代的复杂交融状态。

① 孙兆霞：《屯堡乡民社会的特征》，《中央民族大学学报》（哲学社会科学版）2004年第1期。

理解与符号：屯堡地戏仪式的互动结构

陈发政*

摘　要：作为社会学的主要理论，符号互动论从人类心理角度去研究人的行为，认为人的行为是建立在互动基础上的，这也是社会结构得以形成的前提。人从出生始就在试着去理解外界事物，这种理解成为人与人互动的条件，互动的符号把彼此的理解化为了现实。屯堡地戏仪式作为屯堡人行为互动的重要符号，借用传统互动理论对地戏仪式按与自我、与他者、与社会进行符号性分析，既为屯堡族群社会的研究提供了具体的物质形态，也为了解屯堡人的文化心理打开了一扇窗户。

关键词：屯堡　地戏　仪式　互动　符号

互动作为人类存在的必然形式，其产生与人类一样久远。或许有人会认为动物界同样存在互动，这固然不假，但动物的互动与人类的互动有着本质区别。人类的互动远远高于动物：其一，人与人之间的互动存在大量的媒介，也称符号，是人主观赋予的，与互动行为没有客观的联系；其二，人类在进行互动行为前已经有了意识活动，即对互动的过程及达到的目的

* 陈发政，安顺学院讲师，从事地方文化及民族文化研究。

提前有了设计，而不像动物按着自身的遗传密码本能行动；其三，人高于动物的重要一点，在于互动过程中可以使用语言，从而提高互动的有效性。因此，研究人与人之间的互动行为成为人类学、社会学、心理学、教育学、文学等学科的基础。符号互动论是一个把社会的互动行为作为它的研究对象的理论流派，始于20世纪30年代，盛行于六七十年代，代表人物有乔治·米德及弟子布鲁默、再传弟子戈夫曼。他们认为人与人之间存在互动，互动需要一定的符号作为媒介，互动双方必须对符号有共同的理解意义，且接受信息方要对发出信息方作出回应，互动才能实现，还认为互动对社会结构具有一定的影响作用。在屯堡社会中，流行的地戏仪式被看作屯堡文化的名片，而跳地戏作为一种屯堡人集中展示的社会行动，本身就是屯堡人互动的媒介，借用符号互动理论的部分观点对屯堡地戏仪式的分析，可发现屯堡地戏存在的结构意义。

一　自我的互动

人是理性的动物，人能用弱小的躯体去克服生存的环境，进而把征程投放到无法把握的宇宙空间，凭借的是其发达的大脑。因为有了意识，才会理解自身及身边的一切。人的行为、理解世界的方式，是从自身的互动开始的。人从出生开始，不断通过认识自己进而去认识世界，只有认识了自己的行动才能用行动去诠释我们所认知的世界。米德是用符号互动去分析“自我”的集大成者，他认为“人们不是天生就具有自我概念，而是在与他人的互动过程中逐渐获得的”。当然，基于米德的理解，我们可以这样说，他人与自我是一对互相促成的概念，没有他人，也就无从谈论自我。虽然自我成全于他人，但米德也认识到，自我始于个体心智的发展成熟，也就是说个体最先是在自我互动中开始实现的。我们可以这样来理解，个体从婴儿发展到成人，是通过一些基本的自我互动逐渐拓宽到他者社会的，如小孩能独自做游戏，在游戏中扮演多个角色，从角色间的互动（其实就是自己的互动）来理解不同的自我。自我互动当然并非仅限于小孩，成人也在通过自我的互动来理解自己所认可的社会，如很多成人在行动前会自言自语，进行情景预演。

在符号互动论者看来，互动的建立必须有一定的互动符号作为彼此的连接方式，这样的互动符号是需要互动双方共同理解的，这需要一定的文化背景在里面，如彼此之间的一个眨眼示意，眨眼作为互动的符号，必须在互动双方有一定含义的共同理解的前提下。因此，为创造这种彼此都能共同理解的互动符号，自我对符号的理解要有约在先。虽然对符号的理解可以是随意的，存在着不确定性，但理解的共同性有着合规律性及合目的性。这种合规律性、合目的性是人根据一定的客观基础进行理解的。人的理解大多是在客观环境作用——刺激的情况下发生的，比如在饥饿的情况下，面对可以充饥的东西我们就理解为食物，把这些理解为食物的东西与对方进行互动时，不会出现理解的偏差，而这种理解最先是根据自我认知的方式形成的，实现了自我的互动。

自我的互动，涉及道德、信仰、习俗等精神文化背景和生产生活中客观存在的诸多物质现实背景。在各种社会行动中，都不可避免地存在着自我的互动，自我互动就是自我的理解过程。屯堡地戏是屯堡人展示自己的文化形式，作为一种社会行动它是可以理解的。地戏的仪式有一个悠久的历史传统，我们不去探讨它最初的文化含义，就其在当下的演出形式来看，毕竟还不太同于一般的戏剧表演。若把地戏仪式作为一种社会的互动过程，则完全可以把一切行头本身看成是互动符号，它代表着一定的含义，这在屯堡社区里，参与地戏仪式过程的人都是心领神会的。屯堡村落中，每一个村寨一般都有一支地戏队，每支地戏队只跳一个剧目，如屯堡村落中的九溪村分为大堡、小堡、后街，三个片区各有一支地戏队，彼此跳着不同的剧目。由于这种唯一性，各村寨的村民都把展示自己的地戏剧目当成自己的一个标志，每一支地戏队，都会竭尽所能去演好。成功的表演除了获得其他人的首肯外，更多在于自己对其内蕴的理解。地戏，又叫跳神，本来是屯堡人庄严的祭祀仪式，外加一定的娱乐性，有岁首跳神，“祈求来年的风调雨顺，人畜平安”，在年中七月稻米扬花时节“跳米花神”，则是祈求稻米颗粒饱满，获得丰收。屯堡人是朱元璋调北征南的军人，他们带有中国封建儒家效忠皇权的文化心理，在军中进行地戏表演，剧目都是来自历史传说中的忠诚猛将及其故事，都是为历史所传唱的正派人物，如关羽、岳飞等。扮演这些人物是在不断规约自己要时刻保持忠诚于天子，牢记军人的使命。跳地戏是屯堡人为之自豪的一种文化展演，从某种程度上说，地戏是屯堡人自我认同的文化标识，有些研究屯堡文化的学者认为，要识别某个村寨是不是屯堡村寨，首先就要看他那里跳不跳地戏。

由以上探讨的地戏仪式文化功能来看，我们可以这样理解，地戏仪式作为一种符号互动，是可以用自我的互动来分析的。首先，屯堡人参与地戏仪式是为了寻求心理上的安慰，生产生活中当遇到无法把握的变故时，地戏能使屯堡人获得一种寄托，形成坦然的态度；其次，建立一种精神力量，屯堡人与世代繁衍在贵州这片蛮荒之地的其他民族进行交往，自认是“骑着高头大马来的”，自然有种自信和鄙视在其中，而历经上百年之久，地戏能让他们找回这种心态；最后，地戏能让屯堡人坚守一定的道德信义，在地戏的一个个剧目中，讲述了历史上流传已久的诸多正派人物，他们是儒家所宣称行纲常的典型代表，是儒家伦理道德的楷模，潜移默化中促使屯堡人进行道德的约束。因此，屯堡人在地戏仪式中进行自我互动，则是介于地戏这一重要的文化符号，屯堡人进而理解了自己。

二　与他者的互动

互动行为的最终旨归在于他人，人类社会之所以存在，基于人与人之间建立了一定的关系，这种关系涂尔干称为“社会行动”或“社会事实”，它是需要人与人之间通过互动完成的，互动形成了人类社会的结构。我们这里阐述的他者（other）不同于他人，他者除了指现实生活中客观存在此岸世界外，还可暗指人们假想中的彼岸世界。由于人有丰富的精神活动，在互动过程中除了要与生活中的他者——具体的人互动外，还要与人自身创造的精神他者，如上帝、鬼怪、巫魔等进行互动。后者在初民社会中是极为常见、开展频率很高的互动，直接涉及该社会中人的生产生活。如我国古代，人们在从事某种活动前先进行占卜，希望得到上天眷顾或预知行动的可行性，进而与神性他者对话，达到互动的目的。这种互动形式，如今在很多较为淳朴的少数民族或部落社会中还很流行。

符号互动理论认为人们在与他者的互动中，符号（客观物）很重要，这些符号需要互动双方进行理解。而符号之所以成为互动的符号，在于互动双方进行互动之先对符号预设了意义。当然，意义是随意的，同一个符号可以有多种不同的意义，这要根据双方进行互动的需要而定，选取所需的某一个意义。如我们援引克利福德·格尔茨所举的一个例子，格尔茨认为眨眼这个动作作为一个符号，可以向他人示意某种秘密，也可以表示有眼疾需要得到帮助，还能传递出不满情绪等，与之互动的在场人要根据需要给予回应。又如，红色作为一个符号性的颜色，在西方人看来象征着血腥、暴力等含义，但在中国人看来，则恰好相反，象征着喜庆、热烈等含义。

可以看出，屯堡地戏仪式的整个演出程式都表现为一种互动，屯堡地戏一年两次的举行时间都为农作中比较闲暇的时节——春节与暑季间歇期，这样的演出时间可以举村观望，达到多种互动的意图。屯堡地戏仪式与他者的互动仍可以分为两种，即他人和神性他者。明代迁徙到贵州的屯堡虽呈分散状，但黔中一带则相对集中，形成了一个较大范围的屯堡族群聚落，地戏主要流行于这一区域。从宏观角度说，屯堡地戏是屯堡社区内村落间交流互动的符号。在屯堡村落，每个村寨都有一支地戏表演队伍，各演一个地戏剧目，地戏除了在本村表演外，村寨间还互相邀请到村外出演，一来可以加深村寨间的情谊，二来可以增加观看多个剧目的感官需求，丰富演出内容，同时还能对表演好坏进行比较，有益于相互学习，促进演出技巧的提高。当然，地戏的外出表演对村寨间的互动莫不起到很大的作用。从微观角度看，地戏仪式还促进了个人间的互动，以地戏表演为媒介，存在着几组互动的关系，有表演者与观者之间的互动、表演者之间的互动、观者之间的互动，当然，这些互动关系中对地戏所蕴含的意义是不一样的，如表演者之间的互动可能是出于演出技巧上的，而表演者与观者之间更多的是一种剧目内容上的。诚然，具体到每一个人也是有区别的，随着屯堡文化旅游的开展，越来越多的游客到屯堡，地戏成了参观的主要内容，从而使得屯堡人看地戏和游客看地戏在理解上存在差异，甚而每个游客因对地戏的了解程度不同其间互动的内容也不一样，等等。

屯堡地戏仪式不同于其他戏种，除了娱人，还娱神。地戏有一套庄严的仪式过程，“开箱”（包括“祝词”“打素坛”“请神”“点将”“出马门”等环节）——演出（包括“设朝”和“跳神”环节等）——“封箱”（包括“聊白”“送神”等环节），在这些环节中，“演出”只作为仪式的主要部分。像其他祭仪一样，地戏仪式表现在人与神的互动上，它是人神沟通的媒介，神作为人们想象中超人力量的象征，无时无刻不掌控着人的一切行动，通过这种庄严的互动形式，人卑微的力量才会得到神的眷顾而变得强大。地戏仪式一套冗繁的程序便是获得这种力量的符号。屯堡人于生产生活中的诸多诉求融入地戏演出传递给神性他者，基于内心的虔诚，希望得到神的护佑。在地戏仪式中，各剧目中的人物作为神的化身而被屯堡人加以崇拜，这些人物如关云长、薛丁山、岳飞等，除了获得他们精忠报国的正义力量外，还衍化到屯堡人在农业生产等方面的需求中。屯堡人有很多的信仰仪式，除地戏外，还有如“抬汪公”“做佛”“过河”等，可见屯堡人与神性他者的互动是普遍存在而又形式多样的。

三　与社会的互动

社会是一个抽象的概念，我们要认识社会最先是从人与人之间开始的，也唯有通过了解人与人组成的结构关系才能分析社会。因此，人们之间的互动可以看成是构成社会结构的基础，也就是说，若没有人的互动，社会也就不存在。例如世界各地屡屡出现的狼孩，由于没有得到人类社会所独有的互动行为，只能仿照狼等动物的本能从事基本的生存活动，所以不能形成具有社会特性的人的功能。当然，社会的形成不是仅靠一两个人的互动所能完成，而是需要具有自足性的一类群体的共同生活。如设想在僻野居住的一家人，虽然彼此间有互动行为，但我们还不能就此称其为社会。这里所说的与社会的互动并非指人与社会的互动，而是指人们之间的互动对社会建构、维系、变迁等有一定的作用，从这个意义展开去才能厘清人与社会的互动。人与社会的互动是人的行为的直接结果，相反，社会结构的建成也会作用在人与人之间的互动过程。

在互动过程中，符号成了对社会起作用的重要标志，尤其在生产粗糙的小社会，其凸显出来的功能较为明显。人类学家马林诺夫斯基从事田野工作时，发现特罗布里恩德群岛上的土著，成年的男人们施行着一种叫“库拉圈”的交往活动，“库拉”开展过程中用项链去交换臂镯，表面看来似乎仅仅为经济交换，但马氏认为“库拉”交换不是经济行为，至少它对社会所起的重要作用并非表现在经济功能上，主要通过这种互动行为来维系社会结构的稳定。还有世界很多地方都存在着“夸富宴”的现象，如贵州黔东南12年举行一次的牯脏节也算是一种“夸富宴”，夸富宴或许给个人或当地带来巨大的经济损失，但却适应了人们的文化心理，它对维系当地社会结构起到了很大的作用。总体来看，虽然用现代社会的经济概念无法解释这些文化现象，但这样的现象作为人与人之间的互动符号，在对特定的社会起作用。

屯堡地戏仪式作为屯堡社区的一种文化现象，是人与人之间互动的符号，它对屯堡社会的延续起到了很大作用。屯堡社区能够保持具有上百年明代遗存的特点，首先在于屯堡人的文化心理加固了这样的存在，屯堡文化被学界称为“文化孤岛”。在方圆几公里的屯堡社会里如何保存着这些特点而不被其他文化所涵化，虽然原因多样，但屯堡人的文化心理起到了很大作用，屯堡人一直认为自己优于其他族群，不光是当地的少数民族，还包括较晚迁徙来的汉族，他们认为自己是天朝皇帝派遣而来的，曾是“高官良将”，是正宗汉族（屯堡人自称为“大汉族”）。这样的文化心理是通过屯堡人践行的各种文化事象呈现并传承的，屯堡地戏仪式就为其中要者。在张定贵看来，“地戏内蕴的‘忠义’指向，深刻地影响村民的价值评判”，“地戏隐含‘等级’的观念，内化了村民的秩序意识”，“地戏呈现‘历史’的信息，使村民保持着对国家‘历史’的记忆”①。在屯堡村落间，各村寨彼此邀请对方地戏入村表演，用地戏作为村与村之间的交往方式，形成村寨间的互动，这种互动还有助于加强屯堡群体的联系，从而加深了族群的认同感，使屯堡社会结构充满活力。

随着屯堡人与周围少数民族交往的频繁，地戏得到当地少数民族的青睐（当地少数民族跳地戏是自古有之，还是屯堡人传出尚处于争论中），进而使地戏成为屯堡人向外互动的符号。地戏表演如今走出屯堡社区，受到当地少数民族村寨的邀请，如一些布依族、苗族、仡佬族等村寨不仅自己开始跳地戏，而且也邀请屯堡地戏队入村表演。更有甚者，民间傩雕艺人

① 张定贵：《屯堡地戏的人类学解读》，载李建军主编《学术视野下的屯堡文化研究》，贵州科技出版社，2009。

秦发忠曾说，如今某些地方出现了布依族、苗族与屯堡人共跳地戏的现象。从社会互动来看，屯堡地戏表演的开放性，无疑是屯堡社会活性发展的重要标志。如今，屯堡文化作为一种旅游资源，在商业利益驱使下，屯堡地戏仪式开始朝着“市场”走去，地戏作为屯堡文化的符号不断向外界展示，在获得经济收益的同时，也让外界越来越知晓屯堡上百年的文化魅力。同时，对于现代性的冲击，保护和传承成为屯堡文化面临的严峻课题。因此，包括地戏在内的屯堡文化如何驾轻就熟地与外界互动，面对屯堡社会结构变与不变的话题，我们需要掌握一定的尺寸。如同在商业文化下组建的女子地戏队成了备受争议的话题。在频繁与外界的互动中，我们不愿看到屯堡味在逐渐消退，屯堡文化越来越成为商业开发中的“文化碎片”或文化印象，这是很多传统文化面临的尴尬，但若能达到“变的是肉体，不变的是灵魂”则是我们所追求的。

总　结

人的行为有意义是通过人与人之间的互动而实现的，即使是在较为落后的初民社会，虽然生产生活方式极为低下，互动已使他们牢牢地团结在一起，共同与生存环境抗争。在发达的现代社会，人们随着生产分工的不断细化以及活动空间的拓展，互动的方式与范围也越来越丰富与广泛。人们的互动行为通过媒介来连接，这些媒介具有互动双方共同理解的符号性。在屯堡社会中，几百年在贵州大地上的生存繁衍，保存了其初到时的诸多文化样貌，是研究明代历史的活态。要了解屯堡人，不得不对屯堡地戏做一番考察，只因它是屯堡人进行互动的表现符号，通过地戏仪式的举行，屯堡人乃至屯堡社会不仅自身得到文化的满足，也使屯堡文化走向域外，获得自身与外界的理解。屯堡人需要理解，而且事实如此，这种理解不光有助于屯堡社会结构的稳定，也是文化圈外形成文化孤岛的认识。当然，对屯堡地戏仪式的理解，不能只就地戏本身进行分析，而是要通过地戏去关照屯堡人的生存状态和文化需求。地戏仪式作为屯堡人向外界展示社会行为及社会互动的符号，对其符号性研究的意义，也便是研究屯堡族群和屯堡文化的一个重要窗口。

安顺地戏剧本中的詈语及文化内涵

宋积良

摘　要：屯堡地戏剧本中有大量的詈语现象，有其使用特点及原因，由此形成特殊的詈语文化。

关键词：屯堡　地戏剧本　詈语

一　引言

安顺地戏是屯堡人聚居的村落里，农民喜闻乐见的一种古老剧种，是屯堡文化不可分割的一部分，是“作为屯堡人最重要的文化标识”[1]，被誉为“戏剧史上的活化石”。安顺地戏的演出仪式、演出特征、地戏面具等方面均有学者做过较为深入的研究且成果颇丰，但对地戏的语言却少有探讨。今以《安顺地戏剧本选》[2]为底本，尽己之力从中爬梳出詈语的使用情况而对其作粗浅探讨，以管窥其背景及屯堡文化内蕴等，敬请方家批评指正。

二　安顺地戏剧本中詈语的表现方式

安顺地戏剧本中詈语的表现方式（也是本文语料的选择方式），我们认为主要有以下三种。

（1）双方照面时，一方直接詈骂对方，如：

“柳氏听言开口骂，大胆匹夫戏弄人。”[2]

“罗通骂声野娼妇，你今要往那里行。”[2]

（2）在人物内心思想活动时，对某人的詈骂：

“天虎听了自思想，二人言词果是真。

也是哥哥多不是，遇着廷贵狗畜牲。”[2]

“公主肚内暗思想，与他战到几时辰。

不如取下仙家宝，活活把这小贼擒。”[2]

（3）在对话时，对第三人的詈骂：

“只许败来不许胜，引诱番贼山中存。”[2]

“军士听得忙不住，报与元帅得知闻。

今有番婆来讨战，他在营外夸口能。”[2]

三　安顺地戏剧本中詈语概述

研究表明，詈语在先秦时期就已经出现了[3]，而在三国至南北朝出现“骂詈之普遍与形式之多样”[3]“詈语之丰富与类别之众多”[3]现象，到隋唐时期“汉语詈语进一步增多繁衍，其种类更加多样”[3]。综上所述，可以看出汉语詈语历史悠久，种类丰富多彩。然而，从未重复统计的角度①来看，在40余万字的《安顺地戏剧本选》中，其中詈语出现的个例却不是很多。这种现象真是比较奇特。其原因到底是什么呢？

下面，我们先根据《安顺地戏剧本选》中詈语的状况，粗略地将詈语分为以下几种情况。

（1）直接咒骂对方该死。如：

“只得下山高声骂，该死番儿听吾言。”[2]

“来到营门高声骂，该死唐将听原因。”[2]

（2）咒骂对方狂放、缺乏某类素质或道德品质低下不端等。如：

“推开战船来交战，大骂狂徒常遇春。”[2]

① 本文所提及的詈语均是从未重复统计的角度来说的。

“梨花听得心大怒，大骂无情无义人。”[2]

“茂公一见心大怒，拍案大喝厚脸人。”[2]

“金定骂道：‘你这贱人！莫非是娼妇？坐名要我夫君出马，真不知羞。’”[2]

“这等卖国娼淫妇，岂肯留你这贱人。”[2]

（3）詈骂对方为非人类，可分为两种情况。

其一，斥骂对方为“东西”或不是人类，如：

“太后说若依姊姊这条例，好死这个贱东西。”[2]

“罗通问道：‘你是什么东西？胆敢阻拦本帅？’”[2]

“敬德大喝你放屁，奸诈匹夫①骂几声。”[2]

“公主听言心中大怒，骂道：‘刘庆，你这匹夫！奴家要拿狄青，你偏敢来混账。’”[2]

“茂公见了唬一跳，大骂国远不是人”[2]

“次日天明忙披挂，大骂匡胤不是人”[2]

其二，詈骂对方为动物、为动物之后代或身体的某一部分成了动物的某一器官。在剧本中詈骂对方用到的动物有“狗、畜生、牛、乌龟、虫、獠、王八、猴、骡”等。如：

“看罢上前大喝道，来的番狗快通名。”[2]

“尉迟酒发不听讲，骂道畜生少逞狂。”[2]

“来到阵前高声骂，河东牛子骂连声。”[2]

“牛养的番儿，放你娘的胡屁！”[2]

“你只会敌到关前挂免战，做一个缩头乌龟躲刀枪。”[2]

“比你能的还着手，何况你这一个拱屎虫。”[2]

“老将连忙来招架，大喝无知狗贼獠。”[2]

“那贼不过一毛鼠耳，不知将军为何输阵与他？”[2]

① 《汉语大词典》第948页对词条“匹夫”第三义项的解释是：“詈词。犹言家伙，东西。常用来指斥无知无识的人。多见于早期白话。”《剧本》近乎讲唱文学，故本文将“匹夫”这一詈语置此。

“你这几个王八旦①，大模时样不耳人。”[2]

“桂英一手指定骂，骂声猴儿老虎抓。”[2]

“来至阵前将言骂，矮骡贼子早通名。”[2]

（4）贬低或侮辱对方的身份、出身、辈分、族类、人格等或辱及对方长辈的。如：

“你这无用叫化子，何不回去吃刀枪。”[2]

“可恨张环老杂种，三番两次费心肠。”[2]

“喝声贱人休无礼，你敢在本藩面前放猖狂。”[2]

“贼啊你敢伤害吾兄长，挖你心肝来祭灵。”[2]

“贤模骂声老蛮子，立而不跪为哪般。”[2]

“云长听言心大怒，作死奴才骂几声。”[2]

“仁贵一见高声骂，番婆快快早通名。”[2]

“这个野婆，又是小国之人。”[2]

“仁贵一见微微笑，该死丫头骂几声。”[2]

“八宝闻言便骂道，孩子要问俺的名。”[2]

“来到阵前恶声喊，小崽呀快叫你主把关离。”[2]

“从善听言心大怒，强盗乌龟骂几声。”[2]

“花山闻言心火冒，骂声泼妇休乱嚎。”[2]

“虚晃一刀往下败，大叫小子少来跟。”[2]

“咬金闻言哈哈笑，瞎你娘的狗眼睛。”[2]

（5）其他。如，有骂人肢体残缺的，如“巡风官儿来看见，大骂瞎子胡乱窜”[2]；有骂人野蛮的，如“你是何方蛮牛汉，敢在此地要威风”[2]；有骂人愚笨无知的，如“王禅一见壁锋到，无知鄙夫骂几声”[2]；有骂人为妖魔鬼怪的，如“活捉妖妇来斩首，那时方可把贼平”[2]“一路名将吾杀尽，何况你这小妖精”[2]；仅一例有骂及人的生殖器官的，如“大骂匹夫吾来了，你那毛阳②少要雄”[2]；还有骂人容貌丑恶的，如“像你这样的丑妇，

① 剧本中还出现有“王八”，因詈语含义基本相同，故不再引例；“匹夫”与“鄙夫”字异而义同也不引例。其他类似情况不再一一说明。

② 帅学剑在本词下校注：“毛阳，指男性生殖器。”

只能配那挑柴运水的军汉”[2]。

上述詈语使用的五种情况中，剧本中出现最多的詈语是“狗”，如“狗头、油咀狗、老狗、反狗、小狗崽、小狗男、狗子、狗婿、狗眼、狗名”等，以及下文提到的与“狗”连用的詈语。此外，用“贼”“蛮子”“匹夫”等詈语出现的次数也较多，均请参见下文。

四　安顺地戏剧本中詈骂语特点及原因探究

（1）语言结构上，几个詈骂语常常连用。如：

“太宗一怒发雷霆，大骂辽东狗畜生。”[2]

“仁贵骂声狗强盗，不要王法黑了天。”[2]

“云昭一闻此言，忿怒骂道：‘这些杀不尽的狗贼，自来送死。’”[2]

诸如以上两连骂的詈语在剧本中还有很多，如“狗蛮子、狗杂种、狗乌龟、贼奴、狗奸臣”等，从字眼上来看，均非难以入眼、不堪入耳之语，但体现骂人者对所骂对象的满腔怒火或深深愤恨，更加彰显了屯堡人疾恶如仇的性格。值得注意的是，以上两连骂在小说《五虎平西》[5]《薛仁贵征东》[6]中几乎很少出现①。更有甚者，剧本还有三连骂或从几个方面进行詈骂的。如：

“复身跳上高头马，大骂番邦狗贼蛮。”[2]

“大骂南蛮狗杂种，夺关斩将为何因。”[2]

诸如三连骂还有“王八狗畜生、毛贼狗王八、匹夫狗奴才、丑贼鬼、狗番奴、狗臭奴”等。地戏剧本中詈语的连用，正是“文辞不美且显得粗陋而近似口语，但却散发着民间说唱文学的芳香”[7]的体现，同时也使“那些争战杀打的场面，更显得收放自如、激烈悲壮、淋漓酣畅”[7]。

（2）语言内容上，无恶毒入骨的詈骂。

虽然两连骂、三连骂詈语出现较多，但与其他作品相比，40 余万字的《安顺地戏剧本选》中却几无恶毒下流、不堪入耳的詈骂语，甚至连鲁迅先生认为“博大而精微……犹河汉而无极也”[8]的国骂也未曾出现。对女性，

① 据统计，《薛仁贵征东》中詈语连用仅有“狗强盗”出现四次。

绝大多数情况下只是骂对方“贱人、贱婢”之类，在明清时期使用十分普遍的“淫妇”[3]一词在剧本中仅有几处，这绝非偶然。帅学剑先生在《安顺地戏剧本选·序》中说，地戏“向来不为大雅君子所称道，也不为文人秀士所注目。它的传承全由农村中的土秀才用白皮纸手抄而代代相传”[2]。为什么这些农村土秀才的笔下连“詈骂”语词都这样少，甚至似乎显得较为“文雅”呢？是什么原因造成了这一现象呢？詈语千千万万，比较而言，安顺地戏剧本出现的詈语个例就显得很少了。从某些方面来看，以上情况正是屯堡文化这种大背景的一个写照或缩影。“顽强地保留着祖先留下的生活传统、服饰习惯、饮食口味甚至语音腔调”[9]的屯堡人，在他们祖祖辈辈的地戏传承中，竭尽全力地维系着中原高尚的文化。体现到生活中去的一条重要的途径，那就是在地戏表演中尽力“净化”自己语言的文明程度。邢福义先生说：“语言是文化的符号，文化是语言的管轨。好比镜子或影集，不同民族的语言反映和记录了不同民族特定的文化风貌；犹如管道或轨道，不同民族的特定文化，对不同民族语言的发展，在某种程度、某个侧面、某一层次上起着制约的作用。”[10]屯堡人的儒家文化等正是制约詈语出现的一大原因。其次，这和安顺地戏的教育功能乃至屯堡人崇尚教育有关。阳贤、张诗亚认为：“地戏教育是特定的屯堡文化的产物。地戏的教育是一个仪式过程，其中文化控制人并为其目的塑造人，教育过程是根据文化的规定培养人的过程。屯堡文化的价值观决定其成员的行为和价值倾向，地戏教育是屯堡文化的复制遗传器，教育的进行是以族群为单位。”[11]翁家烈先生认为屯堡在军事大局稳定以后，“教育渐为卫所屯军上下所重视”[12]，于是教育机构普遍出现。正是在重教这种风尚下，詈语内容无恶毒下流之词也少了许多生存之地。

（3）在詈骂语前冠以一个修饰限制词语，这个词语意义指向极为分明。如，“不中抬举狗畜生、贪生怕死虚弱狗、无义小畜牲、不知羞耻的贱人、无耻番奴老狗曹、肉眼无知狗东西”等，无不使詈骂显得生动形象而又内容具体，这样的詈骂可增加地戏演出时观众对所骂人物的印象，还可无形中增强对地戏表演者、观众的儒家观念等方面的教育。这种教育是潜移默化式的，是在地戏观看的娱人时刻、表演时刻不知不觉中进行的。张新民先生说：“儒家文化实际已经成为屯堡乡民社会的公共意识，代表了屯堡民众的集体认同或建构认同。无论自觉或不自觉，主动或被动，他们大多都是儒家思想世俗化、生活化的实践者。”[13]地戏剧本中的这种突出道德指向的詈语现象也可算是屯堡人儒家思想生活化的一种隐性形式。

此外，对同一詈语用不同的词语冠以修饰，内容更是丰富多彩，也是詈语的特点之一（见表1）。

表1　冠以修饰词的詈语一览

詈骂词语	冠以修饰词的詈骂现象
匹夫	油咀匹夫；奸诈匹夫；大胆匹夫；背主私逃的匹夫；背主匹夫；狂徒匹夫；无知匹夫；无能匹夫
丫头	作死丫头；该死丫头；小小丫头；贱丫头；
妖精	小妖精；狗妖精；母妖精；邪妖精；鬼妖精；
贼	蓝脸贼；小贼；奸贼；老贼；反贼；黑贼

资料来源：帅学剑校注《安顺地戏剧本选》，财团法人施合郑民俗文化基金会，2004。

从表1中可以看出，《剧本》通过对詈语加以修饰限制，使得文本生动具体，从而加深了读者对人物的印象，也体现了屯堡人在语言方面丰富的创造性和较强的语言表达能力。如表1中，吕珍骂常遇春为“黑贼”，常遇春皮肤黝黑的形象立刻跃然纸上，深入人心。

五　安顺地戏剧本中詈骂语的文化内涵

英国科学家J. D. 贝尔纳在《历史上的科学》中指出：“语言是现今仍然活着的古代遗物。”[14]语言是记录文化的符号系统，是文化的忠实记录者。透过安顺地戏剧本中的詈语，我们可以窥见儒家文化在屯堡人中的根深蒂固。儒家文化不仅仅体现在地戏表演的仪式、内容等之中，其剧本中的詈语更是点点滴滴地从一个又一个细小的地方生动地反映着儒家文化的熠熠光辉。诸如剧本中的“乱国奸贼子、反叛贼奴、背主匹夫、无义汉、无情无义人、无情少义人、无恩负义郎、反恩负义人、乱国狗奸臣、无耻小贱人、不知羞耻狗贱人、不知羞耻的贱人、无耻番奴老狗曹、无知小儿、肉眼无知狗东西、无能匹夫、懦弱小崽崽”等詈语，无不反映着忠、义、仁、智、信、勇等文化精髓。实际上，在安顺剧本中，很多的语言均表示出这一忠信思想，如“生是中原人，死是中原鬼，忠心报国”[2]“失信非为丈夫志，悔却前言是小人”[2]“叫他不要把我想，日后我定恩不忘”[2]等。无怪乎屯堡人所供奉的神榜左右对联中也写入了“忠义仁勇，关岳二圣”[15]。总之，在屯堡文化的价值体系中，“忠、义、信”等成了屯堡文化的耀眼点。

地戏剧本中的詈语对于屯堡人来自中原正统的这一思想，也有很强烈的体现。在剧本中，詈骂对方为“蛮夷”之类的詈语比比皆是，“野婆、番贼、番奴、番婆、番蛮、南蛮、番儿、番狗、贼蛮”等俯拾即来。郑正强先生说得好：“晚明以来，屯堡人主宰的这片地方的优势，逐渐跌落，特别是明亡以后，他们的地位已与地方少数民族相差无几，但在其与少数民族的接触中，他们仍然保持着巨大的优越感，仍然‘传统’地视少数民族为‘蛮夷’。”[16]屯堡人在地戏中固守着心中那片神圣的“中原土地”、坚守着自己的中原文化，以致六百余年来一直保持着自己的独立性与完整性。

屯堡人全力呵护着自己的正统地位，不容许任何人触犯自己的道德底线，上表中“贼”在剧本中无数次地出现，无不反映着他们对那些在国家、人民、社会道德风尚中造成严重危害的人的愤慨、训诫。剧本毫不留情地将那些残害忠良、陷害无辜的反面人物斥骂为“狗奸臣、老恶奸、老奸党、老奸雄”，更是彰显了屯堡人疾恶如仇、忠君爱国的思想。詈语“油咀狗、油咀匹夫”等则体现了屯堡人朴实忠厚的做人道德。

六　与詈语有关的地戏剧本原貌问题

最后，就地戏剧本的作者以及创作年代问题加以说明。屯堡文化六百余年，地戏剧本辗转流传，几乎没有明清时期传承下来的本子，即使是目前可见的剧本，其最先创作者是谁，恐怕无人能说清。加之经历了20世纪“文化大革命”那场浩劫的严重摧残，明清地戏剧本几乎无一幸免。“这些唱本是谁写的，很难找到确切依据。”[17]既然这样，那么当今屯堡地戏的情节、语言、风格是否会全改明清时期剧本呢？答案是肯定的：不会。语言虽具有渐变性，但是同时具有继承性。语言如果在一夜之间变得面目全非，那“人们将失去最重要的交际工具，一切活动将会停止，社会将会崩溃。”[18]当然，安顺地戏也不可能遗存至今。沈福馨先生在谈到安顺地戏唱本时说："从实际情况来看，几个村子的同一个戏的唱本，在字句上有较大的差别，但风格和情节还始终是统一的。说明民间艺人们对此戏已了如指掌，而且愿意（也必须）服从于已经成型的艺术形式。同时还说明这些民间艺人互相模仿的本领极强，无论怎样变化，都与原样相类似。"[17]基于此，地戏剧本中的詈语也应保存了明清时期以来的基本原貌，故本文作了以上粗浅述说。

参考文献

[1] 朱伟华等：《建构与生成：屯堡文化及地戏形态研究》，广西师范大学出版社，2008。

[2] 帅学剑校注《安顺地戏剧本选》，财团法人施合郑民俗文化基金会，2004。

[3] 刘福根：《古代汉语詈语小史》，浙江大学，博士学位论文，2007。

[4] 罗竹风主编《汉语大词典》，上海辞书出版社，1986。

[5]（清）佚名，陈建华点校《五虎平西》，山西人民出版社，1989。

[6]（清）佚名：《薛仁贵征东》，三秦出版社，2005。

[7] 帅学剑：《安顺地戏》，浙江人民出版社，2008。

[8]《鲁迅全集》，人民文学出版社，2005。

[9] 阿土：《屯堡文化的表象》，《贵州民族研究》2012 年第 3 期。

[10] 邢福义：《文化语言学》，湖北教育出版社，1990。

[11] 阳贤、张诗亚：《贵州省安顺地区屯堡人地戏仪式的道德教化功能研究》，《民族教育研究》2007 年第 2 期。

[12] 翁家烈：《屯堡文化研究》，《贵州民族研究》2001 年第 4 期。

[13] 张新民：《屯堡文化与儒学的民间化形态》，载李建军主编《学术视野下的屯堡文化研究》，贵州科技出版社，2009。

[14]〔英〕J. D. 贝尔纳：《历史上的科学》，伍况甫等译，科学出版社，1959。

[15] 许道云：《屯堡人供奉神榜的教育价值》，载李建军主编《屯堡文化研究》，贵州人民出版社，2011。

[16] 郑正强：《最后的屯堡》，贵州人民出版社，2003。

[17] 沈福馨：《安顺地戏》，文化艺术出版社，1990。

[18] 伍铁平：《普通语言学概要》，高等教育出版社，2006。

安顺地戏文本《三国》地戏书的叙事特色浅析

兰　桂*

摘　要：《三国》是屯堡地戏常见的剧目，该文本在叙事上形成了节奏张弛有度、结构简明、剧情主线突出、以典型场景和套语编织故事等特色。

关键词： 屯堡　地戏　《三国》

安顺地戏是安顺地区屯堡民众对当地演艺人员（也是村民）撰写的地戏说唱本进行搬演的一种民间戏剧。所以，对地戏文本的研究成为安顺地戏研究的一个重要部分。早期研究地戏的学者们对地戏文本的研究主要涉及对地戏剧目、内容及其文体的简介与概括上。如西南傩文化研究的先驱者庹修明教授在其论著《叩响古代巫风傩俗之门》里罗列出了安顺地戏表演的主要剧目名称，指出了演出最多的剧目是《三国》戏，并简介了《三国》戏中主要的演出情节，而将论述的重点放在地戏的仪式、面具与当地民俗的结合上。① 沈福馨在《安顺地戏的形成与发展》里也同样列举出了《四马投唐》《粉妆楼》《精忠传》《五虎平西》等地戏表演剧目并简介了

* 兰桂，贵州民族大学文学院硕士研究生。

① 庹修明：《叩响古代巫风傩俗之门》，贵州人民出版社，2007。

《粉妆楼》的内容，而将文章重点放在了小说与地戏脚本关系的探讨上。[①]顾朴光的《安顺地戏纵横谈》也是列出了安顺屯堡村寨的地戏演出剧目，并将其文本源头与内容归纳为“全部取材于古代的话本小说、历史演义和民间传书，内容都是金戈铁马的战争故事”[②]。高伦的《贵州地戏简史》里虽开辟专节讲述了“地戏的剧目”，但也只是对地戏剧目、内容、渊源、文体进行了简要的介绍，并未进行具体深入的分析。[③]而朱伟华等学者集前人的大成，在《建构与生成》一书中列出专门章节对地戏文本内容与特征进行了学术性的深入研究，详细介绍了“地戏文本的基本概况”并继而深入探讨了“地戏文本与小说、表演的关系”“地戏文本的叙事模式与思想观念”“建立在虚拟观上的民间意识形态”[④]等深层次问题，但其主要是以宏观的视角对各种剧目的各个地戏文本进行整体性分析，并未专门针对某一剧目中的具体文本作微观分析，这也为后来者对地戏的研究留下了空间。

根据1992年王秋桂、沈福馨、帅学剑等学者经过田野调查形成的《贵州安顺地戏调查报告集》，安顺地戏剧目《三国演义》总共在62个村寨表演，是表演频率最高、覆盖面最广的单个剧目。本文的研究对象《三国地戏书》就是该剧目中一个具体的说唱本，其为普定县马官区余官乡余官地戏队的演出脚本。该文本是在罗贯中《三国演义》小说的基础上融合了流行于屯堡其他村落的《三国》地戏说唱本和当地民众独特的文化趣味与生活体验而编纂成的。笔者以文本叙事学的理论视角来重点分析、探讨该文本作为屯堡区域的民间说唱本所具有的叙事特色。

一　叙事节奏张弛有度

民间叙事除了一般性地追求传奇性、戏剧性外还刻意追求一种世俗化

① 沈福馨：《安顺地戏的形成与发展》，载沈福馨等编《安顺地戏论文集》，文化艺术出版社，1990，第22页。

② 顾朴光：《安顺地戏纵横谈》，载沈福馨等编《安顺地戏论文集》，第125页。

③ 高伦：《贵州地戏简史》，贵州人民出版社，1985。

④ 朱伟华等：《建构与生成——屯堡文化及地戏形态研究》，广西师范大学出版社，2008，第254、266页。

的趣味，目的就是引人发笑，缓解叙事气氛。即使在叙述严肃事件时也不像文人作家一样一本正经到底，常常会在严肃之中加入诙谐有趣的科诨笑料，让观者紧绷的神经得到缓解。安顺地戏是一种融入仪式生活中的民间戏剧表演，村民们郑重其事地将戏中的将领神话为“戏神”。每年春节表演前都要举行一系列的开箱、扫场、设朝等仪式，戏剧表演最首要的目的是娱神、求神保佑，然后才是娱人，加强村落里外的人际沟通往来。但无论是娱神还是娱人，都是要“娱”，都要使神与人在一年难得的农闲里获得精神的欢乐。而“娱”中最有效的手段自然是充满俚俗趣味的逗乐场景。因此，以表演为直接目的的地戏说唱本，就不能不对此作出相关反应。当然，其前提是要保证一种庄严肃穆的仪式氛围，然后一些逗乐场景是以片段式的形式插入进去的，使地戏表演呈现出亦庄亦谐的叙事风格。如在《桃园结义》中，——对于以正统思想自居的文人而言，桃园结义应该是件很严肃、仪式感很强的事件，参与者要经历杀牛马祭天地、焚香跪拜、赌咒说誓等重要仪式环节，丝毫不得马虎。戏剧的气氛也通过演员的实际表演达到严肃的顶点。可地戏书就是在这个让观众的严肃情绪达到顶点的节骨眼上，冷不防爆出了一出笑料。在发完神圣的誓愿后，刘关张三人竟说起了一个逗笑式的年庚段子，令场外观众忍俊不禁：

张飞问曰：刘老兄是贵庚？玄德曰：弟是甲子的。又问关老兄乃是贵庚？云长曰：弟是己丑的。玄德曰：张老兄乃是贵庚？

张飞曰：弟是甲寅的。云长曰：你这老未曾读过诗书，不识五经。诗书上哪有甲寅之呼？

张飞曰：你说我不识五斤，我在家杀猪卖之时，我家的那捍（杆）大称（秤），提头毫是五斤，提二毫是十斤，提三毫是十五斤，几十斤我都认得，莫说是五斤。

玄德曰：张老兄你到底是属哪样的？张飞曰：我是属大老虎的。

玄德曰：算来你还小。我是属鼠的。这位老兄是属牛的。你是属虎的。

张飞曰：怎么老虎还小，怎么老虎还小？难道你们是属象的不成？你那老鼠才这样一小点。就是那牛也打不云（赢）我这老虎。

玄德曰：鼠牛虎，你还是小的。

张飞曰：管他娘的古人制下以来，咱老张也就他去罢。

以上片段巧妙地将上层知识阶层隐晦的年庚文化与民间直白的生肖文化杂糅并用，通过谐音等底层民众喜闻乐见的修辞手法使文本人物刻画既符合其所属的社会身份，并以此为发端，制造了上下层文化携带者在沟通时所发生的惯有的矛盾冲突，达到了令人捧腹发笑的目的。杀猪出生的张飞，一介莽夫，自然不知刘、关熟稔的五经而闹出一段笑话。关羽饱读诗书，带有知识分子一贯的傲气；而人情练达的刘备，则及时借助民间的生肖常识巧妙地解决了排辈问题。就这么一个逗笑片段就生动地体现了民间文学作者通过编织情节来巧妙刻画人物形象的叙事能力，以及其出色的逗趣搞笑的叙事技巧。的确，在民间文化氛围里，极少有绝对的庄严或悲哀，这些损伤人心的极端情感达到顶峰时往往会受到另一股异质情感的迎面冲击，从而使人的情感处于中和的状态。就如大部分民间性的仪式里头，都是严肃中掺杂诙谐、逗乐的因素，悲哀中掺杂着欢喜的成分。①

再如《千里走单骑》中，地戏书同样开辟了这么一个民间化色彩极浓的叙事场景：关公因过五关斩六将引起夏侯惇的震怒，二人展开了一场殊死搏杀，最后夏侯惇竟因体力不支从马背上摔倒在地。幸好张辽及时赶到，才躲过了关公的大刀，捡回一条小命。这种情节设置自然属于想象虚构的成分，因为地戏编写者就是要突出正面英雄人物的神勇力量，使其每战必胜！但民间式的夸张部分还在后头：夏侯惇因被张辽看见自己倒在地上，觉得很没面子，马上进行掩饰性出击，对张辽抱怨道：

"我今正在取关羽，为何叫我莫相争？"
张辽曰："贤弟，你的马为何死了？"
夏侯惇曰："是我武艺高强，把马杀了与他步战。"
张辽曰："贤弟，你如何倒在地？"
夏侯惇曰："是我扯一个坐马式，你不知道。"

① 〔英〕简·艾伦·哈里森：《古代艺术与仪式》，刘宗迪译，上海三联书店，2008，第61页。

在这段对话中，改编者用自己夸张的想象改造、取代了所谓的历史事实。观众看到的似乎是一个为解除尴尬而自我解嘲的左邻右里，而非小说中离他们极其遥远的三国猛将。观众会因这种心理距离的拉近而发出会心的笑声，从而使之前因戏剧人物激烈打斗而绷紧的神经松弛下来。与此同时，文本的叙事节奏也会因而显得张弛有度，在客观上丰富了人物形象，增加了故事内容的趣味性与丰富性，而非枯燥干巴、一味紧锣密鼓地将情节向前推进。

二 叙事结构简明、剧情主线突出

小说文本为了反映社会广阔的生活面貌，其涉及的人物关系是错综复杂的，各条情节线索也是纵横交错的，它们互为经纬，共同构成了一个布局严谨却又脉络分明的汉末社会关系网。但作为地戏文本，庞杂的故事情节与复杂的人物关系却不利于地戏的实际演出。因为民间戏剧脚本首要考虑的是剧情主干线索明确，能让文化水平不高的表演者与观者在较短的时间内弄清故事的来龙去脉，能够入戏。其次，人物关系的复杂所导致的情节的琐碎、分散、不连贯，与戏剧舞台空间的集合性表演要求相悖。因此，为适应地戏的实际表演，地戏文本在叙述故事时采用的是一种结构简明、剧情主线突出的叙事模式，即每部折子戏式的表演片段都有一条明晰的主线贯穿始终，地戏编纂者将小说中与此主线不相干的各种细节删除或进行创造性的嫁接，使人物关系与各条故事情节得到了最大限度的简化与黏合。这种叙事模式不但照顾到了演员与观者的表演水平与欣赏习惯，还使得地戏所颂扬的英雄人物事迹鲜明地凸显出来，铸就了地戏说唱本中一种极具特色的叙事模式。

如在小说本《斩黄巾英雄首立功》中，刘、关、张三人所属的官方军团在剿灭黄巾党过程中是五条情节线索交叉发展的：

（1）刘焉主帅，邹靖引刘关张 VS 程远志、邓茂

（2）皇甫嵩、朱儁、曹操 VS 张宝、张梁

（3）董卓、刘关张 VS 张角

(4) 刘关张与朱雋 VS 张宝（地点：阳城）

(5) 刘关张与朱雋 VS 黄巾余党三人（地点：宛城）

小说情节的这种纵横交错显示出了对立双方战斗的激烈及其规模的宏大，真实地反映出当时动荡的社会环境，而其间的人际关系更是错综复杂。

但地戏书的改编者对此似乎并不心焦，其主要注重的是如何向当地民众叙述出刘关张三位英雄人物的辉煌战绩。因此，他快刀斩乱麻，除了将情节上与三位英雄活动无关的细节统统删去外，还将与主人公有关的琐碎情节撮合为一条连贯的剧情主线，使其贯穿整个斩黄巾事件始终。其叙事架构基本承袭了情节（1）、（4）、（5），而将其他的全部舍去。并且，对保留的情节内容也并非照单全收，而是进行进一步的结构整合与艺术加工。在人物角色设计上，以刘焉为主帅，在征战中刘关张三人直接受其统帅，而将邹靖这个实际战斗中的指挥官给省掉了。在战役设定上，刘关张斩了二先锋程远志、邓茂后，目标就直指张角、张梁、张宝，形成了以下情节：

(1) 刘焉主帅，刘关张 VS 程远志、邓茂

(2) 刘关张 VS 张宝、张梁、张角（地点：阳城）

(3) 刘关张得胜回刘焉处报功

这种高度简化的情节设定，让整个在场的人都感觉似乎整个声势浩大的破黄巾战斗就被他们兄弟三人包下了。而小说里参与这次战斗的其他重要人物如曹操、朱雋、皇甫嵩等统统都被视为缺席或不在场，其空出的意义空间都让刘关张三人给填满。也就是说，与小说相比，地戏书中作为该文本中着重表现的刘关张垄断了整个文本的意义表现空间。在这里，宏大而又复杂的历史被看作是一个由刘、关、张三人“受命——出征——破敌——凯旋”的简单环节所连接起来的线性链条，而这种似是而非的连续性却能让表演者和观者共同沉溺在一种“理想化的历史观念之中”①。

① 〔英〕丹尼·卡瓦拉罗：《文化理论关键词》，张卫东等译，江苏人民出版社，2006，第200页。

其实，这是改编者有意为之的一种对历史故事的重新建构，其所属的意识形态在建构过程中起了至关重要的作用。卢卡奇在1936年写道："没有意识形态，作者永远不能叙述或建构一个可以理解的、结构清楚的、多层面的历史性作品。"① 地戏书对小说故事中人物关系及其所处的时空的简化、压缩、重新构造，都是为了屯堡地戏文本中共有的一个"神圣性叙事模式"，即"英雄人物受命出征——英勇杀敌、建立功勋——回朝受封"服务的。而这种共有的"神圣性叙事模式"对屯堡民众意味着什么呢？依据朱伟华等在《建构与生成》中对屯堡文化的分析，我们得知屯堡族群具有祖先调北征南、填南的共同历史记忆。这种历史记忆与祖先们金戈铁马的征战生活密切相关。而随着年代的远去，屯堡军人的后裔们成了身处边缘地区、远离中央朝廷的农耕族群。面对艰难的生存条件与周边异族文化的包围，通过周期性地演绎历史英雄人物的征战传奇成了屯堡民众共同追思祖先、巩固自身正统文化属性、增强族群认同感与凝聚力的一个有力的文化手段。因此，在这里，地戏的表演就不仅仅是一种文学行为，更是一种族群的社会行为。他们将它纳入仪式领域中进行展演，通过仪式场合的神圣性与权威性，族群成员们看到的不单是历史英雄人物的传奇故事，而且还是一种祖先早年征战生涯的情景再现——英雄人物、祖先形象在这个地戏的表演场景中得到了重叠。文本中建构的这种"神圣性叙事模式"使屯堡民众最大限度地得到了关于祖先辉煌征战生涯的想象性满足。

三　以典型场景和套语编织故事

根据口头程式理论，典型场景又可理解为主题（theme or typical scene），指的是"诗中重复出现的事件、描述性的段落"②，可看作一个规模较大的叙事单元，比如民间口头叙事文学中常见的集会、宴会、战斗等典型场景。"'套语'是口头剧本的基本结构单元，是围绕某种特定内容而编写的固定

① 〔美〕海登·怀特：《后现代历史叙事学》，陈永国、张万娟译，中国社会科学出版社，2003，第350页。

② 〔美〕阿尔伯特·贝茨·洛德：《故事的歌手》，尹虎彬译，中华书局，2004，第5页。

文词或篇章，可以在不同剧目的类似场景中沿袭套用”[①]。对于套语而言，典型场景就是一个意义框架，它往往由一个或几个套语共同构成。在处于农耕状态的屯堡社会里，村民文化程度普遍不高，即使有少数识文断字的人能看着书本“照本宣科”，但由于乡村生活的忙碌，绝大多数村民演员们平时还是靠口耳相传来记忆唱词。因此，在这个“口语文化”占主导地位的族群里，地戏文本的编纂者就不得不以一个个套语和一个个典型场景来编织故事情节与说唱词，以方便族群成员记忆。这种“以文字的形式呈现出来，却可用于口头言说，是表演中脚本”的书面文本被学界定义为“与口传有关的文本（oral-connected/oral-related text）”[②]。

在地戏书《千里走单骑》中，这种现象尤为突出。这出折子戏是由五个类型化的过关场景串联而成，虽然每个场景中存在时间、地点、角色名称、身份的不同，但角色的行动及其功能、场景的结构模式却是相同的。每位守将都是先吟一首夸耀自身武功的七言诗出场，之后就是自述姓名，听小军上报关羽到来后，都是吩咐众属下要好好安排，然后开始武装打扮一番。待到守将与关羽正式见面后都一改小说文本中儒雅的礼让客套（除了卞喜与王植外，二者都想用计擒拿关公，所以这两个大场景都添加了“笑脸相迎”的一个小场景，待计谋败露后，二者也跟其余三关守将一样相互大打口水仗，然后再实际打斗），相互间马上打起了激烈的口水仗，守关将开场都是喝骂关公“你这背主私逃的匹夫……”关公的反应就是“听言心大怒，作死奴才骂几声”，将二者的矛盾冲突极度尖锐化，接着就是双方舞兵器打斗起来的场景描写，运用的也都是各个剧目中可以互用互换的一套打斗唱词，都是“一个刀法如雪片，一个枪法似雾云。一个刀法如龙摆尾，一个枪似凤翻身”或者“一来一往龙争宝，二冲二撞虎跳林。刀砍来时枪又拨，枪去之时刀又迎”之类的套语，待到守将体力不支或快要被关公斩首的前夕，文本也都明确指出“某某不是对手人”，待到关羽斩将时又都是“拦腰一刀成两段，连头带腮滚在尘”或者是“手起一刀头落地，化

---

① 郑劭荣：《论我国影戏口头剧本的口传文学特征》，2010 年中国文学传播与接受国际学术研讨会，2010。

② 〔美〕马克·本德尔：《怎样看〈梅葛〉：“以传统为取向”的楚雄彝族文学文本》，付卫译，《民俗研究》2002 年第 4 期。

作南柯梦里人”之类村民耳熟能详的唱词。

再如《破黄巾》里，有专门描述人物征途场景的“路途调”：“行一里来又一程，去一程来又一程。行程正是春三月，天气暖和正好行。”有描写扎营场景的“扎营调”：“扎一座南斗六星明朗朗，扎一座北斗七星亮如云。扎座大营当四角，扎座小营当四门。前当出兵发马路，后当搬粮运草门。前后左右安排定，防备偷营劫寨人。”还有表现军队威武雄风的“行军调”：“大队人马如流水，百万儿郎挂甲兵。人强马壮精神爽，将勇兵强赛天神。”这些典型场景与套语依据情节的需要被镶嵌在各个不同的主题之中，遵循着民间文学传统的叙事模式。

农闲之时，屯堡民众也就是通过这些较为固定的文字方块在口头上的不断重复来加深他们对唱词的记忆与故事情节的把握。而一个族群的共同历史记忆在一定程度上也就是通过这些易于记诵的典型场景和套语获得了传承和延续。而且这种文本话语表达上的模式化与重复，并不是《三国地戏书》的特性，而是屯堡各个村落众多地戏本中普遍存在的共性。这个共性，可以将其理解为一个“共同体叙事”，它是一套由当地口头语言建构起来的，约定俗成的、统一的叙事模式和方法，也可以说是一种非个人的、集体生活的隐喻。通过对它的说唱，听着与说者成为“融合于族群话语共同体的成员”①。

四　结语

基于小说文本改编而来的《三国地戏书》，属于民间文学的范畴。身为屯堡村民的改编者本身就深受屯堡传统文化的影响，故而在文本的改编当中，运用该区域内约定俗成、普遍统一的一套叙事模式和方法重新建构了文本。他深谙族群成员对地戏的接受习惯与心理，故而在庄重严肃或紧张激烈的叙事场景中适时加入充满民间生活情趣的逗笑片段，使叙事节奏张弛有度；面对小说里错综复杂的人物关系与纵横交错的情节线索时，他秉持地戏文本中共有的“神圣性叙事模式”，大刀阔斧地砍去与英雄人物不相

① 万建中：《民间文学引论》，北京大学出版社，2006，第 46 页。

关的细枝末节，使故事情节主线突出、叙事结构简明，增强地戏的可观赏性；同时，为了方便演员们对唱词的记诵，在该族群“共同体叙事”的影响下，在故事情节中巧妙运用各种典型场景和套语，使该族群形象化的历史记忆得以不断延续和流传。

安顺汉语方言词的构词理据及文化内涵研究*

叶晓芬　雷　鸣**

摘　要： 以安顺汉语方言的部分例词为研究对象，可知安顺汉语方言词的构词理据同样可分为直接命名和间接命名两种方式，直接命名包括客观事物的外在特征，事物所处的时间、处所等；间接命名不仅涵盖借喻引申、借代引申，而且还有委婉与忌讳及义位变体三个重要内容。据此，一定程度上挖掘出安顺汉语方言词语形成的社会文化根源，揭示安顺汉语方言的特色。

关键词： 安顺方言　构词理据　文化内涵

人们给事物命名时考虑到了事物的具象性特征，以语言的造词规律和事物现象的某种特征或某一标志作为命名的根据。也就是说，在语言符号中，能指和所指之间具有某种关联性，即有一定的理据性。[1]这种构词的理据性也即是给事物命名的理由和依据。命名的理据往往取决于客观事物本

* 本文是2011年贵州省高层次人才科研条件特助经费资助项目（项目编号：TZJF－2011年－6号）研究成果之一。本文原发表于《廊坊师范学院学报》2014年第5期。

** 叶晓芬，安顺学院人文学院讲师，在读博士，研究方向为汉语史。
雷鸣，安顺学院人文学院教授，研究方向为中国现当代文学。

身的特点、人们的构词心理，以及方言区的文化环境。从词语反映事物特征的途径出发，人们在给事物命名时或幽默诙谐、亲切温和，或委婉曲折、淋漓酣畅。可以说，有直接显露的，也有间接曲折的，据此我们把贵州安顺汉语方言词的构词理据分为直接命名和间接命名两大类型。下面将对各类中的具体情形展开探讨。

一　直接命名

直接命名是根据事物本身的特征直接给事物命名，也就是说词的理据就直接体现在词义上。如：“方桌”“圆桌”，这是根据事物的形状直接命名；“甜酒”，这是根据事物的属性直接命名；“炸雷”（指声音响亮的雷），这是通过模拟声音来给事物命名。

直接命名方式植根于一定的社会文化背景之中，人们的思维方式、风俗习惯、文化传统等都在一定程度上影响人们的命名行为。如：对同样的事物，普通话命名为“发髻”“蜈蚣”，这是抽象思维的结果；安顺汉语方言命名为“粑粑转”（“粑粑”即圆形的发髻）、“雷公虫”，这是具象思维的结果。思维方式不同，命名的思路就不一样，命名的结果也不一样。通过对事物的命名，人们的文化观念也就深深地烙印在命名的理据之中。

（一）着眼于客观事物的外在特征

（1）着眼于事物形状的安顺汉语方言词语。如：柿饼茄（西红柿），形状像柿子；苞谷嘴（龅牙），用苞谷的形状作比；黄鳝背（小腿正面），用黄鳝特征作比；连包肚（小腿肚），肚子是身体肉多之处；脚弯弯（腘），形状呈弯曲状；马桶盖（一种发型），只留头顶一圈发的发型，形状像盖子；剪刀菜，形状如剪子；筒子骨（猪大腿骨），形状像竹筒；肚螂皮（肚皮），用螳螂作比；羊子窝（腹股沟），用羊的特征作比；捧瓜（佛手瓜），瓜形如两掌合十，有佛教祝福之意。以上安顺汉语方言词都是突出事物的形状，其构词理据也都是事物的形状。

（2）着眼于事物动态形状的安顺汉语方言词语。如：跳跛［pai^{55}］跛［pai^{55}］脚，一只脚独跳的儿童游戏，侧重跳的动作；骑马马肩（又叫扛马马肩），小孩骑在大人肩上的游戏，侧重骑的动作；扑灯蛾（飞蛾），侧重飞蛾扑灯的动作；狗刨搔（游泳），同义词（浮［fu^{35}］水）；牛抱耳（牛鼻线），牛鼻线套过耳朵；瓪肚子，腹中之物涌动；藿［xo^{55}］麻［ma^{55}］（荨麻），侧重藿的动作；躲猫猫迷［mi^{35}］（捉迷藏），侧重躲的动作；跳拱背（一人弯腰作拱，其余之人从拱上跳过），侧重跳的动作；挤油渣（儿童相互拥挤取暖的游戏），侧重挤的动作；分葱，同义词（香葱），葱可以移植；套头（头巾），侧重套住的动作。

（3）着眼于事物颜色的安顺汉语方言词语，如：胭脂花（紫茉莉），胭脂色；白雨（冰雹），白色；青油（又叫菜籽油），色泽清凉；红虹［$kaŋ^{35}$］（彩虹），彩虹有红色；红苕（红薯），同义词（红山药），红色。这些汉语方言词的构词理据都是事物的色彩。

（4）着眼于事物声音的安顺汉语方言词。如：鸡拉武叫（高声叫嚷），指音调非常高，使人生厌，故用鸡叫声打比；唧拉子（蝉），声音如同鸡崽叫；叫唧唧（蛐蛐），声音如同鸡崽叫；［$Piaŋ^{21}$］荡酒，［$Piaŋ^{21}$］荡当为摔倒之象声词，侧重于声音。这些汉语方言词的构词理据都是事物的声音。

上述安顺汉语方言词着眼于事物外在特征，用最直观的方式给事物命名，这是具象思维的结果。人们传统的思维方式是重具象思维，即注重从直观的感受出发，运用形象、联想、类比等方式进行具象化思维。这种思维方式反映在构词活动中，那就是构造出大量的形象化词语，如上述突出事物的形状、颜色、声音等的词语均为形象词语，相对于普通话中相应的词语而言，更形象、更生动。这说明人们善于运用具象化思维方式观物取象，创造出形象化的符号来反映客观世界。

具象思维方式是上述形象词语构词理据的深层文化根源，具体到某一个词，还可探究其不同的文化内涵。如屯堡方言“挂山”，着眼于处所，因祭祀仪式在坟山举行。祭祀仪式在安顺又因片区的不同而略有不同，譬如黄果树地区一年有两次较为隆重的祭祀仪式，一次是在清明节，一次是正月十五，后一次规模较大。坟头上用纸罩着蜡烛，且要放很多烟花，以此期待祖宗保佑好运连连。

（二）着眼于事物所处的时间、处所

（1）着眼于时间的安顺汉语方言词语。如：冻桐花（清明前后一段的

冷冻天气，时值桐树开花）；清明粑（时值清明时节，用清明菜制作而成的粑粑）；晚娘（继母在亲生母亲之后，故称为“晚娘”）；长年（佣工，又叫帮工，即长期的佣工，这是过去地主长期雇有佣工的历史写照）。

（2）着眼于处所的安顺汉语方言词。如：屁爬骨（臀部上方），屁，屁股；手套拐（肘），套连接了手和拐的位置；上天膛（上膛），上，上腭；后脑壳（后脑）；下爬骨（下巴），下，说明方位；脑眉心（太阳穴），位置侧重额头；阶檐坎，房檐下的台阶，侧重房檐的位置。

用事物所处的时间、处所来给事物命名，颇能反映地方特色。如上面所举“冻桐花”指的是清明时节桐树开花，天气仍然非常寒冷。安顺人也常说谚语：“穷人不要［tsa^{55}］，还有24天冻桐花”，意思是不要对暂时变暖的天气感到高兴，还会有持续一段时间的降温。

（三）着眼于事物产生的原因或结果

一些安顺汉语方言词的命名是着眼于事物产生的原因或结果。例如：雷公虫（蜈蚣），打雷时常出现；奶结猪（阉割之后不能生育的母猪），结，不能畅通生育；亮火虫（萤火虫），有亮光；隔锅香（别人家的饭菜味道可口），对别人的饭菜感到新奇；寡蛋（孵小鸡未成的变质蛋），寡，变质；灰苞（玉米生病），玉米穗变成灰色；麻皴［$ts^{h}ən^{55}$］，皮肤受冻皴裂，没有光泽感；亮灯（元宵节到坟山上的祭祀），祭祖时需要点灯；饭蚊（苍蝇），常黏在米粒上；灌脓，化脓，由于病菌的感染而化脓。

事物产生的原因或结果作为一种构词理据，也具有一定的文化内涵，如上面所举“雷公虫”是因为打雷的时候常常出现，所以该事物的命名是人们对这一现象的总结。“奶结猪”即没有了生育能力的母猪，类似的表达还有“结扎”，意即扎住了女性的生殖器官，使之不能生育。

（四）着眼于事物的属性或分类

（1）以事物的本质属性或主要特征作为构词理据的安顺汉语方言词。如：酸辣椒（糟辣椒），有酸味；桐油凌［lin^{35}］，用桐油的光滑作比；大襟排（长衫的排扣），排，排列。大襟排，是过去安顺屯堡妇女长衫上的排扣，因此也常指代长衫。如今，屯堡妇女穿着长衫行走在大街小巷，是一道很亮丽的风景线。再如：甜酒，同义词（甜酒酿），味道甜美。过去由于安顺地区物质的匮乏，人们常常自做甜酒饮用。此酒略有辣味，且可以用来煮汤圆，味道甜美；连枷（脱去油菜籽或豆粒的器具），两根棍子相连，这体现了安顺人勤劳并且善于制作工具的一面。

（2）着眼于事物分类不同的安顺汉语方言词。如：古肚鱼（蝌蚪），归入鱼类；画字虫（小轿车），比作虫类；花花雁（蝴蝶），归入鸟类；豺狗（豺），归入狗类；豪猪（刺猬），归入猪类；大猫（虎），归入猫类；佛头（佛事组织者），按所从事的活动归类；神头（地戏组织者），按所从事的活动归类。

分类不同的一个突出特点是人们往往将一些新的、陌生的事物归入与之相近的、旧的、熟悉的事物类别中，如“蝌蚪”被认为是鱼类，故而用“古肚鱼”作为称谓；“画字虫”则形象地反映了在偏僻的山区，由于经济水平的低下，人们接受新鲜事物具有一定的滞后性，故而人们形象地用虫类指代。

（五）着眼于事物的来源、用途与功能

某些安顺汉语方言词的命名着眼于事物的来源、用途与功能。如：老开机（膝盖），作用非常关键；楼枕（楼板的横梁），作用相当于枕头；炉桥（炉心里支撑煤块的铁架，又称为炉鼻子），作用相当于桥；引袋（旅行袋），起到指引作用；堡坎（建房子时垫高的基脚），起到保护作用；炕笆（悬挂在房梁上的竹篾），作用是炕干物品。侧重于事物的用途来给事物命名，反映了人们注重实用的构词心理，如“饭薯”反映了过去安顺人由于经济水平的低下，粮食极为匮乏，将红薯作为主食的现状。此外，“饭薯”，安顺人也常用来调侃愚笨之人。

二　曲折命名

曲折命名是以曲折引申的方式给事物命名，词的理据间接体现词义。如，“罢脚货”比喻过时的水果、蔬菜。再如，“鬼”叫“矮罗子”，是因“鬼”在人们的心目中代表着某种不可预示的神秘事物，人们忌讳说“鬼”。

“吃闲饭”，说明女子在社会生活中不被认可，即使担任着生儿育女、传宗接代的使命，也不可避免地被看作是不干活、只吃闲饭之人。词的理据以词的本义直接表现出来，而深层义则是与表层义相似或相关的另一事物，并且通过表层义生动形象或曲折隐晦地表现出来。

（一）引申式

1. 借喻引申

比喻式构词方式是用与甲事物具有相似性的乙事物去为甲事物命名的构词方式，可以分为借喻式与半喻式两类。借喻式是本体事物不出现，直接用喻体代替本体，如“半桶水”直接代替了“对某种知识只略知一二的人”；半喻式一部分是比喻，另一部分是直指，如“母猪疯”的“母猪”是比喻，“疯”直指事物的属性。借喻式的词语，如：娘［liaŋ^{55}］巴娘［liaŋ^{55}］式，柔弱无力，同义词（娘［liaŋ^{55}］脚娘手）；汐［mi^{35}］头汐［mi^{35}］脑（做事不讲究方法），汐，潜水；夹壳核桃（吝啬之人），夹壳，壳硬肉少且难以获取；酸包大梨（没有内才之人），梨子，水分多，果肉少；扎媒子（使用不正当的手段骗取财物），扎，装扮，媒，媒婆；夹生饭（不熟练），米饭不熟，安顺人常用来形容一个人的水平不够；隔馊（有矛盾），馊，饭菜变味。安顺人常用来形容彼此有了矛盾，互不联系。

半喻式的词语，如：水色（肤色）；茶叶货（假冒伪劣产品）；街坊亲（邻里之间认作亲戚）；挂角［ko^{21}］亲（亲戚关系较远）；萝卜坑（量身定做招聘条件），坑，地洞；老变婆（坏人，特指女性），变婆，狰狞；憨包水（未烧开的水），憨包、傻包、呆包，指不聪明之人。这些半喻式名词的前一部分是比喻，形象地揭示出被比对象的特点，后一部分是直指，指出对象所属的事物类别。也有半喻式形容词，前一部分是比喻，后一部分表示事物的性质或状态；或前一部分是直指，指出对象的所属、处所、性质等，后一部分是比喻，如箭杆雨（大雨）、大闹鹰（鹰）、凌［lin^{35}］板（结冰现象）、钢火（刀刃的钢质好而锋利）等。

2. 借代引申

如：在安顺汉语方言中，“隔［lin^{21}］隔［pa^{55}］”是邻居的意思，表示对门对户，构词理据是房屋大门彼此相对。再如：灶司菩萨（女主人），灶司说明核心地位；盐耗子（蝙蝠），相似之物相代；老米饭（年事较高的父母），父母年事已高，需要儿女赡养；偷油婆（蟑螂），习性指代；红尾巴（鲤鱼），部分代整体；飞龙雨（六月间的雨），雨速快且较为短暂；门槛猴（见不得世面之人），迈不出门槛；哭稀饭（爱哭的小孩）；夹舌子（说话口吃的人，又叫夹舌巴），夹，夹住，不利索；剪绺（扒手），形象代本体；背篼（从事搬运工作的务工者），背篼，竹篾编织而成的器具；开山（斧头），功能指代；千翻（挑剔的女孩），程度指代；放锅（做饭，又叫顿锅），顿，放置、安放。

借代即换名，换一个与本体有关联的名称为本体命名。借代构词的心理基础是相关联想，这种联想同样受制于特定区域的文化因素。如在安顺有生育之喜的人家赠送亲朋好友煮熟的红鸡蛋，以示喜庆。久而久之，“吃红鸡蛋”就代表生育之喜。“蝙蝠”在安顺称为“盐耗子”，一方面是因为蝙蝠全身都是毛，其体貌特征与耗子有相似之处；另一方面，二者大多是白天憩息，夜间觅食，生活习性非常相似。

此外，还有一些拟人的说法，不仅较为形象生动地描绘出该事物，同时还流露出说话人的思想情感。如：猫冬哥（猫头鹰）、啄［$tsua^{21}$］木官（啄木鸟）、妹牛（雌性幼牛）、家员（务农工具）。

（二）委婉与忌讳

在安顺汉语方言词中，委婉与忌讳的表达也很有特点。委婉的表达，如：吃闲饭（坐月子）、出客（出嫁，同义词“做客”，女孩是外人）、外家（又叫老外家、娘家，因女孩是外人）、后头（厕所，同义词“起夜”）。忌讳的表达，如：矮罗子（鬼）、快发财（猪肝）、千层肚（牛百叶肚）、圿圿（成条的污垢，又叫圿汗）、成神（老人过世，安顺人称呼为“成神”时，一般作为褒义词或中性词使用）。再如：老家（棺材，又叫木头）、发引（出殡）、倒坎（折本，倒霉）、老衣（死人穿的衣服）、老鞋（死人穿的鞋子），等等。

人们由于受传统观念的影响，形成了对客观事物的具象思维的特征，且善于从整体上对思维客体进行直接把握，在思维过程中从直接感受体验出发，运用形象、联想、类比等思维方式进行具象化，所以直观性、形象性和具体性是具象思维的核心。

（三）义位变体

词和义位都是对事物（包括动作、形状）的抽象，在抽象的过程中，人们往往只概括了事物的本质特征，而把一些不重要的差异舍弃了。所以，只要是用力使某物（包括人）离开原处而快速运动都叫“投”，只要是用手紧紧抓住某物就叫“摄”，而不管这些动作具体有什么差别。这就是“义位”的意义。但是这些具体的差别在一定的上下文中会显示出来。这些由上下文而显示的不同意义，我们称之为“义位的变体”[2]。如，在安顺汉语方言中，[tsa^{21}] 下（掉下），位置是河，[$kuan^{35}$] 下（掉下），位置是道路；尿包（膀胱），对象是动物；连提（胰脏），对象是猪；赶伴（交配），对象是动物；号春（交配），特指猫；起草（交配），特指动物；郎猪（配种的公猪），郎，男性；骟猪（阉割猪），对象是猪；[$ts^{h}ua\eta^{35}$] 街，逛街，对象是人；[$la\eta^{35}$] 风（溜达），对象是动物；槽口（胃口），对象是家畜。日常交际中，人们还喜欢用谐音的方式造词，如“破柴”即“破财”，“折巴折”即“责巴责”（责任）。

综上所述，词语的命名受民族文化心理、习俗的影响相当大，如安顺人常说，“你能负什么责，负责还差不多”。再如在安顺市黄果树风景名胜区一带，小孩叫“妈妈”为“妈咿”，这是一种自然而然的母子之情。此外，在过去由于生活水平的低下，人们对很多自然现象无法把握与驾驭，因此，将春节贴在大门上的人物画称为门神老爷，意即希望在新的一年里，能够保佑一家人平平安安，无灾无祸。另外，含蓄的表达还有一种方式是正话反说，如“漂亮”说成是“假”，“还差”说成是“还增”，等等，都体现出不同地域的人们，对待事物的认知方式、思维观念、审美情趣、文化传统、风俗习惯等的不同。

参考文献

[1] 全淑：《试论湖南常德方言词语的造词理据》，《湖北广播电视大学学报》2008年第1期。

[2] 蒋绍愚：《古汉语词汇纲要》，商务印书馆，2012。

安顺文庙的易学文化内涵

朱光文[*]

摘　要：安顺文庙源自明代普定卫学学官，几经毁建，终成大观，不但承载儒家文化的传播，也蕴含易学文化的精髓。

关键词：安顺文庙　儒家文化　易学文化

安顺文庙位于安顺市区，始建于洪武二十七年（1394年），是朱元璋统一西南，教化边陲的历史见证，距今已有600多年。历史上多次毁损、重建、培建，清道光年间，形成现代的格局。2011年，经国务院核定公布为全国重点文物保护单位。由于文庙是供奉孔子的圣殿，孔子对《易经》研究颇深，“韦编三绝”，所以，文庙建筑从设计到工艺都蕴含着丰富的易学文化内涵。又由于《周易》虽为儒家第一经典，但因其奇奥难读，所以普及率并不高。因此，文庙建筑的易学文化内涵亦不被一般人所认知和理解。笔者学浅，试析之。

说到文庙的易学文化，我们应先了解一下中国建筑与《易经》的渊源关系。迄今为止，中国已发现最早的建筑是山西五台山的南禅寺，这是20世纪30年代梁思成、林徽因夫妇对中国古建筑进行调查时发现的。据大殿

* 朱光文，安顺市文物局工作人员。

的大梁上记载，这座大殿建于唐建中二年（781 年），距今已有 1200 多年的历史了。这是中国存世最古老的地面木构建筑。但是中国的建筑起源于何时呢？这个问题目前没有听说，至少没有听到确切的说法。

孔子是研究《周易》最早、最深的人。根据孔子《易传》："上古穴居而野处，后世圣人易之以宫室，上栋下宇，以待风雨，盖取大壮。"① 大壮是《周易》六十四卦中的第三十四卦。孔子的意思就是在上古时期，人们都是在山野之中穿土为穴以居住，是后世圣人根据易经大壮这个卦的思想智慧，在平地上建起了宫殿房屋以避风雨。按照孔子的这一经典理论，中国的建筑应该起源于《易经》诞生之后。根据朱熹《周易本义》，《易经》来源于伏羲八卦。但是伏羲是传说中的人物，具体年代不可考。据清代考据学一代宗师顾炎武引《左传》考证："夏、商皆有此（随）卦。而重八卦为六十四者，不始于文王矣。"② 说明夏商时期《易经》就有两种，即《连山》《归藏》。因此，中国宫室建筑最早应在夏初，距今 4000 多年。根据考古发现，实际建筑要早于这个时期，但都属于穴居型，不是真正意义上的建筑。中华上下五千年的辉煌文明史举世公认，所以我们的宫室建筑起源于 4000 多年前的夏初时期，应该大体上也差不多。

由于中国建筑起源于《易经》，又因为孔子对《易经》的研究非常深透，并著有《易传》成为《周易》的入门必修课，所以，易学文化对文庙建筑的影响就非常突出，而安顺文庙的建筑不仅体现了与全国其他文庙一样的易学文化的共性，同时也蕴含了自己独特的易学文化个性，具体表现在以下几个方面。

一　布局

安顺文庙目前的格局是三进院，依次为礼门、棂星门、大成门。我们说安顺文庙的布局严谨，主要说的就是整个建筑群体三个进院都是沿着一根中轴线来对称布局的。这样布局使整个建筑群庄严、平稳、富有气势。

① 朱熹注《周易本义》，中国书店，1985。以下皆同。

② 顾炎武：《日知录·三易》，岳麓书社，2011。

那么文庙的建筑为什么要追求这样一种效果呢？孔子对易经乾卦有这样的论述："大哉乾乎，刚健中正，纯粹精也。"朱熹认为，"刚健中正"是指天体日月运行不衰，行为无过不及，其位不偏，是乾之德，亦是圣人之德。"纯粹精"则是指圣人刚健中正之至极。"人以圣为致，圣以孔子为致"，孔子是至圣，就是刚健中正，至精至纯的化身。文庙建筑正是为了体现孔子刚健中正、至精至纯的道德楷模，所以在文庙的建筑布局上，采取沿中轴线对称布局，其目的很明确，就是要引导人们走进文庙就自然产生对孔子的敬仰膜拜，以增强圣人德普天下的道德教化力量。为了体现圣人的道德修养至精至纯，刚健中正，不唯建筑的布局如此，文庙里面的题额也都是以楷体为多，鲜有行书、草书之类。安顺文庙里面的两处题额"棂星门"和"宫墙数仞"几个大字，每一个都写得方劲古折，斩钉截铁，不知是哪位书家所书，定是得了"八分"真传，才能写出如此刚健中正的神韵。在儒家文化的内涵里面，除了孔子是圣人而外，还有一个圣人就是皇帝。"君权天授"，在儒家文化中，皇帝就是天的儿子，受命来管理生民，天的儿子当然就是圣人。因此，在中国的传统建筑中，也就不难理解皇家宫室也要采取沿中轴线对称布局的形式。中国传承发展了几千年的人居建筑不外乎宫室、寺庙、衙署、民居几个大类。作为官府署衙，是受天子之命"牧地养民"，为体现天子权威，一般也沿中轴线对称布局。其他建筑如佛教寺庙大体上是根据地形，依山就势，民居的布局则多是"歪门斜道"，即使是豪富之家也是这样。

二　规制

文庙是儒家文化的重要载体，也是封建统治施教化、固君权的重要政治手段。因此，历朝历代的封建帝王对文庙的建设都是非常重视的，比如，明朝开国皇帝朱元璋不仅诏书颁布天下通祀孔子，且亲自规划文庙改作，大成殿门各六楹，棂星门三，东西庑七十六楹。随着朝代的不断更替，文庙建设的规制也不断完善和规范，至清代乾隆中期，朝廷制定文庙"九楹五陛三阶制"将文庙建筑规制固定下来。虽然从《清史稿》中看不出"九楹五陛三阶制"具体所指何为，但是从古建筑教科书我们可以知道，"九楹”就是指房屋长九个开间；“五陛”就是指五个阶梯；“三阶”就是指三级台阶。又因为文庙最主要的建筑就是大成殿，所有建筑都是围绕大成殿来布局，或是增强功能，或是营造气势。因此，可以断定，九楹即大成殿的长开间是九间。安顺文庙因受规模限制，大成殿没有九间，所以设置了九道双开门；三阶即从大成门到大成殿共三级台阶；所谓陛，就是指从进入大成门后，上天子台到进大成殿共五个阶梯。从安顺文庙现存状况看，完全符合规制。所谓“九、五、三”三个数不言而喻，自是《易经》中天地之数。九为阳；三、五为上下爻位。如卦体第三爻为阳爻，即称为九三，如第五爻为阳爻即称为九五，其位最为尊贵，故有九五至尊之说。文庙建筑颁行“九楹五陛三阶制”，充分体现了封建帝王对孔子的顶礼膜拜和尊崇，把孔子推上了至高无上的圣人大位。从全国来说，我们所亲自参观过的，或者在网络上看到的文庙应该说不少，但是如安顺文庙严格按照规制建设的却不是很多。有些文庙全部建在一个水平线上，没有“三阶”概念；有些根本没有天子台；有些虽有天子台，但是很小，与大成殿不成比例，更谈不上“五陛”规制。当然不管是多见还是少见，文庙建筑沿中轴线对称布局，设置“九楹五陛三阶制”都是天下文庙必须遵循的规制，也是易学文化在文庙建筑中所体现出来的共性特征。安顺文庙的易学文化内涵个性化特征则主要表现在建筑构件上。

三　构件

一是龙柱。安顺文庙大成殿前的两根檐柱，采用的是透雕龙柱，不论艺术构思还是雕刻工艺，都是全国无双的，堪称镇庙之宝。传说当初古人雕琢这对龙柱时，是以掉下的碎石兑换工价银两，可想其造价之惊人！一般来说，古代龙的造型有盘龙、坐龙、卧龙、云龙（飞龙），等等。安顺文庙的这对龙柱雕刻的就是飞龙。我们不知道古人为什么要不惜血本，煞费苦心来创造这样一个奇迹。比较合理的解释就是，既然龙柱上雕琢的是飞龙，就必须让龙悬空起来，才有飞的姿态。要达到悬空飞舞的艺术效果，就必须采取透雕工艺，尽力去镂空并创造出云彩以烘托，使其更趋逼真。为什么安顺文庙的龙柱要雕琢成飞龙呢？《易经》云：“九五：飞龙在天，利见大人。”这里飞龙在天指的是阳气在天，比喻一种良好的自然现象，从人类社会的角度来说，就是和谐稳定的社会环境。《易经》又云：“夫大人者，与天地合其德，与日月合其明，与四时合其序。”所谓大人就是指有君德的人。“九五：飞龙在天，利见大人。”就是说，处在九五这样一个爻位，才能有一个良好的自然和社会环境与之相应，因为有这样一个环境，有君德之人才能有所作为。根据这样的解释，安顺文庙之所以要采取透雕工艺雕琢这样一对飞龙檐柱置于大成殿前面，其良苦用心，就是诚望《易经》所言的“飞龙在天，利见大人”之主观寓意能在安顺文庙显现，得圣人在天之灵永佑吾乡文运昌盛。

二是宫墙。安顺文庙的宫墙位于文庙的第一进院，亦称影壁。安顺文庙宫墙的奇特之处在于宫墙的上方前后两面相同的位置都刻有“宫墙数仞”四个真楷。院外边是阳文，院里面是阴刻。宫墙是天下文庙都有的一个规制建筑，唯独在宫墙上方采取阴阳两种雕刻工艺刻上“宫墙数仞”这几个字是安顺文庙独有的特点。虽然只是雕刻工艺上一个小小的变化，但却蕴意非常。为什么安顺文庙的宫墙对这几个字要采取这样一种阴阳变化的石雕工艺呢？这得先从文庙的宫墙说起。《论语·子张》云：“叔孙武叔语大夫于朝曰：‘子贡贤于仲尼。’子服景伯以告子贡。子贡曰：‘譬之宫墙，赐之墙也及肩，窥见室家之好。夫子之墙数仞，不得其门而入，不见宗庙之美，百官之富。得其门者或寡矣。’”文庙的宫墙就是孔子学问的象征。数仞宫墙就是说，孔子的学问（也包含德行修养）有数仞宫墙之高，所以，能进入孔子学问门道的人是少之又少。《易经》是中华民族传统文化的根，广泛而深刻地影响着几千年我们这个民族的生产生活，甚至帝王的更替。如前所述，孔子研究《易经》的成果至今无人企及，可以说，没有孔子的《易传》，《易经》不可能被后人读得懂，也就不可能流传后世，所以，孔子的《易传》已成为《易经》的重要组成部分，东汉的郑玄甚至把《易传》的部分内容分散融入《易经》的彖爻之辞里面，可想孔子研究《易经》之深、其成果之重要。那么《易经》的本质是什么呢？如《易经》所言“一阴一阳之谓道”，《易经》的学问就是阴阳，道德的修养亦源于阴阳，而孔子的成就在《易经》，不言而喻，孔子的“道门”亦在阴阳。既然孔子的“道门”是阴阳，文庙的宫墙当然应该是“阴阳宫墙数仞”了。安顺文庙正是抓住了孔子“阴阳”成就这一重要特征，通过阴阳雕刻“数仞宫墙”手法，把孔子为万世师的成就，像丰碑一样通过文庙宫墙这一特有的建筑表现出来昭示于人。

安顺文庙为更加突出宫墙的高远，在宫墙的左下角还配置了一个并不太引起人们关注的独特艺术构件，那就是文庙门前的一通“军民人等到此下轿马”碑。

很多地方的驮碑石造型都是像乌龟一样的赑屃。但是安顺文庙下马碑的驮碑石是大象。我们说它不太引起人们的注意是因为这个驮碑的石雕大象很小，仅有成人的膝盖高，与宫墙的比例特别大，似乎远离人们正常的视角中心。为了让它能引起人们的注意，驮在它背上的碑石就制作成30厘米×30厘米的正方柱体，高度能超过成人的视平线，使人一走进文庙就能感觉到它的存在。其实，在安顺文庙，用大象作为建筑艺术的不仅仅是下马碑的驮碑石，还有位于宫墙左右两侧的德配坊、道冠坊两个单体建筑的雀替，也都采用大象造型。可以说，用大象造型作为文庙建筑的构件，在全国的文庙中，并不多见。为什么安顺文庙会在这样一组显著的建筑上，使用大象造型的艺术构件呢？据《礼记》记载：“君子于玉比德，无故，玉不去身。天子佩白玉，公侯佩山玄玉，大夫佩水苍玉，世子佩瑜玉，孔子佩象环。”[①] 所谓象环即象牙环。孔子佩象牙环非常有意思。因为孔子不是天子，所以他知道自己不适合佩白玉，但是虽然不能自比天子，也不能佩杂色玉与诸侯士大夫为伍。因此，孔子就佩象环。这就充分体现了孔子非常恰当的社会地位，也充分体现了孔子以道德立身所追求的最高境界。这就使得大象这一活体形象成了儒家文化的一个重要组成部分。在安顺文庙，见到大象，也就如同见到了孔子。因为大象就立在宫墙的左下角，既与宫墙形成一体，又与宫墙形成较大反差。如果我们从大象的视角来看宫墙，的确有宫墙数仞，高不可攀，无门可入的视觉效果。两边所立的“德配天地”“道冠古今”牌坊，也因为有大象作雀替，就明确告知世人，是孔子的德配天地，是孔子的道冠古今。

从安顺文庙总体建筑及保存现状来看，可以用三个“最”来进行概括，

---

① 陈澔：《礼记集说》，中国书店，1985。

即最重要的建筑是大成殿；最精美的构件是两根透雕飞龙石柱；最具有孔子气质形象意义的典型建筑是宫墙及道冠、德配牌坊。我国古代著名园林建筑学家计成有一个著名的园林建筑理论：“世之兴造，专主鸠匠，独不闻三分匠七分主人谚乎？盖非主人也，能主之人也。”① 所谓“能主之人”，也即是主导之人，匠，则是技艺水平。就文庙建设来说，主导就是要求对儒家文化研究的精深，匠作就是要求技艺水平的高超。由于主导水平不同，匠作技能各异，所以，尽管全国现存文庙众多，但是安顺文庙的建筑却因其深藏儒家文化内涵，建筑技艺超群而享誉全国。从中也可以看出，安顺几百年前尚属边陲蛮荒之地，但是能主之人其文化底蕴之深厚，匠作智慧之超群并不逊色于中原发达地区，斯乃文庙精美建筑之可证也。

① （明）计成：《园冶》，中华书局，2011。

“脸子”：屯堡文化的标志符号

秦发忠*

摘　要：地戏堪称屯堡文化的标识，其面具被屯堡人称为“脸子”，可称得上屯堡文化的标志符号。

关键词：屯堡　地戏　面具　脸子

屯堡文化的文化符号究竟是什么？很早就关注屯堡人和屯堡文化的徐杰舜在接受安顺电视台的采访时说，屯堡文化有“五朵金花”，即服饰、地戏、面具、民居和花灯。有民俗学家认为沈万三①是屯堡文化的符号。② 其实，从人类学的本位来看，屯堡文化的标志符号应该是“脸子”。

什么是“脸子”？这是一个使人感到很奇特的名称。因为一直以来，从原始涂面到后来的各种假面形式，世界各地各个民族都叫面具，而唯独在屯堡区域，屯堡人把地戏面具叫作“脸子”，这是何故？笔者作为一个屯堡

---

* 秦发忠，贵州安顺人，主要从事傩面具雕刻，安顺市傩雕艺术名家，安顺市西秀区屯堡傩雕协会会长。

① 沈万三，名富，字仲荣，又名沈秀，因排行老三，所以被称为沈万三。生于浙江南浔，后迁周庄。据史料记载，沈万三以农耕起家，后拓展工商业，因管理和经营有方，精于理财，积累资本发展海外贸易，以致家产亿万，成为富可敌国的巨商。后来由于出资助苏州王张士诚对抗明军，又因筑明城墙犒赏三军，得罪于朱元璋，终被发配到安顺。

② 《屯堡的文化符号：沈万三》，腾讯旅游网，http：//www. itravelqq. com/2009/0526/4816. html。

人，特别是作为一个面具雕刻的传承人，有责任，有义务对“脸子”的根由进行追溯和研究。

一 “跳神”与“地戏”

欲弄清“脸子”的缘由，首先要了解屯堡地戏。众所周知，以安顺为中心，东至平坝、清镇、花溪，南至黔西长顺、广顺、紫云，西至关岭、镇宁、郎岱、六枝，北至普定的屯堡区域内，有一种集宗教信仰及自娱自乐的古老戏曲形式，人们称之为“地戏”，屯堡人称其为“跳神”，属于中国傩文化的范畴。

跳神是一种集体活动，在整个跳神活动中，除服饰是自己准备之外，道具（脸子、野鸡毛、锣鼓），包括跳神期间的生活等经费都是全民集资。一般来说，一个屯堡村寨有一支演出队伍，多则二至三支，大大小小的屯堡村寨有地戏队伍379支（不包括近年来兴起的屯堡女子地戏队）。演出时间为每年的农历正月和七月，正月间跳神是迎春，七月间跳神叫跳“米花神”，演出地点是任选一块空地。演出的内容都是尚武的历史征战故事，如《三国》《隋唐》《杨家将》等，演出流程分为：开箱、参庙、参土地、开场、下四将、设朝、校场点兵、出马门、正戏演出、参财门、扫场、封箱。跳神的目的是祈求风调雨顺、五谷丰登、健康长寿、消灾纳福。可见，“跳神”是地戏的原生名称。

“地戏”一词，最早见于清道光七年（1827年）《安平县志》卷五《风俗志》：“元宵遍张鼓乐，灯火爆竹，扮演故事，有龙灯、狮子灯、花灯、地戏之乐。”现在的屯堡人演出地戏，既是为了休息娱乐、强身健体，也是为了敬神祭祀、告慰祖先、驱邪纳吉，此外，“亦存‘寓兵于农’之深意”（《安顺续修府志》）。咸丰年间（1851年）常恩德修撰的《安顺府志》卷十五记载：“风俗安平正月初八日，东门迎傩神，皆新衣花爆旗帜，男女老幼，沿街塞巷，观者如堵，于村则鸣锣击鼓，歌唱为乐。”

明嘉靖《贵州通志》卷三记载：“除夕逐除，俗于是夕具牲礼，扎草舡，列纸马，陈火炬，家长督之，遍各房室驱呼怒吼，如斥遣状，谓之逐鬼，即古傩也。”虽然看不到“地戏”的字符，但这里说的逐鬼跟屯堡人跳神所表达的是一个含义，即是驱鬼逐疫。清康熙《贵州通志》卷二十九记载："土人所在多有，盖历代之移民……岁首则山魈（xiāo），逐存屯以为傩，男子装饰如社火，击鼓以唱神歌，所至之家，皆以食之……"康熙三十一年（1692年）《贵州通志》卷三十刊印了一幅《土人跳鬼之图》还附加了大体与上面相同的一段文字。图上手提大刀的两个武将在对阵，旁边还有村民观看，伴奏也是一锣一鼓。这跟今天安顺屯堡地戏的演出场面是吻合的。只是从画面上看，服装不太像今天的屯堡服饰，也看不清他们佩戴的面具。不过，再看清代的《百苗图》就很清楚了，特别是其中的《土人图》，很多学者都一直认为就是"屯堡人"。也难怪，看画中人物，头上包着帕子，身上穿着长衣，脚下布鞋跟今天的屯堡男人跳神时穿的战裙和手工布鞋完全是一样的，画面人物一只手拿着兵器，一只手拿着面具，这同屯堡人跳神时的正反将对战是完全相同的。这是地戏的前身，也证明了跳神是傩文化范畴，这种面具戏恰是中国傩面具的一个种类和支流。

跳神活动一直在屯堡区域内延续，"文化大革命"时期，跳神跟其他民间文化的命运一样，仍然逃脱不了致命的摧残，被视为"牛鬼蛇神"的封建迷信。粉碎"四人帮"后，提倡"百花齐放""百家争鸣"，跳神活动一度复燃。20世纪70年代末80年代初，中国的戏曲文化迎来前所未有的复新，各地展开戏曲文化种类的普查，沈福馨、高伦等老一辈文化人冒着政治风险，从戏曲的角度对跳神活动展开了田野调查和研究。正是在这样的背景下，跳神民俗活动纳入了中国戏曲种类，而后被人们称为"古老的戏剧活化石"。高伦于1985年撰写了《贵州地戏简史》，这是迄今为止笔者看到的有关跳神的最早书籍。

1986年9月，应法国秋季艺术节组委会的邀请，贵州省文联组织了安顺市西秀区龙宫镇蔡官跳神队伍首次走出国门，参加了法国巴黎第十五届秋季艺术节，之后，又从巴黎直飞西班牙马德里参加第二届马德里艺术节。当时组织的这个民间艺术团，还附带了250多面面具参加了展览，在世界艺术之都引起轰动，在整个欧洲艺术界产生了强烈反响。那时，《欧洲时报》记者以《戏剧"活化石"登上巴黎舞台，贵州农民地戏演出成功》为题发表了评论；《巴黎日报》称安顺地戏演出是"今天能在巴黎看到的最动人心的剧目之一"。正是因为要走出去，特别是在当时跳神文化刚刚复兴，参与组织的人员不得不谨慎加小心，认为跳神含有一个神字，似乎带有迷信色彩。提供材料时和别人问起时，势必要正面去回答，于是就借助当时戏曲研究的浪潮，看跳神演出时发现不是在戏台上演出，是村寨中的随便一块空地，这样的地面戏曲形式就叫“地戏”，因此“地戏”就成了跳神的代名词。

法国之行的跳神首出国门，增强了民间艺人的自信心，也让中国民间文化艺术渲染了艺术界人士的灵魂。后来，很多人慕名前来考察，并走进屯堡社区对跳神活动展开了广泛的研究。来访人员并不是都搞懂了跳神的发展史，他们研究跳神最早是从宗教戏曲仪式开始的。1989年沈福馨老师根据调查所得资料，编撰出版了《安顺地戏》一书。1990年贵州省文联、安顺市文化局、安顺师专的老一辈文化人联合出版了《安顺地戏论文集》，这些都是较早的安顺地戏研究著作。值得一提的是，不知是笔者的视野有限，还是事实如此，在笔者所了解的范围内，近25年来，专家学者研究地戏几乎都是围绕着老一辈文化人的研究方向，而没有较大的突破。

随着关注的人越来越多，地戏文化景象自然成了政府部门对外宣传的一张绚丽名片，同时，举办各种文化活动，不断在社会中撒播，久而久之，“地戏”便全然取代了跳神。

随着岁月流逝，今天地戏所担负的“寓兵于农”的功能早就不复存在，但作为一种世代传承的文化现象，已深深地渗透到屯堡人的生活之中，成为最受屯堡人欢迎的群体文化活动。

二　地戏与“脸子”

地戏演出必须戴上面具。一直以来，从原始涂面到后来的各种假面形式，世界各地各个民族都叫面具，而屯堡人为什么把地戏面具叫作“脸子”？

为了挖掘脸子作为屯堡文化符号的文化底蕴，笔者查阅了众多专家学者研究地戏和屯堡的有关文献资料。高伦在《贵州地戏简史》中说：“地戏面具又称脸子”[①]。沈福馨在《贵州安顺地戏面具》中也说：“面具是安顺

① 高伦：《贵州地戏简史》，贵州人民出版社，1985，第67页。

地戏的主要标志，在安顺地区称面具为‘脸子’”①。王秋桂、沈福馨在《贵州安顺地戏调查报告集》中也多次提到脸子，在论述封箱脸子时写道：“脸子封箱是用一门板在神案前，全部脸子排放在门板上。正将脸子排在上边，番将脸子排在下边。”② 沈福馨和华年编的《安顺地戏脸子》，是首部以脸子为主要内容的著作，于 1999 年出版。

对于“脸子”一词，上述文献中并无太多的诠释，与沈福馨所言的“安顺地戏面具俗称‘脸子’”看法基本相同，此后的专家学者基本都沿着这个说法，一笔带过。到目前为止，并无一专家学者对脸子本身展开过深入的研究，他们都是从戏曲的用途和面具的审美艺术去研究。现在，越来越多的人走进屯堡，关注屯堡，研究屯堡，于是，人们逐渐把目光聚集到了屯堡文化的核心符号——“脸子”身上。

脸子是从中国民间文化土壤中生长出来的面具艺术，更是安顺地戏的重要载体。笔者从事傩面雕刻 20 余年，生在周官屯、长在屯堡村寨，一边搞傩雕，一边关注和收集地戏有关资料，长年累月与雕匠和地戏演员摸爬滚打在一起，既熟悉脸子雕刻的制作流程，也了解地戏演出的民俗仪式。通过多年的思考和感悟，对脸子在屯堡文化中的核心意义和价值更加清楚。

从脸子的制作过程来看，不难得知脸子是人神转换的精髓，进一步体现了脸子在地戏中的核心价值，特别是架马和开光仪式。在地戏演出程序中，扫开场、参庙、开箱、扫收场、封箱再次佐证了脸子在屯堡地戏中的地位。可以说，没有脸子，地戏演不成，也就没有了地戏，没有地戏就不会引发出今天的安顺屯堡。因此，笔者认为，脸子是屯堡的活态文化，在屯堡文化中，脸子具有不可代替的核心地位和价值。

一支跳神队伍要跳演地戏，首先要请雕匠制作面具。在雕匠的精心雕刻下，一面（一个）脸子要经过下料、劈胚、夹胚、粗雕刻、挖空、削边、细雕刻、雕耳翅、打磨、着色、彩画、上光（油漆）、安装镜片、上胡须等 15 个工序才能制作完毕。

---

① 沈福馨编《安顺地戏面具艺术》，民族出版社，1989，第 1 页。

② 王秋桂、沈福馨：《贵州安顺地戏调查报告集》，财团法人施合郑民俗文化基金会，1994，第 105 页。

脸子制作是民间一种独特的传统技艺，这门绝活在屯堡人中传承了数百年历史。制作脸子的时候，是很神圣的，一个屯堡村寨跳一堂神，就要制作一堂脸子，找到师傅问清楚后，选一个黄道吉日，把雕匠请去村里雕刻，集体管吃管住，盛情招待。雕匠动工之前，要举行庄严的“架马”（开工动刀）仪式。

开工的当天，神头安排戏友给师傅把工具和雕刻用的马凳搬去集体工房或者指定的一户戏友家，神头把事先准备好的香蜡纸烛、净茶俵饭、活的雄鸡、一升米、鞭炮、利市钱（红包）摆放在马凳前的桌子上，然后请师傅出场，师傅点亮蜡烛、点燃香、焚烧纸钱后接过雄鸡，开始拜鲁班仪式。

雕刻师傅点燃香后，向天敬请鲁班先师，边念道：抬头看青天，师傅在眼前，弟子焚香请，有请师傅受香烟，磕头叩首。然后，逐一摸动一下要用的工具，拿起又放下，拿起的时候说：

一把斧头亮晶晶，鲁班赐来塑尊神，
塑尊神灵来保佑，全村老幼得太平；
一把锯子牙齿长，鲁班赐来锯大梁，
锯颗神树雕脸子，保佑老幼寿延长；
一把尺子割正方，鲁班赐来做丈量，
割得材料得方正，保佑鹅鸭满池塘；
一把凿子亮堂堂，鲁班赐来雕神样，
雕得神灵多形象，财源滚滚似水长。

接着从神头手里接过雄鸡，又念：

仔鸡仔鸡，此鸡不是非凡鸡；
头戴红冠子，身穿五色绿毛衣；
白天你在昆仑山上叫，夜晚你在凡人笼内歇；
今日落在弟子手，拿你做个拜师鸡。

然后把鸡冠掐破，用雄鸡鸡冠血点雕刻工具，按照制作时用的先后顺序点，大概顺序是斧头、锯子、尺子、凿子（刻刀），一边点一边念：

仔鸡点斧头，安全又顺手；
仔鸡点切锯，健康又顺利；
仔鸡点雕凿，工事不耽搁；
仔鸡点木马，一帆风顺万年长。
日吉时良，天地开光，
今日开工，百事齐昌。

接着鸣炮，神头安排人把鸡关起来代养，等雕刻师傅回去的时候再给他，这是拜鲁班师傅的。拜完鲁班后，师傅就接着开工。

雕匠把一支队伍所需的脸子全部雕好并着色上光（上面漆）后，就选择黄道吉日进行开光，开光仪式由雕刻师傅主持。到了看好的那天日子，一早起来戏友们就过来帮忙，把脸子全部摆放在一块门板或者桌子上，正将摆在前面，番将摆在后面。正将中，按照皇帝、军师、五虎上将的顺序摆放，因为师傅开光一般也只以这些将帅为主。脸子前面安放一张桌子，把为开光仪式所用的香蜡纸烛、猪头、活雄鸡、一升米、利市钱（红包）、鞭炮、糖丝果品摆放在桌子上。开光仪式开始，雕刻师叩首磕头，并说道：

天无忌，地无忌，年月日时无忌。
姜太公在此，妖魔鬼怪回避。

然后烧香祭拜，一边烧一边念道：

一炷香烟升上天，南天门外接圣贤；
有请圣贤无别事，来到人间保平安。
点起香烛敬神堂，好日好时才开光，
有请大神大仙下凡后，保佑贵村顺利万事兴。

请完神后，把雄鸡抱起，一边磕头一边说：

弟子手提一只鸡，慢慢将鸡说原因，
鸡从哪里起？鸡从哪里生？
王母娘娘赐下五个蛋，送到人间来孵成，
吃了主人米，费了主人心。
大哥飞到天上去，天上吃，天上长，取名叫金鸡；
二哥飞到山上去，山上吃，山上长，取名叫野鸡；
三哥飞到林中去，林中吃，林中长，取名叫艳鸡；
四哥飞到田里去，田中吃，田中长，取名叫秧鸡；
只有五哥飞不高，飞到弟子手中提，
凡人拿来无用处，弟子拿做开光点将鸡。

说完，便把鸡冠弄破，从皇帝开始点起，边点边说：

雄鸡点明君，贵村一代更比一代兴；
雄鸡点元帅，贵村子孙发达富贵在。

然后又将雄鸡点元帅或其中一个正面大将，按照脸子的组成部位从上到下，从左到右边点边说：

雄鸡点盔头，贵村儿子儿孙中诸侯；
雄鸡点眼睛，贵村荣华富贵代代兴；
雄鸡点鼻梁，贵村鸡牲鹅鸭满池塘；
雄鸡点耳朵，贵村子子孙孙中高科。
一点天长地久，二点地久天长；
三点荣华富贵，四点儿孙满堂；
五点五子登科，六点文武状元郎；
七点六畜兴旺，八点人寿安康；
九点禾苗茂盛，十点万事吉祥，

点将已毕，百事大吉。

鸣炮！

这里要强调的是，开光的时候，妇女，特别是四眼人（孕妇）是不能在场的。在屯堡人的心里，脸子即是神灵的化身，绝不容有所侵犯，更不能有半点的污染，否则会得罪神灵，给村里和家族带来不祥。女性成婚后，有了性行为，如果在场，这便是对神的不尊。因此，开光时，已婚女性是不能在场的。戏友戴上开光后的脸子，同样也是神灵，是非常神圣的。由此可见，制作脸子是很庄严神圣的，如果不经过架马和开光，那只能是做一般的工艺品，只有做演出的道具脸子才举行这些庄严的仪式。通过开光后，一个木雕面具从此就不是一般的面具，而是神灵了！

当一堂脸子制作完后，如果恰逢演出时间，神头会组织戏友跳演一场，如果过了演出时间，那就要把开光的脸子封存起来，等下一次演出时，通过开箱后再取出来用。

一堂地戏在演出前首先是神头跟村里寨老们商议，确定哪一天跳神，跳演几天，生活、后勤怎么安排，一切商议确定，然后选择黄道吉日。由神头率领众演员在寨主和寨老的安排和主持之下，从庙里或者保管者家里把存放脸子的神柜抬到村集体的庙里或者规定的一户人家神堂前，或者院子里，安排人抬桌子摆上，把事先准备好的一斗谷子或者一升米摆上。把蜡烛插在谷子上，香、纸、烛、糖食果品、鞭炮、鸡（宰杀煮得半熟，鸡腿跪着，头部昂起）、刀头（四方的一块肉，像“井”字，或者煨得半熟，上面撒上点白盐，摆一把菜刀）、水豆腐一条（块）、净茶倀饭、米酒等贡品摆放在桌子上，锣鼓摆在桌子或者神柜前面，神头和村里德高望重的老人点上香和蜡烛，从箱子中请出珍贵的脸子（地戏面具），用开叫的公鸡血按从上到下、从左到右的顺序点脸子，同时念上祈祷之词，抱鸡人非神头莫属，在给脸子开光时说：

三炷青香入炉焚，惊动天空老神灵；

今日好时要开箱，要请大神大将来扎营；

一对明珠岸上萤，大神大将请出门，

大神大将来到此，要在此地扎下营。

把香蜡纸烛点上后，一边抱着雄鸡，一边念道：

仔鸡仔鸡，此鸡不是非凡鸡，
头戴红冠子，身穿五色六毛衣，
白天你在昆仑山上叫，夜晚你在凡人笼内歇，
今日落在弟子手，拿你做个开光点戏鸡，
日吉时良，天地开光。
今日开脸，百事吉昌。

这是开场白，说完后接着就要说祝愿的四句：

一张桌子四角齐，鲁班师傅来造成；
鲁班师傅手段能，造起神柜一大层；
神柜不是别的样，里面好是上天庭；
一张桌子四角方，上面摆得有名堂；
糖食果品来供起，要请神灵保安民；
神灵保佑多兴旺，牛马六畜群成群；
弟子今日开脸箱，虔诚奉请焚宝香；
奉请紫微星下凡，福禄寿星请到场。

敬酒三奠，弟子开箱，一边打开神柜一边祷告：

一开天长地久，二开地久天长，
三开财源广进，四开人寿安康，
五开五虎上将，六开六畜成行，
七开福星高照，八开八百寿长，
九开众神下界，十开谷米满仓。

香点燃冒出的白烟就是神灵从天庭下到人间的路，蜡烛即是照亮神灵

走路，把蜡烛插在谷子上是告诉神灵和祖先，在他们的保佑下人们生活越来越改善，并希望能继续得到神灵的保佑，一年比一年好过（富余），纸钱是给神灵的报酬。摆上这些贡品不是随便放的，它们象征的是应有尽有，在肉上面撒盐和摆上菜刀就是给神灵和祖先准备好吃饭和下酒的菜，刀头表示生者的慷慨，肉大了，神灵和祖先可以用菜刀改小，豆腐象征的是清清白白。

开箱后由神头率先虔诚叩拜，众戏友随着叩拜。从神柜里取出当天跳演内容所需要的脸子，在请神的时候，不拿番将脸子，只拿正面神将，不得人心的神灵是不能出现在这样的氛围中的，这充分表明了屯堡人弃恶从善的做人准则。祭拜完毕，把取出的皇帝、元帅、军师、先锋等主要正将摆在桌子上，供奉一阵，接下来就是准备演出了，按照剧情安排再取出番将。戏友统一戴上脸子，这时的演员就是神而非人了，因此演出的戏不称演戏而称“跳神”。

了解了脸子的制作流程和民俗，我们似乎更加明白屯堡人跳演地戏的目的，也可进一步了解为什么“脸子”是地戏的核心部分，是地戏的灵魂所在。

三　“脸子”与符号

“脸子”，即是地戏面具。但是，为何屯堡人一直称其为“脸子”，而不叫“面具”？

为了解开这一谜团，笔者考察了周官、九溪、天龙、詹家等具有代表性的屯堡村寨地戏演出队伍的老艺人，对从事脸子雕刻的周祖本、胡永发等雕匠进行了访谈，他们都说不知道原因，老辈人这么叫，所以后人一直都这么称呼。

屯堡人一直把面具称为脸子，这不是一个偶然。为了进一步弄明“脸子”这一传统称呼的来龙去脉，笔者访谈了最早研究地戏和安顺屯堡的专家沈福馨和帅学剑，也访谈了地戏传承人詹学彦（国家级地戏传承人）、胡永福（省级地戏传承人）、陈先松（省级地戏传承人）。访谈中，沈福馨说，在他调查的时候，也曾研究过这个问题，但还是没能搞明白，应该是一种习惯叫法吧。帅学剑说，脸子是屯堡人对面具的称呼，从原始涂面转换而来，是一个种类，就这么简单。詹学彦说，地戏是傩文化的一种，属于军傩，脸子也是面具，是随着时间而改变的称呼，只不过面具是官方语言。陈先松老师说，脸子是屯堡人对面具的称呼，至于什么时间开始的，为什么这样叫法也不知道。胡永福老师说，面具戴在脸上，所以叫脸子。

听了专家和传承人等前辈们的介绍，都说脸子是屯堡人的，却似乎追寻不到脸子的出处和缘由。不过，这也可以理解，毕竟屯堡文化在安顺已有了600多年的历史，受环境和知识文化因素的影响，文化在传承过程中势必会有差异和变迁，文化失传也同样在所难免。时光已经不会倒流，我们无法追寻最先的缘由。从单一的层面也无法对屯堡人叫面具为“脸子”的原因进行诠释。但是，屯堡文化是一种历史形成，特别是作为一种族群象征的文化符号，它本身积聚的，就是一个族群文化极强的内部凝聚力。文化符号有着独特的魅力，不管年代如何久远，人们对文化符号的关注总是倾注着激情。屯堡文化之所以以“脸子”为符号，主要有以下几个方面的原因。

第一，傩面具古代称其为“魌面”“魌头”，为四只眼睛的面具。早在原始社会时期，人类为了生存，先民们对于人类自身的疾病、瘟疫和死亡充满着迷惑和畏惧，以为是鬼怪在作祟，所以举行盛大的祭祀仪式，戴着面具、跳着凶猛而激烈的舞蹈向鬼怪发起反击，以此达到驱鬼逐疫的目的。先民们用涂面麻痹猎物获取猎物的形式，随着历史的变迁和人类社会的不断发展，后来逐步形成纸面具、布面具、金属面具、木雕面具的表现形式。这些面具不是都像先民们那样是为了求存，后期的面具更多的是以祭祀、娱乐为主要目的。

屯堡地戏属于傩文化的一个重要发展阶段，经过了不同的历史时期，在黔中这块特殊的腹地环境下孕育出了地戏这个古老的文化。地戏演出时，戏友们头顶面纱，佩戴着彩绘木雕面具，面具挡住脸部，从而达到人到神的转化。在屯堡人的精神世界里，所有的屯堡人都是神灵保佑的对象，因此，屯堡人是正神之下的子民，传达着神的旨意，演绎着神的威武，驱逐着邪恶的鬼怪以及病灾。

第二，地戏是明朝朱元璋调北征南和调北填南的产物。征南官兵一方面怀念故土和亲人，为了祈求丰收，驱灾纳祥；另一方面，也是为了鼓舞士兵锐气，以此宣扬忠心报国的历史英雄事迹，同时娱乐自己，教育后人。屯军官兵崇拜历代英雄，常演义他们的征战功勋，可是又怕有损心中的英烈，也不让英雄的神灵在驱鬼的过程中受到鬼怪的伤及，于是就请雕匠把英雄的相貌雕刻出来，而相貌主要就是指脸部，面部的表情、主要特征则以世代民间传说和地戏剧本为主要依据。屯堡人都是朱元璋“调北征南”和“调北填南”的官兵后裔，自认为他们的祖先都是征南英雄，作为征南英雄的子孙，演义古代英雄事迹即是重温祖先的征途，他们虽然戴上了古代英雄的面具，却始终还是古代英雄的替身，也是神灵的化身。

第三，面具是地戏的载体，剧本是地戏的灵魂，一个屯堡村寨的地戏队伍成立，少不了面具和剧本。而要制作英雄的面具，却没有一个人见过当时每一个英雄人物的相貌，只能从世代口头传说以及剧本来了解英雄人物的形象特征。从剧本而言，如《三下河东》载：“雄赳赳，气昂昂，莫说老将胡须长，身披葫芦口朝天，腰劈板斧月儿圆，不听皇王三宣召，只听杨家将令传。”所表战将为孟良，雕刻出来的孟良脸子一幅老将嘴脸，凶猛威武，脸上雕刻或绘画着葫芦这个标志。《五虎平西》载：“急急忙忙跳上马，杀气腾腾令人惊，一张血点朱砂脸，红须红眉倒倒生”，表的是焦廷贵，所以雕刻出来的脸子除了龙盔头饰外，脸部的表情一定是朱砂红脸，眉毛和胡须都是红的，既然有了胡须，那就是老将，因此，脸子要刻画出老将的特点。地戏艺人通过剧本描述来认识历史英雄，请雕匠刻制时都会由最熟悉的老人和戏友把每个脸子的面相要求交代给雕匠。雕匠刻制出来的英雄面具相像与否，主要是看脸部的特征和喜怒哀乐表情的表现，而面具的客观视觉面就是脸部，不管怎么刻画，多么相像，始终只是英雄的替身。

第四，从屯堡民俗和信仰来说，屯堡人是佛教、道家、儒学的三重信仰者，是一个非常讲究脸面和推崇仁义道德的汉民族群体，礼仪仁智是屯堡人的做人准则，视面子高于一切。脸在自己头上，待人处事之情感常表露于脸色，面具也如此，也是戴在头上，屯堡人说，这就是给人看的。因此，屯堡人评价一个面具雕刻的好与坏，常常会以“眼睛盯不盯人”“饱不饱满”来进行评议。

了解了屯堡人跳演地戏的习俗、信仰以及精神世界，我们再来看汉语词典里“子”的释义。子，中文词典上最后一种解释为：角色，叫花子，戏子，学子，义子。屯堡人演义古代英雄事迹，跳演地戏实际上就是扮演神灵和英雄的角色，是戏子，因此，正如有学者所说：“顶戴面具于额前，一则表示对‘神’的敬畏，亦有顶替‘神’降临人间欢跳，既娱‘神’又娱人的意思。”① 由此可见，没有“脸子”就没有地戏，戴上它，就是神灵附体，也是神灵化身。这不是笔者胡乱编造，从屯堡人跳神，民间雕匠雕刻面具，地戏说唱谱以及演出和制作民俗去研究，可知：脸为面具，子为角色，面具代表神灵，演员就是角色，所以“脸子”就是人神合一。“脸子”这样神圣的地位，就决定了它是地戏的核心部分，是地戏的灵魂所在。所以，“脸子”自然而然地成了屯堡文化的标志符号。

① 沈福鑫等编《安顺地戏论文集》，文化艺术出版社，1990，第5页。

北盘江屯堡新探

安顺屯堡人与北盘江喇叭人的服饰比较

——兼论明代屯军妇女的服饰文化

吕燕平*

摘　要：根据对具有明代屯军背景的妇女服饰的比较和分析，涉及贵州屯堡人、喇叭人，以及云南保山、镇雄，甘肃甘南、青海湟水等地，提出明代屯军妇女有大体一致的服饰特征。

关键词：屯堡人　喇叭人　屯军　服饰

在明代卫所屯田制度的背景下，内地和东部地区的军士由于征战，到西部边疆地区屯田戍守，从而出现军事迁徙的移民活动，经过长期的积淀形成了特殊的文化现象。明洪武年间的“调北征南”，引发贵州历史上一场大规模因战争引起的内地移民活动，安顺屯堡人及屯堡文化是其中较为典型的代表，屯堡女子服饰堪称屯堡人和屯堡文化的标志。有研究者将屯堡妇女服饰与布依族女子服饰、蒙古族女子服饰进行比较，认为屯堡人与蒙古族可能有血缘关系。其实，安顺屯堡人与北盘江流域的“喇叭人”具有相同来源背景，女子服饰也有诸多相似性，20 世纪 90 年代已有学者对此关

* 吕燕平，安顺学院贵州省屯堡文化研究中心主任，副教授。

注。本文将着重对两者进行比较，并结合其他地区明代屯军后裔妇女服饰的特点，探讨明代屯军妇女的服饰文化。

一　安顺屯堡人与北盘江喇叭苗的时空背景

（一）安顺屯堡人的时空背景

1. 历史背景

明洪武初年，元梁王把匝剌瓦尔密盘踞云南，不愿归附。洪武十四年（1381年），朱元璋令傅友德统率30万明军征讨云南。十二月，征南战事毕。出于巩固中央政府对西南地区统治的需要，明王朝在今安顺地区大量设置卫、所，实行屯田驻军。这批屯军及其家属从此落籍贵州安顺一带，构成了屯堡人的最早来源。在屯堡社区，屯堡人言及其祖先来源，多有“征南而来”“骑着高头大马打仗而来”等说法。部分屯堡人的家谱、墓碑也证实了这一来源。如最大的屯堡村寨——九溪村的顾氏宗谱载：“始祖成公，由前明洪武二年，奉敕征讨滇黔，授征南都指挥之职。躬膺王命，统率王师，自吴来黔，其后平服黔地有功，封镇远侯进征南将军，遂久镇南疆……子孙聚族于此邦者十三府”。显然，屯堡人的历史形成与明初中央政府在贵州的军事行动特别是洪武十四年的“调北征南”有着直接的关系。但在屯堡人的形成过程中，既有军人的成分，也有大量以其他方式进入屯堡区域的移民成分。就屯堡村寨形成的历史而言，许多屯堡村寨虽形成于明朝，而发展壮大却在清朝；有些屯堡村寨则是在清朝以后才形成的。屯堡人是在明初“征南”屯军的基础之上，会集了此后因“填南”和以其他方式迁入的汉族移民成分而在明清时期数百年时间内逐渐形成的。

2. 空间分布

屯堡人主要分布在以安顺市西秀区为中心，包括普定、平坝、镇宁、紫云、清镇、长顺等方圆几百公里内，有30万人左右。安顺位于贵州高原中西部，海拔1300米左右，属于峰林谷地地貌，有大片的平坦盆地，加上充沛的水源，亚热带多雨温暖的气候，地位优势所带来的相对发达的交通。安顺一带高度密集的屯堡群落，成为西南地区屯堡最集中的地方。随着时间的推移，屯堡人聚族而居世代相守，对屯堡文化的传承起到了重要的作用。

（二）北盘江喇叭苗的时空背景

1. 历史背景

在洪武十四年（1381 年）朱元璋命颍川侯傅友德率领出征云南的 30 万大军，约有 5 万人来至湖广宝庆（今邵阳）。“十二月辛酉，傅友德率蓝玉、沐英等进攻普定，克之，罗鬼、苗蛮、仡佬望风降。至普安，复攻下之，乃留兵戍守，进兵曲靖”。其间，为维护地方稳定，明军每攻下一地，就留下一部分官兵驻守。洪武二十年（1387 年）十二月“命左军都督佥事冯诚往谕普定侯陈桓、靖宁侯叶升，率湖广都司诸军驻普安分屯”。平定云南后，各地土目又相继叛乱不断。洪武二十三年（1390 年）十二月“置安南卫。初，官军征云南，指挥使张麟统宝庆土军立栅江西坡屯守。至是，以其地炎瘴，乃徙于尾洒筑城，置卫守之”。“洪武二十一年（1388 年）九月，越州土目阿资叛……帅众寇普安，烧府治，大掠，友德进击之，斩其梁满已青。”

洪武二十二年（1389 年），“阿资退屯普安，倚崖壁为砦，友德以精兵蹙之，蛮众皆缘壁攀崖，坠死者不可胜数，生擒一千三百余人，阿资遁还越州，沐英遣宁正从友德击阿资于越州……悉平之。”其时，阿资“退屯普安，倚崖壁为砦”，主要就是在今之普安县龙吟镇普纳山一带。攻打普纳山，因山势险要，四周悬崖峭壁，可谓是极其艰难。明军每次进攻，都被山上滚木礌石打退，难以接近，最后明军想出一个办法，用竹子等扎成笆折，中间夹以干草等，以减轻滚木礌石的打击力。攻山时，根据笆折大小，由几名或十几名不等士兵推着笆折在前，其余士兵跟在后面，才顺利接近关卡。此后，双方近战，十分激烈，传说明军最后是在一位被俘号兵的暗示下才得以攻下普纳山。

2. 空间分布

在以前的一些方志中，“喇叭人”被称为“喇叭苗”“湖广人”等，当地的汉人也这样称谓他们。1982 年，在经国家有关部门进行民族识别后，“喇叭人”被认定为苗族，即“喇叭苗”。其人口 10 万余人，主要居住在北盘江流域的晴隆县北境中营、长牛片区，普安县北境的龙吟、石鼓（旧称皮鼓）片区，以及水城县的双夕和米箩片区，盘县格所，六枝中寨等地。

二 安顺屯堡人与北盘江喇叭苗的服饰比较

从文化看，服饰文化包括物质文化和非物质文化。而服饰组成一般可分成三部分：体服饰，指人体除头、脚外的躯体部分的服饰；首服饰；足服饰。

（一）物质服饰比较

1. 总体特征

屯堡妇女服饰具有右衽、大襟、大袖、长袍、尚蓝、系腰、天足等特点，以及礼仪性的穿着要求和审美取向，行走时“头上一个罩罩，腰间一个扫扫，脚上一个翘翘”，但仍以大袖醒目，因此有“大袖子”“大脚妹”的说法，并用来指代“屯堡人”。

“喇叭人”妇女服饰也具有长袍、大袖、镶边、尚蓝、天足的特点，同时也有“大袖子”的说法，并用来指代该族群。

2. 服饰原料

屯堡妇女服饰与喇叭苗妇女的衣料相同，也为棉布。

3. 服饰纹样色彩

屯堡妇女，喜欢穿浅蓝色，俗称“水月蓝”。务农之家有穿短衣和长衣者。

喇叭苗妇女衣领、衣袖、衣襟用青布条绲边，并镶有大、小花栏杆，花纹主要集中在袖口部与颈部正面，主要图案为花朵、花苞、花苔及生活中各种常见动植物等。

4. 服饰形制

屯堡妇女长衫的基本结构为：圆领，曲襟右衽，宽袖尺余，长过肘部，衣襟和袖口饰有宽阔缘饰，俗称“押条”。袖子过肘关节显得很短，而袖口则有尺余显得很大，“大袖子”因此得名。屯堡妇女系的腰带俗称“丝头系腰”，长约丈余，中间部分用棉线和麻线编织成板块状的硬带，两头则缀着数十根长约1尺的丝线（俗称丝头）。“围腰”，类似于围裙，形制为：长约2尺，上宽约1.5尺，向下呈梯形，尺寸为2.3～2.5尺。上部有8～9厘米的不同布料的镶边。左右各有长10厘米的带筒，带子上镶有朴素的花纹。使用时将特制的围腰布带穿入带筒之中，在后腰打结，余下部分下垂约尺余。一件成年女性衣服的尺寸为：弧长98.5厘米，衣长88.5厘米，腰宽50厘米，袖口宽32厘米，袖长24厘米。

喇叭苗妇女穿青、蓝布布衫，长及膝盖，袖短口大一尺二寸，排领和怀面排领、袖口等均用红、蓝两色布条镶边，钉花边或绣瓜米心、狗牙、万字格、水波式花纹，系青布或蓝布腰带，结前尾后或 穿青色摆裆裤，裤脚宽一尺二寸，无花边。用白布或蓝布裤腰。一般用青色布料制作而成，两边缝合，一端留下可塞入系腰的缺口，把系腰塞入缺口，用伸出来的系腰围绕半圈即成。长约179厘米，宽10厘米。也有一些亮色的系腰，如蓝色。

5. 头饰

屯堡已婚妇女发式为“三绺头”，即将头发分为三绺，挽成发髻盘在脑后，用马尾编织的发网罩着，插上玉石或银制的长簪，呈“十”字交叉，一般称为“梅花管簪”，最后用青纱、青布或白布折成宽约一寸半的布条包在头上。冬天较冷时，中老年妇女常用方巾对折成三角形包在头部。未婚女子头饰简单，即梳成一独辫垂于身后，以其形状，类似慈姑，却大得多，旧时有“恶霸慈姑”之说。

喇叭苗妇女，束发锥髻于头顶，高约三寸，罩以青布头巾，留两尾于脑后。佩戴的耳环有吊吊环、竹节环、扒扒环等。老年妇女一般为一个大银圈再套一个小一些的带红色或绿色的塑料圈，这是十分普遍的耳环，也是集市上最多的耳环式样，还有一些妇女会在大银圈的下面吊一些扣子。旧时，年轻的姑娘还会佩戴一种叫十吊环的耳环，均用银制作而成，中间镶有银色或其他颜色的小圆球，有十条银链拖下来。

6. 足饰

屯堡妇女足饰，主要特色是天足、凤头绣花鞋、绑腿。由于长期以来下田劳作形成的习惯，屯堡妇女一般不缠“三寸金莲”而是天足，所以被后来迁入的汉人称为“大脚妹”。《平坝县志》记载：“凡住居屯堡者，工作农业，妇女皆不缠足”。鞋为鹰嘴一样的尖头绣花鞋，自己制作。鞋头两边绣花后，又用丝线在中间加工出一个上翘的尖尖角，然后把鞋帮和鞋底用麻线联上。穿上尖头花鞋，鞋上绣着彩色鲜艳的花纹图案，并配有16厘米的白鞋腰，如古装戏中的靴子一样。小腿部包裹脚布（绑腿），内白外青。①

喇叭苗，“勾尖绣花鞋”，尖勾像鹰嘴，分为两种：一种是平口，从脚趾丫至踝关节处敞开；另外一种是高统，整套密封脚背，高于踝关节以上3厘米。平口“勾尖绣花鞋”作为平日劳动干活穿。高统“勾尖绣花鞋”，俗称“寿仔鞋”，作为嫁妆用品。敞口鞋用两块布料缝合，鞋尖呈鹰嘴状，有的前端绣花，有的四围绣花；绕子鞋在敞口鞋帮基础上加厚或夹带绵绒，并配六尺长三寸宽裹脚布两条。绕子鞋现在已难得一见。有从鞋面到小腿部位的包鞋，形似现在的短靴，有的只是白色的鞋身，有的白色鞋身上面绣满花纹，这种鞋现已十分罕见。调查途中只看见两双，做法与女性绣花鞋一样，只是多了鞋身。以前姑娘出嫁、过冬时也会穿着。

7. 手饰

屯堡妇女喜戴银制手镯、戒指、手笼，有一些戒指兼有针线活的辅助功能。

喇叭苗妇女手戴银制、骨制或玉石手镯、戒指。一般去市场购买手镯，或用银子去银匠家打制出自己想要的纹饰花样手镯，一般一只手戴2只手镯，最多时，可一只手戴4只手镯。手镯一般为双滚龙纹饰。除大小手指外，一只手戴3只戒指，也有人一只手戴4只戒指，除大拇指不戴外，其他手指均戴。

8. 其他

屯堡妇女的绣制品主要有枕头、袜垫、背扇及孩子的帽兜等。背扇分为内外两层，分别绣着花卉、鸟兽、文字图案等，颜色绚丽多彩，制作精细，工艺讲究。旧时，女子在十岁以后，农闲时就在家中纳袜底、做花，以备结婚时送给男方家，引来众多妇女的观赏，从中看出姑娘针线活上的聪明和心灵手巧。② 屯堡妇女参与“佛事”活动频繁，届时肩挎黄色布袋，头身上布条包帕插上黄色“佛籖”③，成为一道景观。

喇叭苗妇女擅长刺绣和挑花，用多彩的线巧手打扮，使独具特色的服饰

① 宋修文：《九溪村志》，未刊稿，第171～172页。

② 同上。

③ 黄色纸上印刷有朝山拜佛的相关内容，作为屯堡妇女参加每次“佛事”活动的凭证，去世时集中焚烧。

更加丰富多彩。传说湖广官兵在与当地妇女结合时，为保持其祖风，妇女要求“大包头、红裹脚，仡佬系系不得脱”，意思是要保持其原来的服饰。这可能就是喇叭妇女独特服饰的来源。喇叭苗女子着装后，两手平行展开呈“大”字状态时，形象酷似蝴蝶，同时，在一些饰物或用具上刺绣的花纹图案，有蝴蝶花纹的样子（如背带上的图案），这也体现了人与自然和谐相处之意。喇叭苗刺绣手法，主要为剪纸绣，图案体现对称性，另一种是用编织成的线［用六根两种颜色的线，通过一个编织架（俗称变线架）手工编织而成］在服装、鞋、背带等上面缠绕成图案。

（二）非物质服饰文化比较

屯堡人，妇女服饰的穿着，因身份、年龄和场合的不同，在一些方面体现出差别：未婚女子除头式与已婚女子明显不同外，也不用“丝绸系腰”。妇女随着年龄增大，襟、领、袖边的镶边色彩逐渐变得平淡、简单，额头上包头布带的颜色也由白色变为青色，腰布也由用价值昂贵的“丝绸系腰”改为用青色布腰带。这些方面就是要体现年轻与年长的区别——做媳妇与做婆婆的不同。屯堡女子服饰的细微差别的形成，正是受传统礼制的影响，也正因为如此，屯堡妇女服饰在历史上曾面临强制改装的危机，但后来很快得以恢复。

喇叭苗未婚女子除头式与已婚女子明显不同外，结婚时须“开脸”，即绞掉面部的汗毛，这一点与屯堡人相似。

（三）贵州省内类似族群的服饰比较

在贵州，与屯堡人、“喇叭人”有着类似历史背景和服饰着装的族群，还有“穿青人”。穿青人，以身着青色服饰得名，主要分布在黔西北毕节地区的纳雍县、织金县，在安顺地区、六盘水也有零星分布。

《永宁州志》记载：“穿青：喜着青布。其先与汉族不同，今则无异。惟妇女不缠足，着大花鞋，腰带头垂须一簇。此族又与凤头籍异。凤头籍或作凤头鸡。”

旧时，穿青人妇女不缠足，喜穿细耳草鞋或反云勾鼻花鞋，脚扎青色绑带，穿三节衣、两节袖的滚花边大袖衣，拴腰带，戴大勾耳环，梳三把头。

三节衣、两节袖的花衣服，即衣身用青蓝二色的布接连拼凑而成，上节青色至腰，下节蓝色至小腿。衣脚用寸许宽的白布镶边，衣襟镶寸许宽的云勾花边；衣袖的主袖之外套两层活动套袖，一层比一层短，袖口大，外面套肩袖口更大，形如古代武士的护肩甲。每一层袖口均绣有云勾花边，看去如三节连成；衣袖是活动的，有两三层，穿时钉上，翻二留一或全翻于肩上，故有反托肩或外托肩之称。

穿青人未婚女子同已婚妇女服饰的差别是：不用青蓝二色连接，而用全青色或全蓝色，白布镶边，云勾花边镶衣襟，白布或云勾花边镶袖口，衣袖不上套袖。

三　明代屯军妇女服饰文化探析

（一）安顺屯堡妇女服饰的源流

关于屯堡人的来源及其服饰特征，安顺方志多有记述。

《安顺府志·地理志·风俗》云：“郡民皆客籍，惟寄籍有先后。其可考据者，屯军堡子皆奉洪武敕调北征南，当时之官，如汪可、黄寿、陈彬、郑琪，作四正。领十二操屯军安插之类，散处屯堡各乡，家口随之至黔。妇人以银索绾发髻分三绺，长簪大环，皆凤阳汉装也。故多江南大族，至今科名尤众。余皆勤耕务本，男妇操作，风俗皆同。已见于前，故志其始末于此。”

《镇宁县志》记载：“屯堡人：一名凤头籍，多居州属之补纳、三九等枝地。相传明沐国公征南，调凤阳屯军安置于此，其俗与汉民同，耕读为业，妇女不缠足，勤于农事，间有与汉民通婚者（见旧志）。”

《永宁州志》记载：“屯堡（人），即明洪武之屯军。妇女蓝衣白袖，男子衣服与汉人同。男子善贸易，女不缠足，一切耕耘多以妇女为之。繁花、六保汉人村寨附近居多。”

《安平县志》更是较为清楚地记载关于屯堡人的情况：“屯堡（人），即明洪武时之屯军。妇女青衣红袖，戴假角。（以银或铜作细练系簪上，绕发髻一周，以簪绾之，名曰假角，一名凤头笄。）女子未婚者，以红带绕头上。已嫁者，改用白带。男子衣服，与汉人同。（徐志稿）男子善贸易，女不缠脚，一切耕耘，多以妇女为之。（通志）家祀坛神。多力善战，间入行伍。衣冠与汉人无异。”

《平坝县志》记载：“屯堡者，屯军住居之地之名也。以意推测，大约屯军在明代占有二三百年之特殊地位（五十屯，屯军散居五所，另隶一军籍，另耕一屯田。政府文告每云军民人等，军冠民上，可见其当日之特殊矣），旁人之心理的习惯上务欲加一种特殊名号别之。迨屯制既废，不复能再以军字呼此种人，惟其住居地名未改，于是遂以其住居地名而名之为屯堡人。实则真正之屯堡人即明代屯军之裔嗣也（明祖以安徽凤阳起兵，凤阳人从军者特多，此项屯军遂多为凤阳籍。又此种妇女头上束发作凤阳妆，绾一笄，故又呼之“凤阳笄”），决非苗夷之类也（屯堡人——名词，初本专以之名居住屯堡者。而凡住居屯堡者，工作农业，妇女皆不缠足，从事耕耘。厥后即不住居屯堡，如其妇女不缠足，从事耕耘者，皆以屯堡人呼之，则屯堡人之意味又不专就住居论矣）。”

对于与屯堡人穿着类似的人群，方志中也不乏记载：“里民子，相传皆外省籍，其流寓本末无考，衣尚青，妇人不缠足，耕田。土人相传自明初来，无考。”（《安顺府志》）“穿青：喜着青布。其先与汉族不同，今则无异。惟妇女不缠足，着大花鞋，腰带头垂须一簇。此族又与凤头籍异。凤头籍或作凤头鸡。”（《永宁州志》）

从以上方志记载看，身着屯堡服饰的屯堡人来源清楚，在安顺地区族群结构中，独树一帜，早就引人关注。然而在社会生活中，屯堡女子天足的装束往往受到排挤，屯堡女子也因此被略带歧视地称为“大脚妹”，加上长袍大袖的服装特点以及特殊的头饰，以致使屯堡女子的服饰在长时间内被误读为少数民族服饰。1902 年 12 月，日本著名的人类学者鸟居龙藏博士在途经安顺屯堡，进行考察时已记录有“凤头鸡”“凤头苗”的说法：

> 凤头鸡的家庭，一般相当于当地后来的汉族的农家，没有看到有什么不同之处。男子的装束，与先居住在贵州附近的汉族相比较，也没有看到有什么不同的地方。至于妇女的装束，所看见的就大不一样了。其中，最突出的就是前面记述的头饰发型，这在全中国现代妇女

中所见不到的一种变容的挽发髻方式。其次，就是她们佩戴的耳环比较大，头包白布帕，衣服保留明代江南的古风，衣袖很大，颜色有紫红色的，也有墨绿色的。脚比一般妇女大而发达，而其他汉族妇女缠足的也不少。在气质方面，男女都一样，性格开朗，平易近人。再则，生计的经营方式也多种多样。凤头鸡的地理学分布，是西自安顺府开始，东到安平县为止。

1903年，晚于鸟居龙藏一年到达安顺考察的日本学者伊东中太，在与镇宁知州的笔谈中，也有关于屯堡服饰的记载："凤头苗，头裹五色布，高而大身，发前扎往上梳，身穿汉人衣，足穿花鞋，白布缠肘。"

《方氏族谱》记载："妇女服饰上，仍保留着丰富而明显的中原地区明清服饰和胡服服饰特色，如长裙衣、镶边宽袖、系腰带、包头帕、挽发髻、尖头翘鞋（名为凤头鞋，鞋尖翘起形似凤头），19世纪二三十年代还有梳清代三纽头的妇女，这也是中原文化的遗风"。

（二）云南明代屯军妇女服饰

历史上，屯军之地全国普遍，与安顺屯堡人的历史背景、服饰特点相似的情况也并非罕见，云南镇雄、保山等地也有类似服饰的族群。

1. 镇雄"南京人"服饰

镇雄位于滇东北，云贵川三省结合部。明洪武十五年（1382年），设芒部卫，相继改为芒部府，隶云南布政司，同年徙治纳冲南七里。洪武十六年（1383年）正月，改隶四川布政司。洪武十七年（1384年），升为芒部军民府，同年撤并强州、益良州。明成化年间，芒部军民府徙治纳冲。正德十六年（1521年）置白水江簸酬长官司，属芒部军民府。嘉靖五年（1526年），援引"大雄"古名，改称镇雄军民府；升却佐寨置怀德长官司，升母响寨置威信长官司，升夷良寨置归化长官司，升却落角置安静长官司，均属镇雄军民府。万历三十七年（1609年），镇雄军民府改称镇雄府。

《镇雄县志·生活民俗·衣》记载："（南京人），男女宽衣大袖，其长过膝，妇女不挽发髻，发辫盘于头，包青、蓝布帕，袖镶灰蓝色花边，肩部嵌花。腰系半围裙，以青布二方缠腿，不包小脚，穿白色袜，鞋两块合成，尖翘花鸡嘴，双侧镶白云。未婚女留一发辫披于脑后。男子发辫盘于头顶。”①

2. 保山屯军妇女服饰

保山，位于云南省西南部，古称永昌，明太祖洪武十八年（1385 年），置金齿卫于永昌，二十三年（1390 年）升为金齿军民指挥使司，永昌因此也有“金齿”的称号。明代保山地处边陲，为屯戍重地。今保山的五官屯、陶官屯、张官屯、廖官屯等带屯的村寨，系明代屯兵垦田的遗址。而屯军后裔妇女的服饰有如下特征：

> 屯兵垦田者的家属，她们以南京妇女装饰为尊贵和光荣。她们崇尚京蓝——京即南京，蓝为南京的靛蓝。身穿京蓝布缝制的长袍大褂，袖宽一尺二寸以上，胸襟则滚宽边花边，系大围腰，围腰上有两条乡花飘带，裤脚紫绸带，头上包二寸宽的黑色双层泡绸帕，也叫包头，脑后梳圆髻，插梅花簪，两耳垂挂金银耳坠。这种南京式的妇女服饰，一直沿袭到清代末年。到民国初年，“剪辫子运动”后才基本改变，但山乡僻寨，甚至到解放前还改变不大。②

从以上的描述看，显然保山地区明代屯军后裔妇女的服饰与安顺屯堡妇女的特征较为接近。

（三）西北青海甘肃

民国时期，著名记者范长江游历西部甘南、青海湟水一带，在其所著的《中国西北角》记载：

> 下山即达湟水北岸。两岸土地之肥沃，田野之优美，远在庄浪河流

① 《镇雄县志》，云南人民出版社，铅印本，1987，第 755 页。

② 张力：《老保山的原籍与寻找“屯根”》，《保山师专学报》（哲学社会科学版）1997 年第 3 期。

> 域之上，沿路杨柳夹道，果园菜圃相连，村落整齐，人口稠密，居民身体壮实，有鸦片嗜好者绝少，小孩之无裤者亦不多。青海自马骐作西宁镇守使以来，即未放任烟禁。西北各地遍种鸦片，惟青海独无烟苗，故民间元气尚比较有相当保留，不若其他各地之已凋敝不堪。乡村中常见有高髻弓鞋之妇女，颇富古味，此种妇女谓之“凤阳婆”，乃明初皖军平定西北时，随军带来妇女所遗留之风俗。记者于秋间游洮河上游，见岷县、临潭一带妇女，亦多高髻弓鞋之习俗，盖亦明军西征时之遗留。①

范文中所提到的甘肃省临潭，也生活有明代屯军后裔，与安顺屯堡历史背景相似：“明代沐英率军西征和移民迁徙等诸多因素的影响，逐步使临潭形成了具有江淮遗风的头饰、发型和服装，而洮州跑旱船、十八位龙神进城等庙会文化，也是通过江南龙神赛会等活动演变而来，实为江浙一带底蕴。”

四　讨论

其一，安顺屯堡人的服饰曾被誉为“凤阳装”，屯堡人也被称为“凤头籍”“凤头苗”，加之天足，使得屯堡人的服饰不仅有别于一般的汉族装束，与本地少数民族的服饰也迥然不同，构成了独特的服饰景观，保留了汉民族的服饰遗存。考其来源，尽管在其母源地已无实证，但从异地类似历史背景的人群身上的服饰也几近相同方面看，其源流与其母源地及迁徙后所在的环境不无关联。有关资料记载，1993年发掘的明“荒王”墓出土的随葬品中的衣服、鞋子，与现在安顺雷屯、云山屯一带的屯堡妇女的宽袖镶边大襟衣、绣花丹凤鞋、花样等方面几乎相同。

其二，尽管安顺方志中诸多记载表明，屯堡人来源于明代江淮地区，但目前在江淮地区母源地尚难以找到依据，有观点认为屯堡人的来源不能排除有蒙古人的可能。② 然而，与屯堡人的历史背景和服饰文化类似的人

① 范长江：《中国西北角》，新华出版社，1980，第66页。

② 陈训明：《安顺屯堡人主体由来新探》，《贵州社会科学》2002年第5期。

群，不仅存在于贵州，在省外也有发现。通过比较，还是可以管窥屯堡服饰的变迁。

其三，根据以上所述五处明代屯军之地，屯军后裔妇女服饰的比较分析，本文认为，作为明代屯军家眷的妇女，在服饰上均具有共同特点，并借以体现其身份、地位，也区别于其他身份的妇女。

参考文献

[1] 唐莫尧:《穿明代古装的妇女》,《贵州日报》1983 年 5 月 2 日。

[2] 陈训明:《安顺屯堡与蒙古屯军》,《贵州民族学院学报》(社会科学版) 1992 年第 1 期。

[3] 陈训明:《安顺屯堡人主体由来新探》,《贵州社会科学》2002 年第 5 期。

[4] 吕燕平:《安顺屯堡文化——喀斯特环境中的汉民族地域文化景观》,《安顺师专学报》2004 年第 3 期。

[5] 吴羽:《安顺屯堡文化的时空建构》,《安顺师专学报》2004 年第 3 期。

[6] 范增如:《安顺屯堡分布格局及其成因》,《安顺文艺》2003 年第 2 期。

[7] 古永继:《元明清时贵州地区的外来移民》,《贵州民族研究》2003 年第 2 期。

[8]〔日〕塚田诚之:《对民族集团应该怎样研究——以贵州“屯堡人”为例》,黄才贵译,《贵州民族研究》2000 年第 1 期。

[9]〔日〕塚田诚之:《贵州省西部民族关系的动态——关于“屯军后裔”的调查研究》,黄才贵译,《贵州民族研究》1999 年第 3 期。

[10] 黄才贵编著《影印在老照片上的文化：鸟居龙藏博士的贵州人类学研究》，贵州人民出版社，2000。

[11] 蓝勇:《西南历史文化地理》，西南师范大学出版社，1997。

[12] 王芙蓉、张志春:《屯堡服饰文化研究》,《河南纺织高等专科学校学报》2007 年第 4 期。

[13] 王芙蓉等:《屯堡女子“凤头鞋”与“天足”研究》,《湖北民族学院学报》2007 年第 5 期。

[14] 安顺市地方志编纂委员会编《安顺地区志》（第一卷），贵州人民出版社，2010。

晴隆县长流乡喇叭苗家族史调查与相关问题探析

叶成勇*

摘　要： 晴隆县长流乡是喇叭苗聚居的地区，其中以龙、李、刘、邓、胡等姓家族较为突出，较为集中地反映了喇叭苗的来源、形成与族属问题。

关键词： 长流　喇叭苗　家庭史

2013 年 8 月 3 ~ 16 日，在晴隆县文体广播电视局李宠局长和张六瑜副局长的亲自安排和指导下，贵州民族大学调查组一行 7 人（叶成勇、袁本海、贺鑫鑫、杨培飞、潘春、韩基凤、杨莹），深入长流乡对“喇叭苗”开展实地调查访谈摄录工作。长流乡位于晴隆县最北端，距县城 101 公里，地处黔西南州北大门。北与水城县猴场乡相连，东与六枝特区中寨乡隔江相望，西与普安县龙吟镇毗邻，素有“一鸣惊四县”之称。笔者与杨莹、贺鑫鑫调查了长流乡主要家族的历史源流，以下先按家族分别进行介绍，然后对相关历史问题作一些分析。不妥之处，敬请批评。

* 叶成勇，贵州民族大学民族学与社会学学院历史学博士，副教授。

一　家族史调查与资料梳理

（一）鲁打龙氏家族史

“鲁打”之名，含义不明。1988年属中营区下辖的鲁打乡，乡政府设于鲁打。1992年建镇并乡撤区，长流乡、鲁打乡合并为长流乡，政府所在地移至长流。鲁打分设凤凰村和虎场村。当地人仍按传统的意识，称这一片区为“鲁打”。鲁打一带历史悠久，可追溯至清初。中心地带包括虎场村横山组、白家组、中田组和凤凰村城子组、凹子组、鲁打组，人口密集，田畴广阔，成片分布，水源较充足。文教较发达，有小学两所和中学一所，素有整个长流乡历史文化中心之称。

龙氏家族成片密集地分布在鲁打片区的核心地带的凹子组和城子组，达600户，约3000人，是鲁打一带人口最多的姓氏。其次是李氏，稍少于龙氏。此外，10余年来，有极少数附近村寨的外姓人迁入。关于龙氏家族的历史，我们主要访谈了凤凰村城子组的龙洪周先生（68岁），拍摄了其抄存的龙氏家谱《派衍湖广宝庆》，并在他的带领和介绍下，全面地勘查了龙氏家族历史文化遗迹。他在原鲁打乡卫生院从医42年，医德、医术颇受人称誉，对地方历史文化非常了解，可谓鲁打的“百科全书”。他热衷于地方历史文化的保护，能够客观严谨地对待历史文化传统，不作虚夸。尤其对于龙氏家族的历史源流、传说故事、人物事迹烂熟于胸，信手拈来，毫不费力，为调查组提供了的大量历史文化资料和口传资料。

龙氏祖籍湖南宝庆府州城武冈，据说是明代“调北征南”时迁入，至今已传23代。字辈为：公1—必2—科3—猷4—筑5—腾6—景7—启8—现9—光10—兆11—泽12—应13—玉14—荣15—昌16—洪17—如18—治19—化20—显21—庭22—芳23。鲁打龙氏始祖龙筑松，为龙氏入黔第五世孙，传至今已有19代。龙筑松弟兄三人，其排行第二，先住晴隆马场。居住一段时间后，老二老三一起再次外迁，以求生计。老三年幼，走路时落后，老二托行人捎信给老三说：“你见到有背包包的小伙子，叫他走快点。”老三听到此话，很不服气，离开老二，走往六枝一带。龙筑松直接迁入今鲁打凹子的时间，从龙筑松重孙龙启贵墓（在虎场村鲁打小学旁边的虎场包包）前有乾隆十一年（1746年）墓碑看，估计在明末清初。当时此地荒芜，龙氏以开荒种植求生计，与战争无关。关于鲁打龙氏源流，谱牒也有所记述。龙洪周传抄之龙氏家谱名《派衍湖广宝庆》，为龙洪周之曾祖龙玉田于光绪时期主持修撰。谱书以韵文体形式叙述明代龙氏入黔的情景，史实较翔实，可作参照比较，现摘录其文如下：

洪武调北征荒，三丁抽一剿蛮方。

大帅兵权执掌……

轰轰烈烈上阳关

……

分防五营四哨，驻扎镇远溪阳

……

扫平开州立县，

先立南龙府官，次取安南立都堂

……

（二）长流李氏家族史

1. 源流

长流，原名长牛。李氏追其入黔始祖为李昶，但不知过了多少代，至李升、李昂兄弟时，始入长流。现当地李氏族人都说不清楚李昶与李升、李昂兄弟是什么关系。李氏最早的祖茔墓碑纪年为康熙年间，与李氏同入长流的还有刘氏。刘姓始祖刘聪、刘靖，与李升、李昂或说是老表关系，或说是同母异父，但都有血缘关系。又据虎场村横山组李文才讲，李升留在长流，李昂回湖广原籍。李升最先住晴隆老营头，后至江西坡，为兵丁。来长流平红苗仡佬后，即定居于此。李文才这支为李升第五代后裔时才移居于横山、白家。

六枝中寨李昌学家藏光绪十年（1884年）《李氏家谱》，较详细地记载有李氏入黔和历次征战情况（长流李定斌提供原谱之复印件）：

洪武十二年，贵州之南红苗仡佬叛逆，李昶奉命调北征南，始业普安龙场，二十四年攻打普纳山等地，平红苗仡佬反叛。其有三子，长子李庚哥，回湖广原籍，仕哥出战云南交趾国，原籍云南。任哥自安南移居江西坡，于来茨勒头建石牌坊，新开龙场，次落皮古，打坝，浪石魁，巽水头上居住，移民楼底下，后居老屋里，流传数代。李昶罢职为民，暂息为农，各守本分本业者凡几，或移居他乡，不知凡几。

李昶祖籍湖广衡州府耒阳县车马村易都十里穿心十字街。蒙封黄迁仕，郭晚、云焦为两路先锋，从京远以上，攻打黑阳大箐，杀尽洪猫（红苗）革老，上安平、安顺，剿上镇永宁，复征过黄河凉水营，立哨扎屯，观看安南好点地形，才将半城关改关立位，请梓开工，修造安南城，修成三千七百朵口，安定三千七百朵口军。洪武二十四年，又剿毛口、六堕、□□、□店、洪寨、半坡、阿朗、木龙、鲁打、长牛，追过皮古、打坝，剿上罗寨，排勒头，四处安营立哨，攻打普纳山，代剿雨谷、海寨。二十五年，复征猴昌河，二十六年迁立龙土官，得职。管理四十八目头人，夷蛮尽归投降，贵州四处平安，李昶又领兵剿战上云南交趾国。

转命奉昌安民，调北征南，议定：先命五旗，征剿设法，五瓒统军，具分五旗、五所；先将四大军门，占立四十八屯，七十二堡（谱），概是三千七百御林军，三千七百朵口军，三千七百马草军，其有甲分人民田亩夫役粮草、花麻、水口、丁银，具注册簿之上。系是我昶公子孙永远经收，乃为家谱。

自洪武调北征南，吾始祖昶公寓□安南卫，以为总督，系皆军伍，俱分五旗五所。第一旗：于祖云、李秀山；第二旗：黄思恭、刘荣宗；第三旗：彭武仲、王金凤；第四旗：廖思付、李明五；第五旗：郭挽、云焦、张才富、叶天才。总旗：□□□叟，罗□。小旗：邓藏。百户之首是王文。领兵创立安南卫□公战道，瞒文兴，除了北关几名军，三千居屯，五百在城。

康熙三年打郎岱，四年攻水西，一十八年陇土官匪叛龙场，攻打普纳山，□□为塪笆子，康熙二十一年……

2. 字辈

（1）李定斌提供了一张家传的长流李氏分房世系图，毛笔绘制并抄写，当地人称为“路记”。原文未标明年代，估计也为光绪时期所记，与前述《李氏家谱》同时撰成。但世系图不以李昶为始祖，而以李升为始祖。所载字辈：升—春—景（有六兄弟，即：景仙、景华、景贵、景衡、景荣、景秀），景字辈起分房如下：

长房：景仙—仲—应—阳（胜、阿）—仕—君—奇—国。

二房：景华—（章、何、可）—仲—应—（太、顺）—仕—（君、朝）—开—洪。

三房：景贵—（滔、唐、□）—仲—（应、运、震、云）—（太、朝）—仕—朝—开。

六房实传三房下来。景仙无子，景衡填房；景秀分江西岭；景荣无后。

（2）李氏家谱所记字辈：（升、昂）—（春、登）—景（恒、荣、贵、秀、华、先）—仲（全、显）—运（富、贵、福）—（顺虎、仕学）—朝（松、柏、贵、栋）—开（科、举）—洪（驰、浩、章、光）—荣（先、笔、显）—杨（胜、朝）—胜 全—元（会、章）—凤（良、才、明）—昌—（玉、佐），共 16 代。

（3）溪流村营盘组李定宾所抄录李氏字辈：景—仲—应—顺—仕—朝—开—洪—荣—杨—耀—芳—室—明—定—安—帮—兴—镗—君—大—选。现此房已传至兴字辈，共 18 代。

由于李氏三房没有统一的字辈，各房自有字辈，但不甚严格执行，显得很混乱，故无法确定李氏至今世系代数。但据李定斌先生讲，长流李氏各房世系传承代数多少不一，最多的房族已传 22 代。

（三）刘氏家族史

受访人：长流村白杨组刘佐进（72 岁）、虎场村上百家刘凡海（70 岁）、长流街上刘胜候（80 岁）、长流村长流组刘凡毛（51 岁）、溪流村下湾组刘衍海（63 岁），各人所述皆有不同，字辈上则大同小异，不超过 22 代。

（1）刘佐进所述字辈：聪—凤—大—国—天—启—世—如—朝—廷—家— 佐—凡—远—胜—安—邦—定—册—益—友—万—载—兴。刘佐进还说，长流白杨组刘氏已传至“安”字辈，共16代，而溪流村传至“定”字辈，共18代。

（2）刘凡海所述字辈：聪—奉—大—国—正—德—天—启—世—如—朝—廷—家—祚—凡—衍—胜—安—邦（传至此辈）。较刘佐进所述多出“正、德”两代。

（3）刘胜候所述字辈：聪—凤—大—国—正—德—家—作—凡—远—胜—安—邦—定—国（传至此辈）。此字辈当有遗漏，已被当场同时受访的刘凡毛指出错漏之处。又据刘胜候介绍，民国时期土匪多，刘、李氏修建长流营盘（位于今长流村营盘组背后），土匪来时，寨人跑上营盘，连猪、牛也要赶上去。现营盘仅有残垣半墙，石门也无存。

（4）刘凡毛所述字辈：聪—奉—大—国—正—德—天—启—世—如—朝—庭—佐—凡—远—胜—安—邦—定—国—万—载—兴。已传至国字辈，共20代。他追述时记忆很清楚，不假思索，说明对刘氏字辈很熟悉，当可信。

（5）刘衍海所述字辈：聪—凤—大—国—正—德—天—启—世—如—绍—庭—家—佐—凡—衍—胜—安—邦—定—国。已传至国字辈，共21代。刘衍海对刘氏字辈也比较熟悉，不假思索便写出来了，当可信。刘衍海所述字辈与刘凡毛所述仅多出“家”字辈，而此字辈是4人都提到的，而且是现在健在的“佐”字辈的父辈，时间距离很近，应有这个字辈。

总之，长流刘氏世系代数最多21代，距今500年左右，早不过明代中期。另外，我们在长流乡虎场村坡上组调查当地“武教”传承历史时，“武教”先生刘凡福言其所习“武教”为家传，祖籍湖广宝庆府，其坛名“宝山坛”，来贵州已传21代。由此也可以反证刘氏字辈较可信。刘氏世系代数与李氏传承22代的情况接近，说明当地人盛传的刘、李二氏同时入长流故事可信。各人所述字辈中之“奉”与“凤”，“朝”与“绍”，“祚”与“佐”，“衍”与“远”皆因音近而异，实属同一辈分。可见，刘氏虽然有统一的字辈，但主要靠口传，故误漏歧异难免。

另外，据六枝中寨乡上寨村刘衍达所抄录的约修订于清道光、咸丰时期的《刘氏宗枝谱书》，字辈与长流刘衍海所述字辈相同。笔者有学生刘竟辉君，为中寨刘氏之后，据其口述，中寨与长流两地刘氏本同宗，传说有一个老祖宗死在当地，在抬回家途中的晚上休息，一夜之间，棺材被蚂蚁起土埋起来。当时被认为是吉象，遂留了一支刘氏守这个老祖宗，遂演变为今日的中寨刘氏。《刘氏宗枝谱书》中恰好记载了在大字辈时有刘大举死于郎岱之事，刘大举"由安顺告案转郎岱属，路途病故。葬于双夕塘，跟前左侧，立有碑记"。文献记载和口述比较吻合，当属实。中寨与长流虽然字辈相同，但是在《刘氏宗枝谱书》中，聪字辈前却多出了五代人，即怀玉——（忠、信）——（金、全）——源——（纲、纪）。这涉及刘氏入黔及其早期世系传承，特录《刘氏宗枝谱书》原文如下：

"厥后落籍江西吉安府，世系难稽，后又肆籍三楚，遂家居宝庆府新化县，历有年所。适至大明洪武祖设立调北征南，三丁抽一，五丁抽二，而我怀玉祖亦在十二名军中之列焉。我祖原名刘怀玉，与李怀宝二人属内亲，又极为友善，共顶军名。因年久，后辈之人讹传为刘亥玉，怀宝辈相与讹传，土俗呼字不认真，将怀字呼为亥字。此由近县处之人闻得真原名，故敢录真而易其谬耳。"

刘怀玉之后7代世系为：怀玉1——（忠、信）2——（金、全）3——源4——（纲、纪）5——（聪、俊）6——奉（明、朝）7。其间，刘全习道教，凑名法全，已转回湖广。刘金生刘源，刘源亦习道教，凑名法旺。刘聪与刘俊生于长流，刘俊亦习道教，凑名法俊。刘聪葬于长流瓦厂坳。这大概就是长流以刘聪为始祖之故。由于年代久远，刘聪之前多被遗忘，正如谱序所言"但只知以聪为始祖，而不知上有刘李怀宝几辈可也"。

"自楚入黔家乡路引：由楚南湖广宝庆府邵阳县即新化县在城一厢祭祀上台山厢王，嗣下杆子桥土地，入蠢溪刘家新化县，又由太平铺过两江，至溆浦县，至银口，至元州片水、晃州、平溪，至清浪卫，至镇远府，偏桥卫，过兴隆卫，至清平卫，至平越府，至新添卫，至龙（礼）里卫，到贵州省，即黔邦也，古号罗施鬼国，又名清天隆里，又过威清卫，至平坝卫，至普定，至安隆卫，今安顺府，过安庄卫，至关岭卫，至顶站，过盘江河，至安南卫，至南隆府，即今兴义府也。我始祖于平复之后，即落檐于安南江西坡，后过长流十二寨人。"

（四）邓氏家族史

1. 源流

据邓召灿（58岁，杨寨村烂田组，在鲁打小学从教38年）介绍，邓氏始祖邓荣宗，祖籍湖广邵阳，带领罗、戴二氏进入普安龙吟，管理从江西坡至龙吟皮古的九冲九凹，至今已传25代，500余年，是本地最早的汉移民。邓荣宗是调北征南时，朝廷采取“三丁抽一”“五丁抽二”的办法而入黔。当时邓氏有五兄弟，故来了两兄弟。先到黑洋大箐，后到晴隆，时有人跟踪他，为了避免跟踪，在晴隆莲花山宰了一匹马，把他的坟包好，又过往江西坡，再至龙吟一带，死后葬于此（今龙吟镇）。1997年清明节，邓氏合族于此扫墓。邓荣宗来贵州的目的是镇压夷苗仡佬，扫除残余，安宁地方，并非正式参战打仗，进攻冲锋。

这支邓氏现在居于盘县、六枝、水城、长流、鲁打、中营（田寨邓家槽），以水城和盘县最多。晴隆之地主要分布在长流、鲁打、中营，普安之地主要分布在龙吟。与邓氏同来的还有罗氏和戴氏。罗氏以长流杨寨村居多，集中在兴昌组、杨家组、光荣组，此外，则主要居住普安江西坡。戴氏主要居住在晴隆碧浪、箐口一带，长流、中营一带无。长流其他姓氏，龙、李、刘等都晚于邓、罗、戴三姓人。

2. 字辈

邓老师口述并书写邓氏字辈：荣—仲—胜—祖—兴—友—思—万—秀—景—宗—尚—良—克—历—朝—庭—心—吉—连—召—瑞—仁—能—品（现传至此辈）。共25代。后来到邓召灿老师家中，见其家神所载邓氏世系为：荣—仲—（铭、钦。单名，下同）—（盛、训）—（剑、华）—（钦、起）—友—思—万—秀—景—宗—尚—良—克—想—朝—廷—星—吉—连。共21代。口述中缺失较多，故当以家神牌位为准。加上在世的，邓氏至今传25代当可信。可惜我们在长流未见到邓氏谱牒。

（五）长流鲁打胡氏字辈

以鲁打街上做面条卖的胡州之胡氏家神所述其祖先牌位为例，已有14代。传承世系为：迁（道、迁）—芝忠—金（环、权）—仲富—登（甲、明、秀）—连（贡、先、达、榜、魁）—兴（德、邦）—正（禄、文）—仕（顺、才、显、朝）—永（万、寿、清、章）—国（彪、明、昌、玉）—盛（龙、炳、堂、才、金）—伯考九良—堂兄州喜。此外，由于时间关系，我们对这一姓氏几无了解，容将来再做调查。

二　相关历史问题试探

（一）“喇叭苗”名称的来历与演变

关于“喇叭”族名来历，当地人有两种说法：

（1）与女性服饰有关。结婚时女性头发结成“喇叭”状，故名“喇叭人”。妇女穿大袖口服装，用花带修饰，与头饰辉映成趣，构成“喇叭苗”极鲜明的外在标志。

（2）与“壁笆”有关。“壁笆”又称为“朗笆”或“挡笆”，又由此衍伸出“朗笆子”或“挡笆子”。“朗”和“挡”，都是当地方言词，有推和挡之义。光绪十年（1884年）《李氏家谱》记载：“康熙十八年陇土官匪叛龙场，攻打普纳山，□□为埳笆子。”乾隆年间贵州巡抚爱必达在《黔南识略》卷二十八《普安县》下云：“兴让里有老巴子，亦苗类，由湖南移居于此，其服饰与汉民同，语音稍异。”埳笆子，老巴子，即指“朗笆子”，音稍异，可见此名出现不晚于清中叶，且写入其家谱中。

邓召灿老师解释了“壁笆”的来历：居住时，为防土著或外人劫掠村寨，用“壁笆”安装在房壁上作抵挡，从屋里看外面很清楚，相反从外面看屋里则不清楚。当有人来侵犯时，屋里人双手扶住“壁笆”，推倒压向敌人，敌人没防备，则被压倒成一片。这当是“壁笆”又称为“朗笆”的原因。“壁笆”以芦竹编制而成，根据房壁需要，有三角形状和长方形状，不用抹泥，平时作房屋墙体，战时作防御性武器，可以撤下来，临战时当盾牌使用，故有抵挡之义。长流和中营一带流传一首《战场歌》：“前头陡陡岩，后头大路来。听得山上有号叫，朗起笆折打上来。”正是此意。现在当地较有年代的一些木房外均围以石墙，且左右侧石墙上部多有长方形、三角形、圆形小孔洞，当地人称为“炮洞”。这种长方形、三角形、圆形的孔洞（“炮洞”）是以石墙为防御主体后，原先木房墙壁上实体“壁笆”的转化形式，也应为防御性设施，与“壁笆”功能类似，这可能是石墙与土枪炮普及化后较进步的形态，同时兼有通风的作用。从“壁笆”到石墙及其上部的小“炮洞”的发展演变，反映了房屋居住形态的变化，同时其防御性特征也表明“喇叭苗”与土著长期混住，互有争斗和交战的史实，实属于汉移民垦殖中的自我防御设施。今当地居民修造新房几乎不用木材作房架，而是以石块为基本材料，建成钢筋水泥结构式楼房。在外石墙壁上仍保留有“炮洞”，当是传统习惯使然。但其形态很不规整，排列位置也比较随意，功能进一步退化，很多人说只是作通风之用，有的则为穿孔架木棒其间，铺上木板以隔别室内空间，构成楼之上下部分。

（3）“壁笆”“朗笆”“挡笆”“朗笆子”“挡笆子”“垴笆子”“老巴子”“喇叭人”与“喇叭苗”之关系。前三种说法都出自本地，本由居住房屋之建筑特色“壁笆”而起，“壁笆”从居住房屋建筑角度而言，“朗笆”“挡笆”从防御性角度而言，所指实为一物。因其早期特殊的防御性功能而成为一种族群的外在性标志物，故有“朗笆子”“挡笆子”“垴笆子”“老巴子”之称，所指皆同，音稍异而已。但皆为外人对此人群之他称，而非当地人自称，正如民国《普安县志》卷十五《苗蛮》“老巴子”条：“考老巴子之名，实由前明苗蛮窃据让里补南山，屡攻不克，调湖广兵来攻。山高而险，悬崖壁立，兵欲登山，山上之贼以石滚击，围攻年余，无术抵御，乃扎竹为笆，攀藤附葛，直捣贼巢，贼呼曰‘挡笆贼’。土人误呼曰‘老巴子’。”当地人认为这些称呼均有贬义，并不认可，还说与布依族骂架时，他们贬布依族人为“水仲家”，而布依族人贬他们为“老巴子”。“喇叭人”则是这个族群已不太清楚此物（“朗笆”）之根源何在，而从妇女头饰之形态产生联想，音变讹传所致，特别是把“子”变成“人”，明显是为了摆脱被歧视的心态。“喇叭苗”则是20世纪80年代初，这个族群顺应国家落实民族政策之需要，经过族群特征识别后主动归属于苗族系统，成为苗族的一个分支，故有“喇叭苗”之说。

（二）“喇叭苗”与普纳山之关系

普纳山，文献中有八纳山（明清时期《普安州志》）、普纳大山（民国

《普安县志》卷五）、补南山（民国《普安县志》卷十五之“老巴子”条）、查剌山（《明孝宗弘治实录》卷154）等写法，实指同一地点同一山名，即今之普纳山。目前，所见最早的记录是明嘉靖三十年（1551年）之《普安州志》之“山川”部分。“八纳山：在州治东北七十里，高二十里，上有平顶，旁连小石百余顶，有瀍水……泉声树色常与烟岚掩映，人迹罕到。土俗相传以为土酋益智藏其祖宗鬼筒于岩穴间，子孙十年一次登山祭之。每登必椎牛羊，持刀弩鼓噪而往焉。”之后，乾隆《普安州志》卷五《山水》还说“前明上有夷寨，今无”。至光绪《普安直隶厅志》卷三《山水》则言：“今已建寺，游人络绎矣。”以上记载并未言及此地有过战争，但有两点值得注意，一是地理条件奇险而有土著居住，但长期人迹罕至；二是为土酋之祖茔地，很神圣，从其葬俗看，土酋当属于彝族先民。由此可知，普纳山附近一带当是土著彝族先民统治的核心区域。土酋益智，万历《黔记》卷五十八有载，元延祐四年（1317年）归款，授怀远大将军，掌普安路总管府事，其孙那邦袭职。至明洪武十六年（1383年）那邦妻适恭为普安军民府知府，卒，其子普旦嗣知府。二十二年（1389年）普旦与越州阿资、本府马乃等反，陷普安府，二十三年（1390年）讨平之，罢普安府，归属普安卫军民指挥使司。其后，据《明史·地理志七》载：建文时复置贡宁安抚司，永乐元年改普安安抚司，十三年（1380年）改设普安州，直隶贵州布政司，万历十四年（1586年）二月“州自卫北来同治”。治所约在今盘县东部，普安北部一带，与洪武十五年（1382年）设置之普安卫一北一南，万历十四年与普安卫同城而治。从元之普安路总管至明洪武时期之普安府知府，再至永乐时期之普安州同知，皆益智一族所袭替，其传袭世系为：益智—那邦（益智之孙）—适恭（那邦之妻，普安军民府知府）—普旦（普安军民府知府）—者昌（普旦之弟，贡宁安抚使，普安安抚使）—慈长（普安安抚使）—隆木（普安州同知）—隆寿—隆畅—隆礼—适擦—阿铎—龙文治—龙祖烈—龙天佑—龙元敬—龙炳汉。隆氏（后改为龙氏）为土同知袭职至康熙年间。龙天佑墓在今盘县保基苗族彝族乡垤腊村天桥组，正在今盘县东与普安北之交接地带，与普纳山很近。其墓前有碑，碑文记载：“其始祖元授怀远将军，以开其先，二世祖授宣慰司，以守其土。明授贡宁安抚司，管普安州同知，世皆弗替。越数百余代，暨公之身。”这充分说明隆氏乃益智之后，普安土酋一脉贯通。据《明实录》记载，明代普安土司大的反叛有两次，一次为洪武二十一（1388年）、二十二年（1389年）“普旦、阿资之乱”，前后仅月余，很快被傅友德平定；一次为弘治十一年至十五年“米鲁、福佑之乱”，前后近四年，经历了漫长而曲折的军事斗争方才平定。洪武二十一、二十二年“普旦、阿资之乱”，官军与之在普纳山有过战争。据光绪十年《李氏家谱》载：“洪武二十四年，又剿毛口、六堕、□□、□店、洪寨、半坡、阿朗、木龙、鲁打、长牛，追过皮古、打坝，剿上罗寨，排勒头，四处安营立哨，攻打普纳山，代剿雨谷、海寨。二十五年（1392年），复征猴昌河（今水城猴场一带之补那河），二十六年（1393年）迁立龙土官，得职。”据此可知，李氏参与的“迁立龙土官”，即指罢普安府，归属普安卫军民指挥使司，改设贡宁安抚司，以普旦弟者昌为安抚使。

“米鲁、福佑之乱”，《明孝宗实录》所载原委最详，分见卷154、176、180、181、182、189、198，现概述如下。弘治十一（1498年）、十二年（1499年）间，因普安州同知隆畅老，阿保与畅妾等争世袭权，遂起叛隆畅，产生兵乱。后双方会盟息兵，归途中隆畅被其妾米鲁毒死，阿保、米鲁为乱，数攻寨堡，杀伤官军，屡抚不听。阿保于普安城外、安南城外、北盘江东岸和北盘江外筑四大营寨，四寨相距300余里，派兵据守。号猴场寨（今水城猴场乡，位于北盘江北岸，与长流相对）为承天寨，出入僭用黄旗，自称“无敌大王”。贵州官军往捕，为其众所拒，遂益肆猖獗，劫掠军民，焚烧屯堡，声言欲攻普安、安南二城。后拨十卫官军及诸长官司土兵13700余人，追斩阿保于查剌山箐，而米鲁亡走其娘家云南沾益州，受其侄安民（时任沾益州土官）庇佑。战事告一段落，贵州官方提出善后方案，其中有一条为：“贼所遗田土除给至赏功外，悉分给邻近屯堡官军，从轻起科。”兵部复议中又提出一条：“俘获妇女给配有功营长及附近所抚村寨无妻者。”上从之。以上记载有四点值得注意：一是地点上，战事中心猴场和查剌山，即位于今“喇叭苗”聚居地附近。阿保被追斩于查剌山，即普纳山；二是时间上，距今500余年，与长流几大姓氏22～25代的世系比较吻合（按22岁一代计）；三是处置方案中，分田土给屯堡官军及给配俘获妇女与民国《普安县志》卷十五《苗蛮》“老巴子”条谓“湖广兵不思还乡，赘苗妇以为室，遂家焉”的记载有某种关联；四是由贵州十卫官军及诸长官司土兵13700余人平定，没有言及湖广兵参与平定。

但至弘治十四年（1501年），在沾益州土官安民暗中支持下，米鲁与福佑再起兵反叛，因贵州镇守太监杨友、总兵曹恺、巡抚钱钺等指挥失当，贵州官军失利，普安州几陷落，遂请邻省之兵助剿。此年七月，兵部议定："调播州土兵五千，酉阳及湖广两江口长官司土兵各三千，与贵州宣慰司土兵二万讨之。"说明在贵州官军无法平定战乱的形势下，始有湖广土兵及其他土兵入黔助剿。两江口长官司，明时属保靖宣慰司，辖地在今湖南龙山县西南，与酉阳邻近。又据同治《龙山县志》记载：此时长官司长官为彭世英，"弘治十四年征调贵州普安，破大小盘江、陆卜、毛口等处，救出被掳杨太监"。[①] 此记载较《明实录》更为翔实。弘治十四年十月，又有湖广参将赵晟领湖广戍兵并镇远等四卫官军3000人往援，犄角讨贼。弘治十四年十一月，又有永顺宣慰司和保靖宣慰司各领土兵3000人赴贵州，听贵州提督军务王轼节制。十二月，湖广参将赵晟领兵营于盘江东岸，十五年（1502年）二三月间，王轼调集官军、土兵分八道进攻，其中湖广参将赵晟为左哨，自大盘江入，与其他路军合围，米鲁、福佑被杀，余党悉平。弘治十六年（1503年）四月复擒米鲁余党阿方古等四人及其妾阿弄、子女阿宰等六人。因阿弄、阿宰等弱小，贵州巡抚"请免解京，就彼给配"。皇帝未同意。由上可知，自弘治十四年七月至十六年四月，确有湖广兵参与平定"米鲁、福佑之乱"，共有3次，达12000人之多，有来自湖广的两江口长官司土兵3000人，湖广戍兵并镇远等四卫官军3000人、永顺宣慰司和保靖宣慰司土兵各3000人。其成分有土兵也有官军，以土兵为多，原籍也不同，但主要还是集中在今湖南湘西地区。官军由赵晟率领，自盘东入；土兵则由王轼亲自节制和调度，主要战于"大小盘江、陆卜、毛口等处"。而且，从弘治十六年四月贵州巡抚处置米鲁余党阿方古等人之妾阿弄、子女阿宰等时，因其弱小，"请免解京，就彼给配"的情况看，整个战争中都可能沿袭了第一次的处置办法，即分田土给屯堡官军及给配俘获妇女有功者的做法，以鼓励士兵冲锋陷阵，也正是在这样的背景下，湖广土兵才会有

① 转引自龚荫《中国土司制度》，云南民族出版社，1992，第1210页。

留下来的生存空间，留下来的本属于湖广土司的部分土兵遂构成今日“喇叭苗”之重要组成部分。① 他们征战的地点主要在盘东，未直接进入普纳山，攻打普纳山之战是在此前由本地官军完成（这时本地官军中即有不少明初湖广垛集军后裔，容下文详述）。故弘治年间调入的湖广土兵在平定“米鲁、福佑之乱”中，可能与普纳山关系不大。

明确记载普纳山上有过战争的地方志很晚，目前所见，最早为光绪十年《李氏家谱》：始祖李昶“洪武二十四年，又剿毛口、六堕、□□、□店、洪寨、半坡、阿朗、木龙、鲁打、长牛，追过皮古、打坝，剿上罗寨，排勒头，四处安营立哨，攻打普纳山，代剿雨谷、海寨。……康熙十八年陇土官匪叛龙场，攻打普纳山，□□为垴笆子……”此载虽为追述，但时间地点很翔实，当有其根据。看来普纳山一带的战事不止一次，最早至洪武二十四年（1397 年），晚的在清代康熙十八年（1679 年）。民国十七年《普安县志》卷五“普纳大山”条云：“明时苗民叛，筑营于山腰，据险负固，调湖广兵攻之，三年乃破。”同时还极力描述了其山之宽平与险峻，“山高十余里，纵横亘五六十里，成冲霄凤口，为北区群山之望，四面嵯崖，仅一小径可通，步不能容骑，山顶宽平，可容万余人”。普纳山上确实是据险负固反叛之绝好地方。而反叛者被说成是“前明苗民”，当时泛指明代之土著，而非今日之苗族，具体年代也不明确，但有三年乃平之艰难，联系前文论述，当是普安州同知一族在弘治年间之反叛，即“米鲁、福佑之乱”。该书卷十五《苗蛮》“老巴子”条：“《识略》云：‘普安县兴让里有老巴子，亦苗类，由湖南移民居于此，其服饰与汉民同，语言稍异。’”此条还详加考证：“考老巴子之名，实由前明苗蛮窃据让里补南山，屡攻不克，调湖广兵来攻。山高而险，悬崖壁立，兵欲登山，山上之贼以石滚击，围攻年余，无术抵御，乃扎竹为笆，攀藤附葛，直捣贼巢，贼呼曰‘挡笆贼’。土人误呼曰老巴子。”讲得如此翔实，当源于民间口传，其基本史实正如前文所论，不可否认。

① 《明孝宗实录》卷 182。

（三）“喇叭苗”之源流与构成

“喇叭苗”这个群体盛传他们的祖先曾在明洪武年间攻打过普纳山，战胜后定居其四周，亦兵亦农，“戍边屯田”，维护地方安宁。但是这与长流各姓氏之源流及其入长流后之世系及年代有诸多乖舛，这就需要对史志中相关记载作一番梳理和讨论。我们不否认今“喇叭苗”中有部分是洪武年间由湖广迁入，但又要承认其中有弘治年间从湖广被派遣来助战且“赘苗妇以为室，遂家焉”的土兵。

民国十七年（1928 年）《普安县志》卷三有洪武四年至六年间征普纳山之事，云：“洪武四年，命武德将军黄迁仕剿县属让里叛苗，平之。按：迁仕武冈人，元年由斜阳镇总兵调征贵州黑羊大箐叛苗，三年征曲靖，四年剿让里，其地苗匪据普纳山磴，负固三载，至六年平之。”又说“洪武二年命指挥胡源平夷寨，设军屯。按：是年命源督同普安州土判官剿平夷落四十八，每寨设立一军屯”。若按前说，洪武四年有土著据普纳山反叛，且战事延续达三年之久，但如此重大战事，《明实录》《明史》及明清地方志都未言及，当属误记。洪武四五年间，四川刚平定，朱元璋即着手征伐云南的准备，让傅友德“巡行川、蜀、永宁、雅、播等处，修治城郭关梁”[①]。始在黔中地区建立贵州卫以属四川行省，王朝军事力量遂进入贵州腹地，但此时贵州并未出现大的土著反叛势力，也未发生大的战争，贵州几大土司都向心朝廷，频繁朝觐。对于黔中地区，虽“群蛮叛服不常”，但很快平定，不过是“因兵威降金筑、普定诸山寨”[②] 而已。故洪武二三年间，朝廷军队远未进入贵州，更没有进驻云南之曲靖一带。至于贵州西部一线设立军屯，当始于洪武十五年左右，因云南平定之故。洪武十五年正月，置贵州都指挥使司，同时置普安、尾洒（洪武二十三年改为安南卫）、普定卫。[③]故此时方有军屯之设。洪武二十年十二月，命左军都督佥事冯诚往谕普定侯陈桓、靖宁侯叶升，率湖广都司诸军驻普安分屯。洪武二十三年十二月

---

① 《太祖洪武实录》卷 161。

② 参见《明史·傅友德传》，《明史·顾成传》，《太祖洪武实录》卷 70。

③ 《太祖洪武实录》卷 141。

“置安南卫。初，官军征云南，指挥使张麟统宝庆土军立栅江西坡屯守。至是，以其地炎瘴，乃徙于尾洒，筑城置卫守之”①。以上记载表明，洪武年间大致有两批湖广士兵入黔普安、安南一带屯守，第一批是洪武十五年张麟统率的宝庆土军，人数不清楚；第二批则是洪武二十年来自靖州、五开、辰州、沅州等卫，皆从新军中选出之精锐，总人数在四万五千人（不全在普安，而是遍及普定、安南、普安一线）。② 龙氏谱书《派衍湖广宝庆》以韵文体形式叙述明洪武时期龙氏入黔的情景，史实较翔实，可作参照：“洪武调北征荒，三丁抽一剿蛮方。大帅兵权执掌……轰轰烈烈上阳关……分防五营四哨，驻扎镇远溪阳……扫平开州立县，先立南龙府官，次取安南立都堂……”屯军的到来，不免会对土著形成政治和经济上的压力，此时方有土著直接与屯军对抗。如《明太祖实录》卷203，洪武二十三年八月壬午条记载：“百夫长密即叛，杀屯田官军刘海，尾洒驿丞余成及试百户杨世杰，劫夺驿马，焚馆舍。”民国十七年《普安县志》卷三记载，洪武二十八年，指挥胡源分拨安南卫军屯界址，引《胡氏军民屯册》介绍了东南西北四至和戍守军官之姓名，其中“北至长牛（即今之长流）、阿志（六枝阿志河一带）、坠足（今六枝堕却）、龙场（水城龙场）、毛口（六枝毛口）以袁天定戍守”。这条资料明显来自胡氏谱牒之书，所载地名人名如此翔实，很可信。安南卫之北界正是今以晴隆县之长流、中营为中心的“喇叭苗”分布的核心地区，包括晴隆、六枝、普安、水城四地之交邻地带。光绪十年《李氏家谱》所记甚详：“李昶祖籍湖广衡州府类阳县（疑为耒阳县）车马村易都十里穿心十字街。蒙封黄迁仕，郭挽、云焦为两路先锋，从京远以上，攻打黑阳大箐，杀尽洪猫革老，上安平安顺，剿上镇永宁，复征过黄河凉水营，立哨扎屯，观看安南好点地形，才将半城关改关立位，请梓开工，修造安南城，修成三千七百朵口，安定三千七百朵口军。”这里朵口军，即“垛口军”。明代实行卫所屯军制度，兵员除早期参加征战的起义军和归附者外，主要是战事平定后，在民户中抽取，称为“垛集”。其办法是：在每三户中垛一人丁多的为“军户”，其余两户为“贴户”，军户出一

① 《明太祖实录》卷206。

② 参见《太祖洪武实录》卷185和卷187。

名兵丁，称为“正军”，正军死，由贴户补充，故称为“三户垛”。[①] 龙氏家谱《派衍湖广宝庆》所谓“洪武调北征荒，三丁抽一剿蛮方”以及民间流传“三丁抽一、五丁抽二”，都是这段历史的反映。以上龙氏、胡氏、李氏当是前述洪武二十年十二月来自湖广分屯普安、安南一带的精锐之师中的成员，也就是云南战事平定后新垛集的士兵。故今水城、六枝、盘县、晴隆交邻地带10多万“喇叭苗”中定有不少源于洪武二十年由湖广靖州、五开、辰州、沅州等卫垛集的士兵，但也有洪武十五年左右来自宝庆一带的土军。

据我们在长流对“喇叭苗”的调查，知家族传承世系最长的邓氏也只有25代，刘、李、龙氏不超过22代，若按22岁一代计算，距今550～484年，在弘治年间前后，与明初差距100多年。故“喇叭苗”皆明初入黔征战之说，并不可信。民国《普安县志》甚至径直抄录地方谱牒之书，未加辩驳，误以为洪武初年即入黔。当然，这也正反映了民间一些家族对其族源和事迹之记忆与认同，有一定的史影，虽无可厚非，但与史实出入颇大，不可为据。关键就是年代问题，真正的时间当在洪武十五年至二十年间与弘治十一年至十五年间，但民间往往说成是洪武时期，甚至是洪武初年入黔，也往往与普纳山战争联系起来，何故？我们注意到，长流之地，早在明初即有湖广湘中南一带军事移民涉足，即从靖州、五开、辰州、沅州卫之新垛集而来的士兵，已有所进入。在明洪武年间和弘治十一二年间确实也攻打过普纳山，弘治十四年来自湖广湘西一带的土兵，不过是“赘苗妇以为室，遂家焉”，不得不与早先到来的这些汉移民（屯军）保持特定的关系。这些后至的处于边缘化的湖广土兵为了提高在当地的地位和获得更有利的生存空间，主动与明初来的占主导地位的湖广的军事移民靠拢，被迫改写自己的历史，与之合流，并不断流传下来。故都坚持各自的祖先为洪武时期入黔，祖籍集中于湖广湘中南宝庆府、衡州府一带。另外，嘉靖《贵州通志》卷三据旧志所载，谓兴隆卫和威清卫卫戍军士皆湖湘人，“宗族交代从戎，故役无定籍而居无恒产”，又“诈而好讼”。这种自湖湘来黔

① 参见《万历大明会典》一五四，兵部三七，军政一，勾补；《太宗实录》一五，洪武三十五年十二月壬戌、壬申；《贵州通史》第二卷，当代中国出版社，2002，第86页。

卫戍之军士，人数实在不少，可能是明中期贵州卫所军士大量逃逸之后，从湖湘之地重新招募垛集而来，属于雇佣军性质，往往是以家族为单位，“交代从戎”，无定籍，无恒产，故诈而好讼。这些新到的湖湘之人自然就是卫所中的底层了，他们很可能会游离到土著社会的边缘，也当是构成“喇叭苗”的一部分。我们在长流调查时，当地人说他们与安顺地区屯堡人服饰和习俗有很多相似，且老辈人有一些往来。这似乎说明黔中的“湖湘人”与“喇叭苗”之间历史上有某种联系。具体细节有待进一步调查研究。

总之，今分布于晴隆、六枝、盘县、普安一带的“喇叭苗”之组成很复杂，有明初洪武时期的湖广军屯移民，更有弘治年间平定“米鲁之乱”后留下来的湖广土兵或官军，所谓“湖广兵不思还乡，赘苗妇以为室，遂家焉”，还有明中期自湖湘雇佣来黔的卫所卫戍军士中的游离者；并非仅出于一地，籍贯有湘西、湘西南、湘中南的不同地域之分。“喇叭苗”群体及其文化从来就不是铁板一块，是“异源合流”。刘、李、龙、邓、胡等各大姓氏迁入长流的原因各异，时代有别，祖籍也不完全一致，强烈地受制于王朝历史的运转轨迹。他们带着高贵的文化血统，肩负着王朝使命，加入军事移民开发浪潮中，不断开拓控制贵州土著社会，是王朝政治经济文化植入的先锋队，也是在土著社会之包围中，恶劣环境的挑战下，自求生计的落魄者和拓荒者。因此，后至的任何一个家族要能够生存和发展，既要对先前“调北征南”而来的属于“自己人”中各家族的依赖，又要吸收久居于此的土著社会的生计技能和智慧，缓和与土著（主要为仡佬、彝族、布依族先民）的矛盾，并有效地防御土著社会的侵扰；既要适应新的恶劣的地域地理局限，又要努力顺应王朝国家的政治更替。在这个过程中，不可能是内地汉人社会的简单移植，而是要在“先湖广人”与“后湖广人”之间、汉移民与土著之间、“汉化”与“夷化”之间、地域化与国家化之间重新建立平衡互动关系，其历史进程的艰难性可想而知。这个社会比纯粹的汉人社会要复杂，显示出较多的变异性；又因其处于多民族交汇地带的北盘江流域，地势险峻，山高谷深坡陡，历史发展进程比安顺一带屯堡社会也要复杂，吸收的土著文化较多，经济生活与居住形态的地缘色彩更突出。我们在调查中了解到的龙氏反叛“仲家”、李氏反叛“仡佬”、“挡笆”与“壁笆”的传说、当地妇女“放药—下药”、以神树为载体的山神信仰、全能式的家神信仰体系、浓重的立碑祭祖过程仪式（催龙）、“文教”与“武教”之异同、宗教神职人员活动的寺庙场所极少而半神职业人员（“先生”）从事世俗化仪式性活动极强、对山歌的形式、认可“喇叭人”而不认可“喇叭苗”、聚族而居并聚族而葬等现象，都可以从上述视角加以理解。

（三）“喇叭苗”族属问题

民国十七年《普安县志》卷十五《苗蛮》“老巴子”条记载：明代湖广兵平定普纳山战役后，“湖广兵不思还乡，赘苗妇以为室，遂家焉。数百年来男子服饰与汉人同，妇女仍守祖风，服饰衣物饮食犹然苗口，实则汉种也”。也就是说男系为湖广兵，女系为土著，“喇叭苗”为汉苗通婚之产物。至于说“妇女仍守祖风，服饰衣物饮食犹然苗口”，则未必如此。我们在长流发现了与现在当地妇女服饰迥异，距今有约200年的墓碑上的人物服饰。该墓位于长流乡溪流村大穴场组，乃刘世祖及妻合葬墓，墓碑为三碑两柱的组合形式，清嘉庆二十年（1819年）立。两侧夹柱上各有一幅人物雕像，刘世祖碑一侧的为男性，其妻杨氏碑一侧的为女性，人物的服饰为当时当地人服饰之真实反映，头发挽成圆髻，无耳环，窄长衣袖，前胸有一幅长腰肚兜，由此可以看出当地妇女未必是仍守祖风，也不能认定此墓碑上的人物服饰就是明代土著妇女之服饰。

关于“喇叭苗”祖先是何族属，清代文献记载很不一致。或归入汉，或归入苗，或归入仡佬，或称为“民家子”，未有定准。前引乾隆年间爱必达所著《黔南识略》卷二十八“普安县”条说得很明确，谓普安县“兴让里有老巴子，亦苗类，由湖南移居于此，其服饰与汉民同，语音稍异”。但在同书卷二十九“普安直隶厅”条则云：“又僰人俗呼为民家子，自滇迁来，其族多赵、何等姓；又仡佬俗呼为老巴子，自楚流入，其族多邓、杨等姓。二种服色土俗与汉同。”这似乎说明老巴子为仡佬之属，但又与汉人文化更接近。同样类似的矛盾在道光二十七年贵州布政使罗绕典所撰《黔南职方纪略》中有所反映。该书卷三《大定府》之“水城厅”条提及夷人有九种，不包括“老巴子”，特别强调“别有里民子即县民，老巴子即民家子，二种本非苗类，其朴野几与苗人相等”。这里明言老巴子和里民子皆非苗人，但朴野几与苗人同。老巴子即民家子，这又跟前述“僰人俗呼为民家子”的记载有交集。该书卷九《苗蛮》专列“喇巴苗”，为水城厅八种苗中之一种，“水城有之，花苗别种也，服食与花苗同”。这里明言“喇巴苗”即花苗别种。还应该注意到，前述文献提到的“喇巴苗”在水城有“花苗别种”与“老巴子即民家子”之别，在普安则有“仡佬俗呼为老巴子”，这些不同地域内不同称呼则表明“老巴子”与仡佬族和民家子有融合关系，并非只是与苗人有融合，且融合的形式和程度不同。前述晴隆县长流乡一带民间传说征“红苗仡佬”后，与仡佬族聚居在一起，现在“喇叭苗”聚居区还有仡佬冲、仡佬坝等地名，都印证了老巴子与仡佬族有密切关系。

从历史上看，长流及其附近一带长期属于彝族土司龙氏管辖，实苗汉杂处之地。据罗绕典所撰《黔南职方纪略》卷二《兴义府》“安南县”条记述：“外有长牛六甲地方，昔属普安州土司龙天佑管辖。自设县以来（笔者按：康熙二十六年（1687 年）设县），地当新驿之冲，借甲内之阿都田站以为办差之所。乾隆二十七年（1762 年），因借地设驿未便，酌割长牛、斗郎、鸡场等二十三寨，共计六甲地方，拨县管辖，其地实苗汉杂处。”新驿，即雍正时期鄂尔泰改设贵州至云南官道，由镇宁黄果树至普安蒿子卡，长流、中营、花贡正是新驿所经之地。在这样的多民族杂居地区，湖湘之人自然会与不同的民族有融合，但融合程度不一，而且，“喇叭苗”之源也有官军与土兵之别，土兵中又有洪武十五年左右的湖广宝庆土军和弘治年间湘西地区的彭氏土司土兵，因此，“喇叭苗”或归入汉，或归入苗，或归入仡佬，或称为“民家子”，都是十分正常的，正是这些看似混乱矛盾的称谓或归属，才真实地反映了历史上不同时期入黔的湖广军人来源的复杂性及其与不同土著融合的复杂性和多样性。不过现在当地民众比较乐意接受的是“喇叭人”这个称呼，而不是“喇叭苗”，这也是历史和现实、普遍与特殊之间的矛盾统一。笔者想强调的是，民族之间的融合向来复杂多样，每一个群体族属认同都是在各自历史文化传统、祖源记忆和其所处的现实政治经济文化条件下的权衡与选择，都有合理性，尊重历史并复原真实的历史是为了更好地理解并服务于现实，而不是否定当下。

喇叭苗丧葬仪式过程的社会功能探究*

徐国江**

摘　要： 喇叭苗的丧葬仪式过程有仪式前、仪式中、仪式后三部分，具有社会组织、社会控制、文化认同、文化传承、社区教化、族群凝聚等功能。

关键词： 喇叭苗　丧葬　仪式过程　社会功能

“自人类社会产生以来，围绕着人们的生老病死、衣食住行等活动，积淀成了丰富多彩的人类文化，而围绕死者身后事而形成的一系列风俗、礼仪、葬式等，就是我们所说的丧葬文化。”① 我国是一个多民族的国家，各民族由于历史地理背景不同而具有独特的民族文化。丧葬文化是民族传统文化的重要组成部分，而丧葬仪式过程是丧葬文化的核心。1990 年以来，学者分别就喇叭苗的族称、庆坛、迁徙、宗教信仰、建筑、方言、服饰等文化都进行了概述研究或专题研究，引起了学界的关注。然而，从众多的

* 本文是贵州省高等学校大学生创新创业训练计划项目“喇叭苗丧葬文化调查研究”（项目编号：201310067009）的阶段性成果之一。

** 徐国江，安顺学院资源与环境工程学院 2011 级地理科学专业本科学生。

① 赵洪泽：《魂归何处：普洱地区少数民族丧葬文化研究》，云南大学出版社，2008。

研究中发现，学者对喇叭苗的丧葬文化研究较少，更没有对丧葬仪式过程进行全面系统的研究，本文旨在对其丧葬仪式过程进行田野考察，试图对丧葬仪式过程的社会功能进行探究。

一 “喇叭苗”背景

（一）历史背景

喇叭苗先祖是明洪武十四年（1381 年）调北征南时被三丁抽一、五丁抽二参加傅友德、蓝玉、沐英率领的 30 万大军中由宝庆府指挥胡海直接率领的湖广宝庆地方官兵，战事结束留戍普安等地，其族称来源与普纳山战争息息相关。

元末明初，聚居在龙吟的红苗、仡佬人拥数万之众，在普纳山下，造兵刃，铸钱币，以普纳山和城子洞为大本营，设立 48 寨，抵御明军进犯。洪武二年（1369 年），明之先遣军由指挥使胡源率领宝庆籍军士，先后平了普纳山下 48 寨，并屯军各寨，围困普纳山和城子洞。红苗、仡佬人以地势之利，坚持抗击，此战持续四年之久，后明廷增兵，轮番进攻普纳山，红苗、仡佬几经血战，连遭重创。后来当地的其他民族就称他们为“挡笆贼”，由于在长期的历史进程中就发生了音变衍生成了“喇叭子”。1983 年，经黔西南州人民政府民族识别工作组识别为苗族的一个支系——喇叭苗族。

（二）地理背景

喇叭苗分布在北盘江流域中段的普安县龙吟镇，水城县猴场乡、顺场乡，六枝特区的中寨乡，晴隆县的长流乡、花贡镇、中营镇，盘县的保基乡等乡镇的结合部。

该区域地势西高东低，北高南低，山峦起伏。北盘江流域主要在贵州西部，处于云贵高原的东斜坡面上及向广西丘陵倾斜的地带上。由北向南，大体可分为三段。北段为高原中山地貌，地势西高东低，大部地区在海拔 1400 ~ 2400 米之间，最高点在水城境内的营盘邱家大皱主峰海拔 2864.5 米，相对高差一般在 400 ~ 600 米之间。中段为丘原山原地貌，一般在海拔800 ~

1400米间，相对高差在200～300米之间。南段为中低山河各地貌，地势亦同北段一样，西高东低，北高南低，海拔在300～1500米之间，海拔最低的两江口海拔仅有299.8米。这一地区地处云贵高原向黔中过渡的梯级状斜坡地带，乌蒙山脉横贯其中，地势由西南向东北倾斜，地貌错综复杂。地貌成因既有以岩溶作用为主导的岩溶地貌，又有以流水作用为主导的剥蚀－侵蚀地貌，两种地貌呈交错分布状态，北段山地山原地貌显著。中段以峰林各低洼地地貌为主，较为开阔平缓。南段河谷深切，地貌类型以中低山河谷为主。山高谷深，不利于农业生产的发展，生活条件恶劣，对外交通甚为不便。

二　喇叭苗丧葬仪式过程

根据田野调查，喇叭苗的丧葬仪式过程烦琐，内容丰富，名目繁多。按先后顺序分为仪式前、仪式中、仪式后，仪式前有：送终、报丧、入殓、烧落气钱、放地炮、请管事、接先生、看地等；仪式中有：写字、做法事、唱孝歌、哭丧、出丧、下圹（下葬）、送火送饭、办酒席、符山、立向、破狱、放施食、辞灵等；仪式后有：守孝、贴对联、拜死年、挂青、催龙、七月半接祖等内容。这些仪式过程不是独立分开的，有的是需要独立开来做，有的同时进行，要消耗很多人力、财力和物力，需寨邻及亲朋好友帮忙。

（一）仪式前

（1）送终。通常，在喇叭苗地区，老人病重医治无效时，要在堂屋左侧铺地铺，把病人从病床上抬到地铺上，晚辈和亲人轮流昼夜守护，直至去世。外嫁的女儿要回到身边，外出务工的子女要及时赶回家，不管有多远，需在最短的时间内回到老人身边，以便能够看到自己的亲人最后一眼，在家里面送的人叫“送终”，从外面回来称“奔丧”，“送终”与“奔丧”体现了社区教化与族群凝聚的功能。

（2）报丧。当某家有人去世后，按“男有本家，女有外家”[①] 的规矩，

① 被访人：XDG，访谈人：徐国江，访谈时间：2013年8月13日，地点：普安县龙吟镇北盘江村光明组。

男边（男性）老人过世，就要通知本寨的中人和亲戚；女边（女性）老人过世了就必须请专人去通知外家，去的人不用说过多的话，只说是“告老”即可，外家便知晓此事。

（3）入殓，在当地称“入角”。老人过世后，亲人帮亡者穿寿衣。穿衣有规定，数量一般为单数，即三、五、七、九件。女性外面一层用红布缝制，大意是：女性软弱，易被鬼翻尸脱衣，脱到红色时，鬼认为现了光身，就不再脱了。穿好后，装进棺材。另外，在人去世后要关上房门，不让外人知晓，以防心怀叵测之人往棺材里扔缝衣针等铁物，对丧家不利。“入角”的具体细节如下：

在装（入殓）前，先用草纸每三张折叠起来铺在两边，铺五张纸，五张纸之内是铺三层，每三层铺一道后又来铺一层白纸。每三层铺一道，是铺三层，铺了三层之后又拿折叠过来盖好。盖好之后也要顺秩序，顺秩序是假设从这头（棺材的一边）铺过去，盖的话就要由另一头反过来，这样铺了盖好之后又才拿撑（音）脚被（一块布）来盖好，盖好后就结束了，结束后就抬盖子（棺材盖子）盖好，盖好后按照民族习惯要用带子来捆好棺材。然后把棺材抬到事先准备好的条凳上面，放在桌边。棺材前面和下面分别各点一盏油灯，要用一盆水。在旧社会，若男性死者生前以屠夫为业者，棺材下面要放一把杀猪刀，死者是女性，生前会织布者，要拿一把织布机上的筘（用细篾丝做成，织布排经线的工具）放在棺材下，“筘”放在水盆上，然后灯盏摆在“筘”上。死者是男性，在棺材前摆一双男式布鞋；死者是女性，摆女式布鞋。无论死者是男还是女，都要在棺材下栓一只公鸡，又叫“爬路鸡”。意思是给死者扒路，使其灵魂归西。[1]

如果是年轻人过世，那就是白发人送黑发人，按照民族习惯，穿的衣服有规定，最外面一件必须是白色的衣服，不能是其他颜色的衣服。

---

① 被访人：XDG，访谈人：徐国江，访谈时间：2013年8月13日，地点：普安县龙吟镇北盘江村光明组。

（4）烧落气钱。“入角”过后，就要把事先准备好的纸钱（三斤半）在家神（神龛）前面烧了，是怕亡者在路上没有钱用。烧的时候，孝子磕头，手挥镰刀，意思是不要给别人去抢。从“烧落气钱”来看，是相信人死后灵魂不灭，体现了“灵魂不灭”观念。若丧亡当天天色不晚，立即立“报天钱”，若是天黑了，翌日天亮立“报天钱”，在堂屋挂“陪灵钱”。

（5）放地炮。放地炮是他们信息传递的方式，在他们居住的地区，山高坡陡谷深，交通及通信极不发达，对寨邻传达自己亲人亡故消息的方式是通过放地炮来实现的。地炮的形状大概是底部是一个正方形，上面一部分是直径为3厘米左右的圆形，高有10厘米左右，在底部正方形与圆柱结合的部位有一小孔，用来点火。放了地炮之后，不管以前两家之间是否有矛盾都会前来帮忙，这体现“死者为大”的思想。

> 放地炮是落气的时间可以放三炮，放了三炮之后就要等到入角完了，弄好捆好后就放三排，一排三炮，三排即是九炮。意思就是某家老人过世了，已经成神了，地炮一响就是告知上天，上告到玉帝那里去了。玉帝就知道是谁告老、成神了。①

（6）请管事。只要有人过世，丧家就要派人去请本寨中大家都信得过、组织能力较强的人执掌管事，管理整个仪式过程，让整个仪式过程有序进行。任何事情须有组织者，是喇叭苗社区社会组织功能的体现。

（7）接先生。接先生不是可有可无，是“礼”制与社区教化功能的体现。先生分为“地理（风水）先生”和“道士先生”，地理先生主要是看墓地，根据亡命和五行属相来“踩地”，道士先生也叫“南无先生”。在访谈时，XDG这样说道：

> 在喇叭苗民族的习惯中，去“接先生”不能说是去“请先生”，去接先生的时候，先生不管是在田间地头还是打雷下雨都必须去，只有

① 被访人：XDG，访谈人：徐国江，访谈时间：2013年8月13日，地点：普安县龙吟镇北盘江村光明组。

妇女来接不去，因为在当时老一辈过法的时候都要问这些。[①]

先生到了丧家门口后，首先查看亡者是否犯了“尸人煞”，若犯了，则需丧家搭一个桥，搭桥需用三尺六寸布，鸡一只来斩煞气，要画“桃符”“纸符”，还需一个“筛盘”[②]，要到家神门口“请神作揖”，之后准备斩煞气，仪式完成后方可进入丧家。在调查中，HYG 说：

道士先生不管是栽田割秧或打雷下雨都要来，就是“婆娘”（指女性）接不来。[③]

（8）看地。看地需接风水先生，先生来了后就去“看地”，根据亡者的亡命八字选择墓地，需要结合现代风水的理论。“看地”根据二十四向来决定，在 XDL 家中调查时，他举例说道：

比如“壬戌丑未癸庚”属于“土”，亥壬子癸水，亥就是亥山巳，壬就是壬山丙，子就是子山午，癸就是癸山丁，所以这里面是一句话讲了几个向，“壬戌丑未癸庚”属于“土”，壬山戌、癸山庚、未山丑属于土，比如你是土，我是水，那么今年你是水命，你要葬到癸山庚、未山丑这些向上，水就是克土的，所以水不能葬。[④]

（二）仪式中

（1）写字、打箱。写字与打箱是同时进行的，写字主要是先生们做的，打箱是来帮忙的人做。这一天帮忙的人会比较多，寨邻人不管家里有多忙，

---

① 被访人：XDG，访谈人：徐国江，访谈时间：2013 年 8 月 13 日，地点：普安县龙吟镇北盘江村光明组。

② 筛盘，是筛子里面装有一碗米饭、粑粑、豆腐等，喇叭苗人把它叫作筛盘。

③ 被访人：HYG，访谈人：徐国江、邓连波，访谈时间：2013 年 8 月 14 日，地点：普安县龙吟镇红旗社区街上组。

④ 被访人：XDL，访谈人：徐国江，访谈时间：2013 年 8 月 17 日，地点：普安县龙吟镇北盘江村光明组。

都要把家里面的事放下来帮忙丧家，这是整个族群的大事，有的帮忙打“箱”，有的帮道士先生裁纸，有的帮忙做饭，做饭主要由女性来承担，做菜主要由男性来承担，分工明确。

先生来了后，就把做法事所需要的文牒写好，以便接下来的这几天法事有序展开，第一道牒文是“请水牒”和“引路牒”，还有“净身牒”，“请水牒”是请水用的，“引路牒”把亡者引到母源地，“净身牒”是用来帮亡者净身的。这些都是当天晚上要用的文牒。在丧葬中，也需要文字牒子才能请神，才能把这件事做好，这体现了其民俗的规范性。

除了打箱，还要请懂工艺的老人来制作一些纸扎，若过世的为男性，需要用竹子制作一匹马，在外面用纸糊上。若是女性过世，则需要糊一顶轿子。

（2）做法事。在堂屋中举行，堂屋从中间分为两个部分。里面一部分是法事的主要场所，靠神龛的一排是神仙排位，右边是神坛，左边放置棺材，棺材前面放一火盆，用于焚烧纸钱。外面一部分是来追悼的亲朋好友所坐的地方，在最后一晚，需在这一部分的左边放置一张四方桌子，用于“买房、卖房”等，需请一位德高望重的人做中介，两位德高望重的人来当卖家，几个孝子为买家，在买卖的时候卖家要叫价，买家要还价，最后由中介人协商价格。还需要一个记笔的人，当中介人把价格协商好之后记笔人把价格记下，除了买房还要买伞等。最终的价格都是以尾数为6、8结束，以表吉利。

做法事的规模大小和天数，视丧家的经济承受能力而定，一般分为三天三夜、五天五夜及七至九天。做法事时先生给亡者念经，扬幡，丧家给亡人修造灵房，买纸马、雨伞、花轿及花草。30朵花草为一桠，60朵为半堂花草，120朵为满堂花草。法事期间，晚辈披麻戴孝。其间，有如下禁忌：孝子每天早上不洗脸、不梳头，晚上不在高床上睡觉，须在棺前或灵牌守灵至天明，表示哀悼。孝子不能吃荤食，只能吃素，因为他们信仰佛教，如果吃荤会得罪菩萨，佛师同样吃素。当法事结束时，先生给其解孝开荤，孝子才能吃动物油肉。

法事结束前一天，要许多人上路抬着死者的灵牌，扛着祭祀用的花草，花草主要是轿子、雨伞、车、马等，都是用竹子和纸做成的，需要拿着这些游行到庙里去“观夫”，去时需选路、请人，去与来不走同一条路。去时前面有两个人各拿刀一把，表示开路，意思是把路边的草割了好让亡人走，接下来是先生跟在后面，再是帮忙的人紧跟其后，最后是孝子。当“观夫”回来时，沿途亲戚须摆酒肉款待死者，叫“接席”。“接席”有时间安排，不得延误，接席时先生念经，孝子下跪。

丧事结束的当天，要在野外“开方破狱”。女性亡故，外家用猪、羊上祭。上祭时，外家要请佛教先生敲锣打鼓，抬着上祭的猪或羊，扛着花草，外侄晚辈着孝衣，抬着祭文去上祭；丧家在寨口摆好酒席跪在地上接外家前来上祭的人，同时请先生敲锣打鼓在寨口迎接。外家到丧家祭奠的仪式很隆重，丧家事先做好充分准备，对外家前来上祭祀的人发白衣服、白孝帕。在此过程中，先生唱《怀胎记》①，其内容是对母亲十月怀胎苦情诉说，内容如下：

正月怀胎在娘身，无踪无影又无行，三朝一七如露水，不觉孩儿上娘身。

二月怀胎在娘身，头昏眼花路难行，口中不说心里想，儿在腹内母知音。

三月怀胎在娘身，面黄肌瘦不成人，每日茶饭不思想，只想桃李过光阴。

四月怀胎在娘身，我娘腹内好心疼，茶不思来饭不想，何日娇儿才离身。

五月怀胎在娘身，儿在腹内长成人，今朝夜晚分男女，吃娘精血痛娘心。

六月怀胎在娘身，脚手软麻懒动身，行人不知娘辛苦，一个身子两个人。

七月怀胎在娘身，四脚好似打碎的，阳间造下一盆水，阴间聚在血河盆。

八月怀胎在娘身，儿在腹内打翻身，坐卧好似针尖上，受尽折磨

① 柳远胜：《六盘水民族风情》，贵州民族出版社，2005，第115～129页。

万苦心。

九月怀胎在娘身，分娩将要到来临，心想要往娘家去，恐怕孩儿半路生。

十月怀胎在娘身，娘在房中受苦辛，儿奔生来娘奔死，命隔阎王一张纸。

（3）唱孝歌。在整个法事过程中，要唱孝歌，只要先生的法事稍有空闲时间，大家就来唱孝歌，唱孝歌的开头白如下：

点鼓郎来点鼓郎，你点鼓来我开场，开个大场卖牛马，开个小场卖猪羊，开个文场卖笔墨，开个武场卖刀枪。牛马卖给庄稼汉，猪羊卖给屠户行，笔墨卖给文官用，刀枪卖给武官扛，样样市场我开起，众位六亲请赶场，每人一个唱几首，起度亡人上天堂。荆竹剐蔑软悠悠，孝家请我唱民歌，歌头歌尾我来起，大众不唱我害羞，十月梅花将言唱，唱给亡者作盘餐……

从孝歌的开场白，可以领悟到在这么多天的丧事过程中，不管白天还是夜晚都要进行。为了给大家提供娱乐，所以有人唱孝歌。其声调婉转动听，人们听了之后精神抖擞。同时，唱孝歌是精神文化的体现。“精神文化是人类社会在社会实践和意识活动中长期育化出来的价值观念、思维方式、道德情操、审美趣味、宗教感情、民族性格等，它是人类活动在改造自然和社会过程中的思维活动和精神活动，是文化整体的核心部分。”①

（4）哭丧。法事期间，若老人过世，女儿“哭丧”，哭的时候声音撕心裂肺，其哭丧的内容是讲述自己父母在世期间没有过上好日子，自己感到愧疚。还有哭诉亲人在世期间为人处世好，即使在世时不好也要说他的好，这是对亡者的最后肯定，哭丧是对自己亲人的缅怀。

（5）出丧。即把亡者送出家门，也有送老人上山的说法。这一天，丧家要请寨邻中人来帮忙。出丧时，有几个人在前面拿着镰刀在前面开路，

① 周尚意、孔翔、朱竑：《文化地理学》，高等教育出版社，2004，第7页。

抬亡者的在后，孝子紧跟其后，抛撒纸钱，称之为“买路钱”。因为他们是一个迁徙民族，亲人过世后需回到母源地，就要花“买路钱”买路，让其回到母源地与祖先团聚。

亡者埋葬后，帮忙的人不能直接回到自己家里，按照当地习惯需打一盆水，要拿火子（烧柴时的火炭）去冲一下，他们在那个盆里洗了手方可回家。

（6）下葬。当地叫“下圹”。下葬需选择时间，用天干地支来决定。

> “甲字跟牛羊，乙字处猴乡，丙猪丁鸡未，壬癸处才长，六星当值马，此是贵人方”，是书上有的。有些又是起“福星癸壬”，“甲命只能入虎乡，乙入丑二进高强，末猴己未丁行酉，丙供前门供高强，庚补马壬心到巳，人骑马背贵人长”，我们这里面（北盘江村）就是用甲子。①

下圹之前，风水先生动五方土，唱《开山斩草》，之后帮忙的人才能开始挖，挖好后风水先生在“井”里面用米画一个八卦图，即“乾、坎、艮、震、巽、离、坤、兑”这八个字。若亡命不允许，棺材不能直接与地面接触，需用四根金竹垫着，待大吉大利时方可抽掉金竹，这样才能算正式的落土为安。若“亡命”不允许上山者，只能抬出去，不能埋葬，叫作“偷尸上山”。

（7）符山。埋葬结束后需符山，由风水先生书写“地契”火化作为向山神正式购买土地的凭证。其地契大致内容如下：

> 九天玄女阴阳院出给地契一纸急急如律令，今据中华人民共和国贵州省普安县龙吟镇□村□组处居住，佛设供阴阳二仙门下之契安葬报恩孝□人孝媳□氏，洎合孝卷人等，即日上干。天听意者伏为故□人魂下存日命生于□年□月□日□时受生，享年□岁，盖谓，天书注定地府销铭一萝不过千秋永别不幸，大限殁于□年□月□日□时告终去逝，当备香水洗净身，开衣棺殓出宅还山安葬，孝卷请命，九天玄

① 被访人：XDL，访谈人：徐国江，访谈时间：2013 年 8 月 17 日，地点：普安县龙吟镇北盘江村光明组。

女杨净二仙青鸟白鹤仙阴阳先生上山寻龙点穴踩到□处吉地一穴，作□山□向，自备钱财若干，牲畜酒礼，皇天后土山头太岁，土府龙神等众证明，中买到吉地一穴安葬亡者□人，东底（抵，下同）甲乙木，南底丙丁火，西底庚辛金，北底壬癸水，中底戊已土，上至青天，下至黄泉，左至青龙，右至白虎，前至朱雀，后至玄武，八山二十四向明堂宽阔，广大无边……需至地契者，谨具地契一纸给付……①

（8）立向。根据风水先生择定的吉期，给死者的坟墓正式立向。家庭条件具备的，立向时可包坟砌墓，反之则用一块毛石作墓碑。墓碑是很讲究的，刚过世的与原来过世的分别称为“新故”与“久故”。新故亡者的墓碑和久故亡者的墓碑写法不一样，新故的上面有生年死月以及孝子等内容，而久故的只是说这是某人之墓。

（9）送火送饭。连续送三晚，第一晚送到坟上，第二晚送到半路，第三晚送出寨子即可。送饭时用干稻草扎成火焰包，与火一同送出去。送饭体现“灵魂不灭”观念，人死后还要吃饭，死亡只是到另一个世界，还需要衣食住行。

（10）办酒席。是在最后一天，这一天，所有的亲朋好友前来看望，送礼除了送钱之外要送一二刀草纸，办酒是为了接待客人和招呼办丧事这几天来帮忙的远亲近邻，表示对他们的感谢。

（11）破狱。在整个法事的过程中，最热闹的一天就是“开方破狱”，也称跑城，破狱即破血河。时间为两三个小时。在当地，“破狱”有这样一个传说：

有一个不知道叫什么名的这个母亲老人出去了以后，有个儿子叫“目连”，长大以后就是说我来看我家母亲，后来到十八层地狱去找到，找到之后就喊出来了。现在讲的“破狱”就是要破十八层地狱，要去十八层地狱去把这些灵魂整出来，不要给他在下面受罪，只要是我们

① 被访人：XDM，访谈人：徐国江，访谈时间：2013 年 12 月 21 日，地点：普安县龙吟镇北盘江村光明组。

> 喇叭苗族都要破狱，做先生的不是叫“破狱”，我们也是要通过一些手术，师傅盖卦给我们了之后，我们过世后也就不用“破狱”了，我们就是要“奏”，把奏上天去。具体的就是要“六冲六破”，去了之后就要拿《三位龙华》的科书来唱，如果是生前做过先生的人死了之后就要穿一套新的法衣，头上戴的花冠是有区别的。文教先生戴的是“佛冠”，武教先生戴的是“花冠”，先生死了还要有三十二道天梯，还要弄三十二道白布从下面把梯子包好，梯子上还有银马。奏的时候用的就是奏度科书，比如《大小金刀印》、《日月二宫印》、《腾云掉气印》、《百合仙人印》，奏的时候需要三个人，比如一个说了“大小金刀印度亡魂”，另一个又说“大小金刀印度亡魂”，还有一个要说这个亡者在天上去做什么了。[①]

然而，对于生前是学道士先生的则不需破狱。在访谈调查中，普安县龙吟镇高阳村前进组道士先生GLW说：

> 我们做先生的不是叫“破狱”，我们也是要通过一些手术，师傅盖卦给我们了之后，我们过世后也就不用“破狱”了，我们就是要“奏”，把奏上天去。具体的就是要“六冲六破”，去了之后就要拿《三位龙华》的科书来唱，我们死了之后就要穿一套新的法衣，花冠的话我们文教先生戴的是“佛冠”，武教先生戴的是“花冠”，还要搞三十二道天梯，还要三十二道白布从下面把梯子包好，梯子上还有银马。[②]

破狱当天，孝子身穿白孝衣，跪于周围。人生而怕进入监狱，死而又怕入地狱，他们就从丧葬仪式过程中来超度亡魂，不让其进入地狱之门。

（12）“放施食”。用三十三棵竹篾和三截竹子，三截竹子里面分别放有一块粑粑、一些纸钱和“三十六戒”，“三十六戒”需三十六张，还需准备

① 被访人：GLW，访谈人：徐国江、邓连波，访谈时间：2013年8月19日，地点：普安县龙吟镇高阳村前进组。

② 同上。

一桶稀饭，当先生念完一段经书以后，需两人一起，一个在前面点火，一个在后面撒稀饭。在仪式结束后要念一道“圆满疏”，说明此次用的经书。

（13）辞灵。开方破狱结束那天晚上，先生念“辞灵科”，意思是亡者要和亲人辞别，“辞灵科”内容节选如下：

辞别灵，辞别灵，辞别灵，辞别灵，辞别儿女泪纷纷，辞别儿女泪长倾。

送老归山才是子，各人回去勤耕种，孝心感动上天庭，有吃有穿不求人。

夫妻和睦抚儿女，有吃有穿郎舅好，一代更比一代能，不是亲来也是亲。

亡人此时来辞别，若是衣吃无着落，辞别要登程，走到门前把眼瞪。①

辞别过后永远就回不来了，因此辞别的时候儿女往往会泪纷纷、泪长倾，体现他们对亲人的依依不舍，这是“孝道”的另一种诠释。

（14）化灵。辞别过后，帮忙的人把花草全部拿到村外的空地上，等仪式结束后全部烧掉。所有仪式结束，要去化灵，化灵的时候需鸡一只，需放鞭炮（现在多用烟花代替），纸马的需“解马脚”，“解马脚”同样需鸡一只。先生念完一段经书后杀鸡，用鸡血把堆放花草的地方围起来，称为“围火盆”。意思是不让别人来抢亡者的东西，在点火之后，所用到的东西如孝衣、筛子等放在火苗上熏，意思是亡者把所有不好的都带走了，以后孝家就会一帆风顺，万事大吉。

（三）仪式后

（1）守孝。长辈去世后，晚辈守孝三年，其间有一些规定和禁忌，如晚辈在酒席上不能坐上席，不能与人争吵。夫妻中一方去世，活着的一方

① 被访人：XGX，访谈人：徐国江，访谈时间：2013年12月24日，地点：普安县龙吟镇北盘江村光明组。

守孝三年，满三年后才能另娶或另嫁。

（2）贴对联。在老人过世的三年内，春节时门上贴孝对（对联），不许贴红对联，只能用白纸、黄纸和绿纸写，第一年用白纸，第二年用黄纸，第三年用绿纸，以示缅怀逝去的长辈，三年满后才能用红纸写对联。用白纸、黄纸和绿纸写对联是表示对亲人的思念和哀悼。

（3）拜死年。家里有人去世后，丧家从老人去世那年起，到逝者的墓前去拜三年的年，三十晚上去亮灯。在大年初一带上酒肉和水果等到死者坟前祭拜，也有亲戚朋友前来祭拜，丧家主要在坟上接待客人，客人也带有供品和鞭炮等前来，在坟上祭拜完毕后，丧家就请客人到家里吃饭、喝酒。有的还请唢呐队到坟前吹奏，缅怀死者。也可用火药放地炮，每三炮为一排，每次共放三排，孝家请参加拜年的亲友到家里大摆酒席以示答谢，亲友离开时每人发一对糯米粑。到第三年的时候，丧家给来祭拜的人发洗脸帕、枕巾等。

（4）挂青。在清明节期间，后人去“挂青”，对于刚过世没有满三年的，在清明节到来之前去“挂社”，挂满三年后就和其他的一样在清明节当天就可以去“挂青”。去的时候必须带的东西有纸钱、香、鞭炮和供品。

（5）催龙，是喇叭苗族丧葬文化中比较隆重和热闹的祭祀盛典，也叫上坟添泥巴。新故亡人下葬后，一年左右须添泥巴，因新砌的坟墓所堆新土下沉，要添新泥，借添新泥巴的时间再行祭祀，予以化财表孝心，其载体唯“催龙”为大。故而“催龙”须在新埋坟一年左右进行。“催龙”必行，自古有之，说是催埋坟的龙山穴场，保佑孝子快快大发大旺，荫及子子孙孙。“催龙”不是乱催的，需要请会“催龙”的先生择定良辰吉日方可进行。择日子很是讲究，其年月日时、山向、孝命、亡命均要相合，方可大吉大利，否则，必然犯鬼煞至灾遭祸。“催龙”时间一般以一天为限，也有催半天的，更有催两三天的。催半天的叫催小龙，催一天以上者叫催大龙。“催龙”收工回家还要在堂屋中摆开“法事”，叫催家龙。

（6）七月半接祖，即传统的“鬼节”，对于家里有新故亲人的家庭，从农历七月初一自己的先祖请来供奉在家里，即为“接祖”，每天摆茶供饭，一日三餐不得延误，不管有什么事，只要到时间就要做饭供奉祖先。在此期间，需要用玉米、辣椒、茄子等做成马的样子，表示对祖先的尊敬。没有新故亲人的就在农历七月初九的晚上开始“接祖先”，称为“接老公公”，当天晚上只在神龛供奉茶水。

> 在农历七月十四那天要“烧包”，里面放着纸钱。在烧包时很讲究，需要准备两碗酒，纸钱若干，一碗饭，这碗饭需要两个碗，一个装饭，另外一个翻过来盖在上面，这碗饭俗称“晌午饭”，是给祖先们在路上吃的，烧的时候自己家的这些祖先的纸钱烧成一堆，外家的纸钱一堆，再烧给牵马挑担的，烧的时候要讲清楚有多少钱，一般会说：“金钱一一如数，金银一一如数。”在晚上八九点开始烧，帮忙祖先们准备好回去要带的东西，用当地的话来说即是“祖先要回到扬州去，路途遥远，烧晚了怕他们落后了，赶不上别人家的祖公，他们要到扬州去会合”。烧的时候按老幼排序，烧完后用纸把烧剩的纸灰包成两包，准备好上路的饭菜、茶叶等，用担子挑上，然后点上一把香，沿路一直往前插，直到香插完，就把挑出去的担子放在路边较高的地方，口中说到“老公公们慢慢地去”，即可回家。在第二天早上，不能去割草来喂牛，因为怕去割草的时候祖先还没有走远，还在村子周围的田间地里，怕把老祖公的马脚割断了，所以一般都要到下午才去割草回来喂牛。在喇叭苗民族地区，七月初十到十四这几天是不能晒粮食谷物的。因为这几天你要是晒粮食谷物的话就会被老祖公拿去当作马料，所以这些天都不晒粮食谷物。①

纵观整个丧葬仪式过程，从仪式前的送终、报丧、入殓、烧落气钱、放地炮、请管事、接先生、看地等；仪式中的写字、做法事、唱孝歌、哭丧、出丧、下圹（下葬）、送火送饭、办酒席、符山、立向、破狱、放施食、辞灵等；仪式后的守孝、贴对联、拜死年、挂青、催龙、七月半等内容可以看出，他们是一个“礼、义、仁、孝”兼备的民族，具有极其强烈的组织性、纪律性。儒教的“礼”制贯穿整个仪式过程的始终，教化感人，

① 被访人：GBM，访谈人：徐国江，访谈时间：2014年8月3日，地点：普安县龙吟镇北盘江村光明组。

是正面教化后代的一种仪式过程。

"任何一种民俗事象和文化现象都是一个民族生产、生活方式的描述和写照，只不过要么是直接的或间接的，要么是现实的或历史的反映形式而已。丧葬文化不可能游离于民族的生产、生活实际之外而超然存在。丧葬习俗和丧葬文化对民族生产力发展水平和生产、生活方式状况的折射和反映是一种较为突出和明显的普遍现象。"① 喇叭苗的丧葬习俗也是喇叭苗民族在生产、生活实践中对历史的记忆，是对母源地的记忆而产生的丧葬观念。

三　喇叭苗丧葬仪式的社会功能分析

（一）社会组织功能

从喇叭苗的丧葬仪式过程看，丧葬在其社会中占有很重要的地位，其原因是在喇叭苗聚居区有一种约定俗成的祭祀礼仪在规范着人们的思想，使其在丧葬仪式过程中具有良好的秩序，有条不紊。如前文中所叙述的仪式中的打箱、写字这一过程，分工明确，体现了丧葬仪式过程中的社会组织功能。这种社会组织制度的形成与丧葬仪式过程是紧密相连的。每个民族都有自己的丧葬仪式过程，且不同的民族之间丧葬仪式过程不一样。因此，这种仪式过程功能强化了民族内部的凝聚力，是形成统一的心理意识和价值认同的根源。

（二）社会控制功能

社会控制的概念是美国社会学家罗斯首先提出的，他认为"社会控制是社会统治的手段，它规定了社会生活的方式并用以维持社会的秩序"②。然而社会心理学认为，社会控制包含两个含义，"一是将外来的禁忌内化为良心的鞭挞力量；另一个是将外来的禁忌以法律条文规定，起一种心理制

① 赵泽洪：《魂归何处：普洱地区少数民族丧葬文化研究》，第4页。

② 孙秋云：《文化人类学教程》，民族出版社，2007，第265页。

约的力量”。[①] 由社会心理学可以看出，社会控制的主要动力是来自人的内心。传统的喇叭苗乡土社会通过丧葬习俗这一文化内核来影响和支配整个喇叭苗社会成员的内心世界，这些丧葬文化在行为规范和社会控制方面起着重要的作用，同时对喇叭苗的乡土社会安宁和谐发展方面也发挥着很大的作用。

（三）文化认同功能

从心理学的角度来解释，由于喇叭苗是在“调北征南”“调北填南”的时候因战争而迁徙的，在个人与他人在情感上、心理上有着共同的心理过程，其丧葬文化中的丧葬仪式是一种族群的认同，也是对祖先的崇拜。通过丧葬仪式过程来维系喇叭苗社会共同体的内在凝聚力。从这一角度透视喇叭苗地区的丧葬文化，则丧葬仪式过程中也蕴含着文化认同的功能。

（四）文化传承功能

不管从仪式前看还是一直到仪式后的一切活动，都有文化传承的因素在里面不断地显现。从整个仪式过程来看，是对喇叭苗民族文化的传承，他们怀念母源地，是对祖先的思念，更是对喇叭苗民族文化的传承。

（五）社区教化功能

在喇叭苗地区的丧葬仪式中，先生要唱“怀胎记”，其内容主要是怀念母亲的十月怀胎，在此过程中，在场的人都会受到感染和熏陶，对喇叭苗的社会规范、为人处世等有了一定的认识和了解，也就是相当于一次有声有色的道德伦理教育。利用丧葬仪式过程中有声有色的形式进行社区教化，更易为人们所接受，不会产生排斥和逆反的心理，可以起到很好的效果。

（六）族群凝聚功能

喇叭苗民族习惯是在特定的条件下，长期生活在北盘江流域中段的中山地带，对外交通条件极其不便，在社会生产生活的各方面长期传承下来

---

① 林秉贤：《社会心理学》，群众出版社，1985，第298页。

的行为方式和生存心理，通过衣食住行、生老病死等行为习惯具体地表现出来，这反映了喇叭苗民族的情感意识和认同意识。丧葬仪式是喇叭苗民族习惯的一个重要组成部分，是喇叭苗民族的一种社会习惯。其丧葬仪式和周边少数民族有着明显的区别，这也是构成民族特征的重要因素。这就使丧葬仪式在凝聚民族感情、维系民族意识、表现民族特征等方面具有特殊的作用和意义，对强化喇叭苗民族村寨集体意识具有客观影响。

四 结语

从整个仪式过程来看，丧葬仪式是喇叭苗族群社会文化中的一朵奇葩，在乡土社会有序和谐发展方面具有不可磨灭的地位与作用。经过600多年的积淀，在这个漫长的历史进程中，喇叭苗丧葬仪式发挥了社会组织、社会控制、文化认同、文化传承、社区教化、族群凝聚等方面的功能。喇叭苗的丧葬仪式过程在整个民族文化中的功能非常明显，是非物质文化遗产的典型，我们要传承、保护、利用。

喇叭苗文化艺术考察

华松林*

摘　要： 喇叭苗在文化艺术上具有民间歌谣题材多样、民间故事生动感人以及文化人工诗文等特点。同时重文教，并有独特的音乐、舞蹈和戏剧形式。

关键词： 喇叭苗　庆坛　崇文重教

1986～1990年，笔者在晴隆县地方志办公室主持《晴隆县志》编写工作。1988年7月，笔者带领杨宏（喇叭苗，后任普安县法院院长）、向胜强两名助手，深入到北盘江中上游的苗族聚居区，对这支苗族（原喇叭苗，操湘西土语，以下直接称喇叭苗）的历史文化、艺术进行专项考察。

喇叭苗是1982年经国家有关部门进行民族识别后认定为苗族的，现有人口10万余人，主要居住在贵州省晴隆县北境中营、长流片区，普安县北境的龙吟、石鼓（旧称皮鼓）片区，以及水城特区的双夕和米箩片区。喇叭苗的先民是明洪武十四年（1381年），随明大将军傅友德、蓝玉、沐英率领的"调北征南"大军，从湖南宝庆府（今邵阳地区）一带，进入贵州西南部北盘江流域的。在云贵战事平息后，明王朝便在云贵实施"戍兵（边）屯田"的军、政及经济战略。喇叭苗的先民则随军队屯田于北盘江中上段

* 华松林（1949—2013），笔名秋生，晴隆县史志办原主任、文化局原局长。

地区，自此定居，生息繁衍。

喇叭苗没有本民族的语言和文字。其先民因“屯田自给”而带来先进生产力的同时，亦相应带来了先进的中原文化和荆楚文化。由于喇叭苗的聚居地，距县之政治、文化、经济活动中心较远，交通闭塞，经济落后，致使这一地域的文化形成封闭或半封闭状态。我们经过月余的考察，收获颇佳。值此《苗族百年实录》编撰之际，笔者认为有必要将当年的考察结果，向世人作简要介绍。

一　文化状况

喇叭苗的文化状况，不含大文化（婚丧嫁娶、衣食住行）范畴的具体表现，主要有民间歌谣、诗词、民间故事等。

1. 民间歌谣

有古歌、情歌、小调。古歌、情歌的句型结合，受中原文化和荆楚文化的影响较浓，多见于四句歌的五言四句，小调的句型组合不论。

（1）古歌。反映的典型内容，主要是《出征歌》《战场歌》等。如“三步两栋桥，狮子把铃摇。出门三大炮，骑马又抬轿”这首古歌，情调高昂，描述了喇叭苗先民出征前，在离开衣胞之地宝庆府武岗州牛拦山（今湖南洞口县桥头乡毓兰村）时，触景生情，留恋家乡古迹的情景，以及出征的热烈场面。再如“勒马刚强既出乡，自古男儿作战场。今日离了湖广地，久在他乡如故乡”这首古歌，据该民族传说，出自该民族邓姓的祖先邓荣宗（明指挥使）之口，歌词反映了湖广兵南征胜利后，安居乐业“久在他乡如故乡”的思乡感情。

《战场歌》，如“前头陡陡岩，后头大路来。听得山上有号叫，攮（此读朗）起笆折打上来”。廖廖数语，便勾勒出一幅古战场的画面：征南军队的前面，是红苗、仡佬族军队坚守的悬岩陡壁，后面是征南军队走过的大路，只有勇往直前，才能取得胜利，因此派出号兵（相当于今天的侦察兵）潜上陡壁，摸清敌情，然后以牛角号声通知本队人马。山下的军队听到号声，立即手持笆折（一种古代特制兵器，呈凸形，能抵挡礌石滚木的防御性武器），攻上山去。这首古歌是其先民随军攻打普纳山（又称普南山）时唱的。其句型特征，尚保持楚辞风格。

（2）情歌。大致有两类：一类是古代延续下来的，另一类是经过演化而形成的现代情歌。古情歌如“湖南有条十字街，花树对着漆树栽。二人要得重相会，除非半路开小差”。这首情调低沉的歌谣，反映征南士兵出征时，离乡背井，与亲人话别的无可奈何心理，相应地表现出一定程度的厌战情绪。

现代情歌，除在该族民间流传已经演化的部分，大都借物借景，即兴而唱。如“大雨歇脚喜鹊飞，情哥下沟砍芦苇。小心脚下滑石板，扭伤脚杆妹伤心”“大雨歇脚喜鹊飞，小妹放牛也放心。不看牛儿来看我，打蚀牛儿哥伤心”。这类情歌，均以男女青年对唱形式表现。在鲁打、长流一带，唱山歌（古歌、情歌的统称）是喇叭苗生活的主要成分之一，每年正月十五和五月端阳，男女青年聚在一起唱歌，歌声高亢，随口而成，对唱如流，连唱几天几夜也不会重复旧词。

（3）小调的内容，多以叙事叙物为主，声腔、乐调及唱法与山歌不同，为古歌之一种。迄今在喇叭苗中流传的有《五更劝夫》调，《十二月放羊》调，《十二月出征》调，《十二月送郎》调等。《五更劝夫》调所反映的是旧时妇女因丈夫不习农事，游手好闲，不关心家庭困苦，妻子苦口婆心，从初更起劝说丈夫改邪归正，直到五更天。《十二月放羊》调，主要叙述旧时一位年轻寡妇的悲惨生活，同时对封建社会的伦理道德观念，给以无情的控诉和鞭笞，其情调苍凉凄惨，催人泪下。

喇叭苗中流传的歌谣，是该民族文化的重要组成部分，表现形式多样，内容丰富。

2. 文化人工诗文

当年考察中，笔者所见到的主要有五言、七言诗，西江月词牌，也有部分赋文。

由于该民族没有自己的语言、文字，其文化反映是汉文化形式。自明清乃至民国以来，该民族在记事述物时，多以诗或词进行表达。

（1）五言诗。如《冬岭秀孤松》：“省时三冬景，苍松独见孤。时当寒气盛，节不畏霜枯。老杆龙鳞拟，柔条马尾如。干霄青色翠，蔽日绿荫符。岭上枝枝秀，岩边树树苏……”又如《天晴忽又阴》：“试看长天色，晴光忽又阴。密云非有照，野鸟再无音。细雨飘芳径，微风扇远峦。重重迷日影，叠叠雾山林……”以及《饮食》《十月涤场》《菊为重阳冒雨开》《十月先开岭上梅》等百余首，均是触景生情，有感而发。以笔者这双凡眼看来，似是画家之工笔，描写之细腻，犹如卷卷水墨丹青，再现于目睹者的眼前。

（2）七言诗。如《咏风》：“羊角扶摇到处施，丘陵峻岭任随之。飘飘散乱无边景，阵阵吹开物类滋。虎啸鸟飞背协力，金铃玉铎亦凭吹。能将和阳通三思，自得翔洽布惠慈。”以及《二月山城未见花》等数十首。这些七言诗的作者，虽将他们的作品，列为七言排律，但大都不甚规范。有的只注重韵脚，然平仄、对仗多不工整，尚有犯孤平而无拗救之欠。有的虽讲究平仄对仗，但韵味欠佳。如《馆读》“三脚坡前立舍馆，三余诵读维科好。十年窗下受磋磨，十月功夫比夏全”一类，均属不规范之排律诗，不过是打油而已。

考察组认为，就其五言诗、七言诗的总体设计看，受中原文化的影响较深，基本保持了古乐府诗的遗风。

（3）词。在该民族中，应用的词牌形式不多，常见的“西江月”词牌居多，这种状况的形成，其历史可追溯到明初。由于“屯田制”的制约，军屯点的经济、文化诸方面的发展，均受到地域环境的限制。其文化发展，仅由军屯点的随军文化人传授，发展程度亦受很大局限。相对而言，取决于随军文人的文化素质及其知识的覆盖面。可以这样设想，随军文人多用七言、五言诗来表现生活，词方面，较热衷于《西江月》词牌，故而到清代、民国时期，该族中的文化人，在记述乡中大事要事，为家谱或族谱作序，或者勒碑作记时，都以《西江月》词牌来表现。如《杨氏家谱·路途记》的《西江月》调：“圣主洪武三年，奉命领兵征南，剿洗黑洋（地名，黑洋大箐）一路险，随后翌设黔阳（地名，指贵阳）。”又《征剿黑洋箐将军邓仲清碑记》之《西江月》调称，“吾祖生于三楚，随父（指邓荣宗）征剿至黔。先来落业在安南（地名，今晴隆），后移龙场营（地名）里。祖殁年湮代远，子孙世代播迁。生死年月未记全，孙曾能对祖面，今虽垂碑勒石，聊表远孙心焉。萌佑子孙科甲连，万古佳城纪念”，等等，较为鲜明地反映出这支苗族的文化典型特征。但在填词时亦不规范。一般只注意词牌要求的字数，然词所要求的平仄韵脚、对仗等关键手法，其处理上是不严格的。

（4）赋。笔者当年在该民族中搜集到的赋文，有数十篇，在此阐述一二以证明，如晚清喇叭人刘人泮撰的《雪花飞六出赋》：

景至随时，乘期交节，百物侵凌，千般尽洁。
靓韶光之空媚兮，翠华何存？
抚寒气以晴侵兮，美物皆缺。
俨如梨花飞，恰似白露结。
黄童见此凝有霜，白叟名之似为雪。
寒露以后，阳春可嘉，当此寒冬之景，亦足令人堪夸。
将见韶华不在兮，雪乱而纷。
可知翠色不存兮，心事如麻。
锦心绡口，光明人家。
能滋能润之物，其惟雨露。可双叫乐之景，不过雪花。
于是时光安在，景物都非。欲知地理安静，月看天道轮回。
试思昔我往矣，杨柳依依。复念今我来思，雨雪霏霏……
色如梨花兮，飘飘平下。
形似鹅毛兮，朵朵而生。
应钟以来，一般景故。
夷则过后，积雪满路，冥阳司令兮，水冷金寒。
滕六降雪兮，花飞到处。此景先兆丰年，遂感时而作赋。①

此外，还有《夕阳赋》等，均是以题为韵，章法不乱，层次分明，将风景描写得淋漓尽致，可称该民族赋文之佳品。

3. 喇叭苗的民间故事

一般多见于神话故事。有口头话流传，亦有作歌传唱。大体上可分为两大类：一类是该民族的起源并通过歌以流传，另一类是与其他民族中的

① 此赋文为笔者断句标点并删节。

流传说法或故事的歌谱或故事相似。

如《狗带谷种》的传说，就与流传于布依族中的《王芒寻种》（兰照耀搜集整理）和《芒耶寻种》（罗讯河搜集整理）的故事内容大同小异。但可从另一角度证明，这支民族及其文化是古老的，与汉族、布依族等其他民族一样，都经历过洪荒世纪的考验。此外，还有《老变婆》《狼外婆》等故事，均与汉族中流传的相似，这无疑是各民族部分文化融合事例的典型反映。

起源并流传于喇叭苗中的传说故事，主要有《刘世类的传说》《斩龙坳的传说》《石猴子的传说》《张赵二郎与王母成亲》《红花树的故事》，等等。《刘世类的传说》，在鲁打、长流、龙吟一带流传甚广，内容大都反映苗族青年刘世类机智、勇敢、不畏强暴，敢于与恶势力斗争，为民除害的事迹。传说中塑造的刘世类这一类人物形象，可与布依族中的传奇人物甲金媲美。《红花树的故事》，则叙述了一对苗族男女青年的爱情悲剧，故事对封建礼教及族权的桎梏进行了鞭笞，同时也歌颂了该民族对爱情的忠贞和美好理想的追求。流传于该民族中的这些故事传说，均有其丰富的思想内容，也保持有浓厚的民族特色和地域特色。

二　喇叭苗民间文化教育

明初实行军屯后，稳定于北盘江中游军屯点的喇叭苗先民，其主要任务是耕种粮食，以“达自给”之策，并兼防水西兵变。因此，军屯点的文化教育问题，仍得不到统治集团的重视，形成军屯点的“教育无官办”的状况。军人的子女就学，只有依靠军屯点中的文化人，立塾馆授教，至清代及民国初年，仍延续私学。

民国初期，虽在长流、鲁打二乡办起国民中心学校，但入学人数有限，入学者的身份也极为讲究。所以，该地域的民间塾馆，依然是承担该族群文化教育的主要支柱。如长流一带，在清代中晚期，喇叭苗刘姓家族中的文化人，为发展其乡村文化而捐金集银，设置“刘氏书林”，刊刻藏书，以供家族中人求学之用。笔者在搜集发现的“刘氏书林”藏书中，清光绪年间版本较多，如《论语》《开山堂集》《诗韵》等。该族群的私塾先生，以清代中晚期至民国初期较多。既有名望而又有一定成就的，有刘人泮、刘成均、刘学坤、汪怨赢等，大都为前清秀才。这些人撰写了不少论文及诗词歌赋，论文如《天命论》《在格物物格》《则敬孝》《有朋》《天地论》《山水论》等百余篇。诗词歌赋，除前文中所述部分外，尚多。这些论文诗赋，均经反复推敲修改，以朱红点评，然后发给学生，使学生易得要领，师其文法，习有所得，长进较快。私立塾馆的影响，使喇叭苗的文化迄今不衰，并有所发展，其文化基础是不可低估的。

再一点，是喇叭苗的文化需求意识很强。这个族群笃于文化要求的观点朴实得很，也很崇高。从许多老人的口中了解到，他们都希望自己的子女有较高的文化，丰富的知识以改变穷乡僻壤的落后经济状况，也能改变自身的生活环境，因而产生一种有目的的或是观点不成熟的求知态度，前者为索求知识而不惜代价，让子女入学，或四下搜罗书籍供子女学习，这就是现在所讲的智力投资；而后者大都是一种虚荣的要求，即使家中无人识字，但只要听说某篇文章好，某本书好，他们就会不惜重金，请人抄写一本，搜集存放于家中，如对子书（对联集）和祭祀文章等。考察途中，笔者还惊喜地看到，一些苗族孩子骑在牛背上读书的情景。看到这种浓烈的求知欲，笔者深深感到，该族群对于文化知识是迫切需求的、十分热爱的。就仅有80户人家的锅底寨而言，考上中专、大专和本科的学生达70余名，几乎每户都有一名大、中专生。

三　艺术表现

喇叭苗的艺术形式，就考察的结果看，主要反映在以下几个方面。

1. 乐器

该民族通常使用的乐器，有五眼箫、七眼箫、短笛、月琴、竹筒胡琴，均为自制。一般作小调伴奏或合奏。此外是打击乐器，如鼓、锣、钹等。

2. 音乐

曲调多显温柔，柔和以至凄楚。较为普遍的乐调，是前文中所说到的《五更劝夫》调、《十二月放羊》调等。

3. 舞蹈

主要是祭祀舞蹈，其精华而又能体现其民族特色的是“庆坛舞”。这种舞蹈是该族群在丰收后的一种欢庆表现形式。

（1）庆坛舞使用的道具。主要有鼓、锣、牛角号、云板、排带、面具、服装、锡杖以及张兆二郎和王母的木雕黑漆头像。

（2）庆坛内容。据传，这支苗族的祖先，居住在湖广境内一个竹木葱茏，风光宜人的桃源洞境，后因调北征南，苗家先民随军转战，迁徙，走到北盘江，军屯定居，繁衍生息。喇叭苗虽离湖广地，却不忘记自己的祖先，但因祖宗牌位无法随身携带，为了祭祀之便，他们便将能代表桃源洞景的竹（荆竹），砍制为三道骨节长的一根，凿上孔，将金银或制钱硬币、米等五谷杂粮，分别装进三道竹节内，用彩色纸封裹好，以五色线将封口处缠牢，安放在家神牌位正中，这叫安坛，然后庆贺（即庆坛）。庆坛歌的唱词内容，是流传该族群中的“张兆二郎和王母成亲”的故事，贯通整个庆坛仪式。

（3）庆坛表演。庆坛活动前后主要分八节，舞蹈者二人，随鼓点起舞，也就是人们通常所说的“响器舞”。

第一节，起鼓。一人鸣锣，一人击鼓以上前四步，后退四步对跳。另三人各持一只约二尺长的牛角号，三只号门朝天摆成三角形状吹奏，以气量调节音调或处理颤音。

第二节，发奏。由一人领唱，三人合韵间或吹奏牛角号。

第三节，接新坛。由一人身着红色服装，戴面具（为长髯红面脸谱，该民族谓之城隍），与另一人以四方步（踏罡步）进退躬身或跳或跑，锣、鼓、牛角号齐鸣。

第四节，点兵造桥。一人仍着服装面具，另一人男扮女装，男人右手持牛角号，左手持排带，“女”人右手持牛角号，二人之间以一条长凳为“桥”，相对以四步进、退跳，间或单脚跑、旋转跳。然后“女”人更换道具，肩担锡杖，男人手舞排带，跳法同上，间有颤步。

第五节，迎人接驾。跳法大致同上。

第六节，三坛庆贺。男“女”手握原道具，以四方呈“之”字交叉对跳，间或单脚对跳，旋转 360 度并穿插。

第七节，要坛。由身着服装面具的人手握锡杖。单脚跳或换脚跳，舞动锡杖，或作棍或作梭镖，时而正面旋转 180 度，时而反面旋转 180 度，随鼓点跳跃。

第八节，庆坛。跳法同上场。

根据我们考察人员的要求，将原需三昼夜才能完成的庆坛活动，调整为一天一夜，通宵达旦地表演。在庆坛过程中，整个气氛尤显热烈、欢快，其动作大都保持着该族群传承的历史文化。如三坛庆贺、要坛、庆坛等节中，出现的跳、刺、劈、打、扫、点、戳等动作，近似于其先民南征时对敌厮杀的勇猛形象，既迅速而协调，又粗犷而有力，足以使目睹者产生古战场再现的感觉。

4. 戏剧

通过“庆坛”仪式表现的，是具有故事和戏剧情节的“傩戏”，其内容除了“张兆二郎和王母成亲”等故事情节外，还有民族迁徙、生息、繁衍的过程。追溯庆坛舞的渊源，当属古老的“傩舞”。

关于“傩”，我国早有记载。《论语·乡党》中有“乡人傩”之说。《吕氏春秋·季冬》云：“命有司大傩”；高诱注云：“大傩逐尽阴气为阳导也，今人腊前一日击鼓驱疫，谓之逐除是也”。这便是古代举行的大傩时，人们手舞足蹈以驱鬼捉鬼之迷信祭仪，源于原始的“巫舞”。汉代时期，傩舞进入宫廷，其规模盛大，有“方相舞”“十二神舞”等名目，舞者头罩面具，手持干戚（今之锡杖）等兵器，表现驱鬼捉鬼的内容，故而有人称“傩舞”为艺术“活化石”。

在长期的发展过程中，如活动在中营片区的水坝山、锅底寨、青山坳一带的“傩舞”“傩戏”，已逐渐向娱人方面演变，加强了娱乐成分，内容也大为丰富，出现了表现劳动生活和民间传说故事的节目。然而中营喇叭苗聚居区的庆坛舞，虽以民间故事为内容，保持着古代形态，活动于祭坛，始终没有脱离原始宗教色彩，是靠“神”的力量所保护并继存下来的原始艺术：表演者的神、情、形、态及许多动作，均未经过演化和较规范的艺术处理，是原始的形象反映。

晴隆长流喇叭苗集市调查

袁本海*

摘　要： 晴隆长流是晴隆喇叭苗最为集中的乡镇、该区形成的鲁打、长流市场是区域社会、经济、文化活动的中心。

关键词： 喇叭苗　集市　长流　鲁打

2013 年 8 月上、中旬，应晴隆县文化局的邀请，笔者与叶成勇老师带领贵州民族大学历史学专业的贺鑫鑫、杨培飞、潘春、韩基凤和民族学专业的杨莹等五位同学，到晴隆县北部调查喇叭苗的历史和民俗文化。根据分工，笔者主要负责对集市的调查整理。喇叭苗主要分布于晴隆、普安、水城、六枝交界处的北盘江两岸①，晴隆县喇叭苗的分布以鲁打和长流最为集中②，即今长流乡境内，此次调查即以鲁打和长流为中心展开。

一　鲁打、长流的集市背景

鲁打和长流原为晴隆县北部的两个乡。1935 年，鲁打就已建乡。长流

* 袁本海，贵州民族大学民族学与社会学学院历史学博士。

① 邹兴林、吴秩林主编《盘县——非物质文化遗产描述与研究》，贵州大学出版社，2009，第 348 页。

② 贵州省晴隆县县志编纂委员会编《晴隆县志》，贵州人民出版社，1993，第 70～71 页。

建乡则在1953年。① 1992年，撤区、并乡、建镇时，长流、鲁打两乡合并为今长流乡。长流乡位于晴隆县的最北端，北与六盘水市水城县猴场乡相连，东与六枝特区中寨乡隔江相望，西与普安县龙吟镇毗邻。② 虽说两个乡已合并，但当地百姓仍习惯上称为鲁打、长流，本文仍以民间习惯来称呼。

集市，是在固定的场所进行商品交换的贸易场所，它的特点是“以民间小生产者和手工业者的直接交易为主”，且是“乡民自产自销的重要场所”③。长流的两个集市，亦不例外，当地人称赶集为赶场，集市所在地称为场坝，是集中进行贸易的场所。

今长流乡境内集市有长流场、鲁打场和杨寨场，三个集市为“转转场”，以十二生肖为主，和周边的新民、173、中营轮流循环，六天赶一场，因此每天均有集市可赶。按当地风俗，鲁打赶的是鼠场、马场，长流赶的是牛场、羊场，新民赶的是虎场、猴场，中营赶的是兔场、鸡场，杨寨赶的是龙场、狗场，173赶的是蛇场、猪场。此次调查的集市以鲁打场和长流场为主，对长流场，调查人员还亲身进行了体验。

（一）鲁打场的变迁

旧时，鲁打集市在晴隆县北部就非常有名。截至1958年，集市均在今虎场村虎场寨虎场包上。1958年，乡政府迁搬迁到了今虎场村太包组，鲁打场亦随之搬迁。1992年，合并乡镇后的鲁打场依旧在太包组。

《晴隆县志》记载，鲁打场是当时晴隆县6个一级市场之一，其余是晴隆、马场、鸡场、大厂、花贡。鲁打场均“上市人数约8000余人，商品有土布、炮竹、花线、花边、项圈、手镯、耳环、银箸（簪）、竹制工艺品。农副产品有甘蔗、红糖、桐子、染整、鲜肉、鸡、鸭、禽蛋、蔬菜，大牲畜上市约30头（匹）。以属相鼠、马六天一场，集市成交额约2.5万元。与特区水城、六枝接壤，农副产品多销境外”④。

与文献记载相比，鲁打场的地位、规模和作用在实际调查中也得到了

① 贵州省晴隆县县志编纂委员会编《晴隆县志》，第28~30页。

② 《长流乡》，http://www.gzql.gov.cn/qlgov/zjql/xzkg/2012-05-26/4132.html。

③ 王锐：《中国商俗文化刍议（Ⅰ）》，《天津商学院学报》1992年第4期。

④ 贵州省晴隆县县志编纂委员会编《晴隆县志》，第266页。

一定印证。龙昌熊（男，64岁，喇叭苗，文盲，居住在长流乡虎场村虎场寨）介绍：以前赶场非常热闹，在虎场包上时，坡上、坡下多时会有几万人，市场上有不同的区域，场上有卖大米、苞谷、麦子、猪、牛、马、鸡、鸭、羊、布（包括土布）、镰刀、犁、锄头等商品。农村所需商品，在市场上基本都能买到。另据龙洪周（男，68岁，喇叭苗，初中文化，居住在长流乡虎场村中田组）介绍：当时到鲁打赶场的商贩，路途远者会在前一天下午就赶到鲁打，以便第二天好出摊儿，赶场者除周边村寨的百姓外，也有来自水城、郎岱等地。

与文献记载每次赶场的人有8000余人相比，龙昌熊说的每次有几万人赶场一说，虽有所夸大，但也反映出了鲁打场在当地集市中的规模和对百姓生活影响之大。由于鲁打场的“农副产品多销境外”，因此，鲁打的集市还具有一定的商品集散地的性质。由此可见，鲁打场的集市在晴隆非常有名，是县境北部重要的集市之一，对方便百姓生活和促进当地民间的商业贸易发挥了重大作用。

现在，鲁打场坝所在的太包组多被民房所占，中间一块不大的空地搭建有一些预制板作为摆摊儿之用，体现出鲁打场已处在衰落之中，远没有以前的辉煌。

（二）长流场的变迁

旧时，长流场位于长流乡溪流村的莲花井附近。1992年，鲁打乡和长流乡合并为新的长流乡后，长流场搬到了政府所在地溪流村的街上。

长流场曾为晴隆县众多的三级市场之一，赶场人数为1000人，场均成交额为2500元。[①] 这与前述同时期的鲁打场场均人数8000人，场均成交额25000元相比，差距甚大。由此可见，长流场的规模并不大。这与笔者实际的体验也较符合。

2013年8月9日，调查人员实地体验了长流场的集市。整个集市散布在一条穿溪流村而过的公路两边。早上刚过6点，就有摊贩出来摆摊儿，卖肉的出摊儿最早，然后才陆续地有其他摊贩赶来出摊儿。集市最热闹的时

① 贵州省晴隆县县志编纂委员会编《晴隆县志》，第266页。

候是在中午时分，这与文献中的记载“赶街多在中午进行”[①] 相符。赶场购买物品的百姓在8点钟左右就多了起来，买完自己所需的物品后就回家，并不在场坝上多做停留。集市在下午2点钟左右便开始散去，早的话12点钟左右就有摊贩撤摊儿，所以整个集市持续的时间也就不到大半天的时间。

长流场上，整个摊贩区在公路上的分布有近300米的长度。由于现在的长流场场坝在公路上，交通方便，发展相对较好。但这一集市的规模并不大，赶场人数不是很多，亦有衰落的迹象。

通过对鲁打场和长流场的考察可知，它们都曾有过昔日的辉煌，尤其是鲁打场。现在两个集市都有所衰落，鲁打场最为突出，时间节点是在两乡合并之后。

二　鲁打场和长流场体现出的商业民俗

（一）交易场所

交易场所是随商品交换经常化要求而发展起来的、由人们约定俗成或按规定专门设置的、供买卖双方进行商品交换活动的接头聚会地点，它所反映的是商品交换空间分布形式的民俗传承。[②]

鲁打场和长流场的交易场所均在各自的场坝上，这两个集市的交易场所均有所变迁。以前鲁打场的交易场所在虎场村的虎场包上，以现在的鲁打小学为中心，这一地点也是鲁打乡政府搬迁到虎场村太包组之前的乡政府所在地；1958年乡政府搬到太包组后，集市的场所——场坝也随之搬迁了。

长流场交易场所的变化与鲁打场相似。以前长流乡政府在今乡政府所在地北偏东400米左右的位置，当时的交易场所在原乡政府附近的莲花井附近，乡政府搬迁后，集市的交易场所搬到了今溪流村街上的公路两边。

由此可见，集市的交易场所多处在政府驻地，这样便于有关部门的管理，且也利于百姓商品的自产自销以及贸易的发展。

---

① 贵州省晴隆县县志编纂委员会编《晴隆县志》，第265页。
② 王锐：《中国商俗文化刍议（Ⅰ）》，《天津商学院学报》1992年第4期。

（二）商品种类

以前，鲁打场集市上的商品主要有“土布、炮竹、花线、花边、项圈、手镯、耳环、银箸（簪）、竹制工艺品；农副产品有甘蔗、红糖、桐子、染整、鲜肉、鸡、鸭、禽蛋、蔬菜，大牲畜上市约30头（匹）”①。龙洪周还讲，集市上还销售盐水面、棉花、桐油等。这反映出当时鲁打场上的商品多以土特产为主，商品不够丰富。与之相距不太远的长流场上的商品在当时也应以此类商品为主，但龙昌熊指出，长流场上没有大牲畜上市，且在周边集市上只有鲁打才有牛马市。

现今集市上的商品非常丰富，整个长流场上的商品种类众多（见表1）。

表1　长流场上的商品种类

序号	类别	品种
1	禽类	鸡、鸭、鹅
2	副食	鸡蛋、牛奶、糖果、饼干、麻花、蛋糕、膨化食品等
3	蔬菜	白菜、芹菜、毛豆、小瓜、豆角、蘑菇、西红柿等
4	水果	梨、桃、葡萄、西瓜、香蕉等
5	服装	T恤、衬衫、童装、裙子、鞋子、裤子、机织民族服装等
6	百货	卫生纸、尿不湿、蚊香、洗衣粉、婴儿车等
7	土特产	香、纸钱、土烟、竹编、木凳等
8	药品	中草药、兽药、酒药等
9	电器	电磁炉、电饭锅等

另外，市场上还有从事理发、图书销售、银饰制作、治牙、掏耳朵、餐饮的人员。牲畜方面，有一家商贩卖猪崽。调味品主要有花椒、辣椒、沙瓤果等。可见，长流场上的商品非常丰富，完全可满足周边百姓的日常生活所需。

从不同时期集市上的商品种类可以看出，以前集市上的商品以土特产为主，品种较单一。现今的商品除土特产外，还有工业产品，且种类繁多，

① 贵州省晴隆县县志编纂委员会编《晴隆县志》，第265页。

极大地丰富了百姓的生活。

（三）商品来源

根据调查，鲁打场和长流场集市上的商品来源主要有以下两个途径。

首先是农户自产，如土鸡、花椒、蔬菜、土烟、竹编等，此类商品主要为地方土特产，以自产自销为主，生产者靠输出这些商品换取家庭的部分收入。有些农户专门从事土特产的加工销售，如龙洪英（男，56岁，喇叭苗，高中文化，凤凰村寨榜组），从事竹编，所编竹器主要用来销售，不同的时节编织不同的器具，有一定的季节性。每年在清明节时，卖挂青（上坟）所用的提篮，最多时曾卖掉400多个。

其次是批发而来，如水果、服装、百货类商品。此类商品主要批发自贵阳、安顺、兴义等地。由于商品经济的发展、物流的发达，地理位置偏远的鲁打、长流集市上的商品，已打破原来的单一情况而琳琅满目，百姓在购买时有了更多的选择。

（四）集市规模

现今，鲁打场、长流场集市的规模均不大。以前，鲁打场集市是晴隆的一级市场之一，来赶场的有郎岱、水城等地的，但它如今已衰落，不再具有昔日那么大的影响力，尤其鲁打、长流两个乡合并为新的长流乡后，乡政府搬迁至今溪流村，更加剧了鲁打场的衰落。文献中记载以前的鲁打场，场日均可达8000人，远非今日集市可比。

合乡后的长流场集市规模也不大，整个集市上的人也就1000多人。

两个集市衰落的原因，主要是与现今交通便利，出行方便，随时可外出购买所需物品有关。另外，两个集市所在的村中现有多个百货店或超市，购买东西很方便，这些直接冲击了集市，导致了集市的萎缩。鲁打场的衰落除这个原因外，还与合乡后乡政府搬离，该地不再是当地的行政中心有关。此外，是受交通的影响，鲁打场所在地交通不便，至今不通公路。

（五）消费观念

从对长流场的体验可知，当地人的消费水平普遍不高，在购买商品时多以低档商品为主，并且所购商品多与自己的生活密切相关，与之无关的、可买可不买的便不会购买。

在集市上，蔬菜的销售是比较快的。因为已近七月半，香烛纸钱的销量也很大；而饼干等小食品、衣服则很少有人购买。这样的消费行为反映出当地百姓收入普遍较低，故而购买力不高，所选购的商品以满足日常生活所需为主。

（六）交易时间

鲁打场和长流场的集市为“转转场”，六天一场，鲁打赶的是鼠场、马场，长流赶的是牛场、羊场，每个场日以中午最盛。这样以十二生肖定集市点的转转场，相传自明朝以来，即已沿用。[①] 当地百姓赶场的对象主要是鲁打、长流、杨寨、173、中云、新民。

但据龙昌熊讲述，1958～1982 年，转转场曾一度改为在星期天赶场，即每七天才赶一个场；实行联产承包责任制后，根据百姓和市场的实际要求，星期天赶场重又恢复为转转场，也即赶场时间曾一度有所变化。

（七）集市分区

鲁打和长流的集市具有相对固定的分区，一般可分为家禽区、蔬菜区、肉类区、水果区、土特产区（以土烟和竹编为主）等。

根据对长流场的考察，分区的同时也有混杂现象，像卖服装的相对集中，但整个集市从头至尾均有零星分散。鲁打场还有牛马市。这样的分区对买卖双方均有益处。首先，购买者不费过多周折，根据自己的需要可以直接奔向商品所在区域进行购买；其次，卖家之间也可以相互交流经验。

（八）交易方式

1. 集市上商品的定价原则

通常，集市上的摊贩不会事先去商定商品的价格，而以市场来决定，即供求关系影响到价格。同样的商品多了，价格就低；反之，则高。另外，

① 贵州省晴隆县县志编纂委员会编《晴隆县志》，第 263 页。

商品的质量也是影响价格的一个重要因素，质量好的商品价格会相应地高些；反之，则低。所以，市场上的商品价格受供求关系和质量两个因素的影响。

2. 交易方式

在虎场寨调查时，龙昌熊说，集市上的买卖不存在以物换物的情况，均是以货币为媒介的商品交换；如果没钱的话，可将自己的物品在集市上售出后，用换得的货币去购买自己所需的商品。

首先，在进行交易时，可以讨价还价，这“是我国传统议价方式中最常见、也可以说是最典型的议价方式民俗”，且最后的成交价格“一般是取卖方报价与买方还价的中间价格”①。

其次，摊贩在销售商品时，同样的商品，同样的价格，遵循“先来者先买”的原则，即讲究“先来后到”的民间习惯规则。

再次，在鲁打的牛马市场上存在中间人的情况。交易牛马时，中间人“并无要买可卖之物，而是凭借其经验和口才，协助双方成交，起一种‘说合’作用，并从中获取酬金”②，这种情况，当地人称之为“吃牙口钱”。

（九）商业方式

商业方式，是指“商人从事商品交换中介所采取的行为方式，它是在市场交易发展到较高阶段，即从买卖之间游离出商人阶层，并形成商品交易后才出现的民俗形态；中国传统的商业方式民俗，大致有行商、坐商、居间商三种形态”③。这样的商业方式民俗，在鲁打和长流的集市上以及喇叭苗群体中都存在。

1. 行商

行商是一种流动性的交易方式，可谓是集市贸易的补充和发展，可分为两大类：一类是资金雄厚的，一类是小本经营。④ 喇叭苗群体中的行商多是小本经营，鲁打、长流集市上的摊贩多属行商。这些经营者除了赶场外，

① 王锐：《中国商俗文化刍议（Ⅰ）》，《天津商学院学报》1992年第4期。
② 钟敬文主编《民俗学概论》，上海文艺出版社，1998，第65页。
③ 王锐：《中国商俗文化刍议（Ⅰ）》，《天津商学院学报》1992年第4期。
④ 钟敬文主编《民俗学概论》，第65页。

有的平时还会到村寨里去做买卖。像做银饰生意的杨文军（男，56岁，喇叭苗，初中文化，杨寨李家组，从事简单的银饰加工兼销售），他平时走街串巷去收银饰或银圆，然后拿到盘县请师父加工成银饰，再拿到集市上或到村寨中销售。

2. 坐商

坐商一般都有固定的摊位或店铺，有规定的营业时间和专营商品①，是由市场交易发展起来的固定性的经商方式民俗。②

在鲁打和长流的集市上，都有坐商的存在。《晴隆县志》记载，1956年时，鲁打有工商户6户；1983年增加到80余户。③ 且现今鲁打场所在的太包组中的场坝周边还有多家店铺。长流场所在的穿溪流村而过的公路两边也有不少商户。他们除了平时做买卖外，到赶场日时，还会把自家的商品摆放在自家店铺门前的路边来做生意。

3. 居间商

居间商，又称“代办商”，民间则常称之为“掮客”“说合人”“跑合”“牙商”等，今多称作“经纪人”，这是一种纯媒介性的商俗形态。④ 这样的居间商在喇叭苗的集市上也存在，鲁打场上牛马市中的中间人就是居间商。

三　结语：对喇叭苗集市的认识

集市是商业民俗的重要组成部分，它“产生于一定的社会客观基础之上，并对人们的日常生活有所影响”⑤。通过对上述喇叭苗社区鲁打场和长流场集市的考察，以及集市反映出来的民俗现象的阐述，可得出以下认识。

首先，以鲁打场和长流场为主的集市是以喇叭苗为主体的当地人在长时间的生产和生活中形成的固定商贸交易场所。集市在方便喇叭苗和当地

① 钟敬文主编《民俗学概论》，第65页。
② 王锐：《中国商俗文化刍议（Ⅰ）》，《天津商学院学报》1992年第4期。
③ 贵州省晴隆县县志编纂委员会编《晴隆县志》，第265页。
④ 王锐：《中国商俗文化刍议（Ⅰ）》，《天津商学院学报》1992年第4期。
⑤ 王锐：《商业民俗及其研究意义（一）》，《商业文化》1997年第3期。

其他民族群体的生产和生活的同时，也促进了当地经济的发展。

其次，在长期的发展中，喇叭苗的集市形成了具有自己特色的商业民俗，并有一定变革。如“先来先买”原则、商品以地方特产为主等，但随着社会经济的发展，批发的商品开始多起来，有些特产已无销售，像毛蓝土布，以前这样的土布是喇叭苗的主要民族服饰原料，但现在已无人生产，布料从市场买来再进行加工。因此，便产生了专门从事民族服饰加工的商户，他们把自己生产的服饰拿到市场上销售，这形成了新的商业民俗。

再次，应挖掘喇叭苗以集市为主的商业民俗文化，使之成为将来喇叭苗生活区旅游开发的一个方面——商俗游。

但从鲁打场和长流场现在的情况来看，喇叭苗的集市呈衰退趋势。喇叭苗的商业民俗文化是喇叭苗民族文化的重要组成部分，是在四五百年的时间里形成的，应对其进行挖掘保护，它不仅可以丰富当地群体的经济生活，而且可以促进地方经济发展和将来的旅游开发。

晴隆县长流乡喇叭苗服饰调查

韩基凤*

摘　要： 喇叭苗的服饰文化有自身的染布工艺，并以成人女性的服饰最具特色，成为该族群的文化符号。

关键词： 喇叭苗　妇女服饰　长流、晴隆

2013 年 8 月上、中旬，在晴隆县文体旅广局李宠局长和张六瑜局长亲自指导和安排下，贵州民族大学学生一行 5 人（杨培飞、贺鑫鑫、杨莹、韩基凤、潘春）在叶成勇、袁本海老师的带领下，前往晴隆县长流乡进行“喇叭苗”民俗文化的调查工作。在这 10 余天的调查过程中，共走访了长流乡虎场村、长流村、西流村、凤凰村等 10 余个自然村寨，内容涉及生产生活民俗、民间信仰等各个方面。本文主要介绍服饰方面的情况如下。

一　染布工艺

1. 染布工具

木缸：上口径 60 厘米，高 68 厘米，底口径 50 厘米，周长 192 厘米，如图 1 所示。

---

* 韩基凤，贵州民族大学民族学与社会学学院 2013 级硕士研究生。

木滚心：滚身长58厘米，柄长7厘米，如图2所示。

图1　木缸

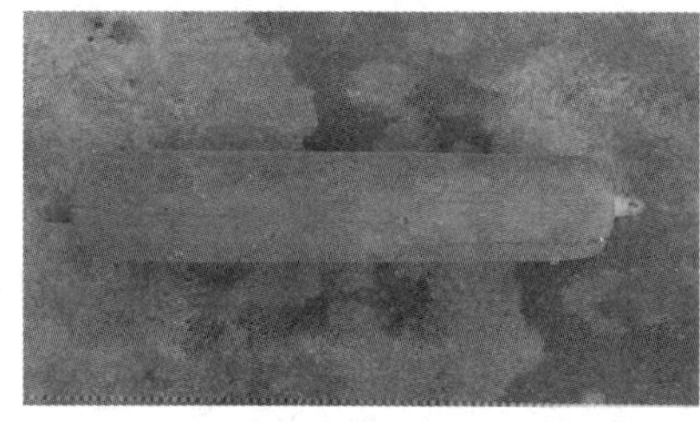

图2　木滚心

石缸：上口宽62厘米，高56厘米，厚度5.5厘米，如图3所示。

石滚子：两角长78厘米，厚25厘米，两角中间长24厘米，角高57厘米，底长53厘米，两角斜面15厘米，如图4所示。

踩板：残长75厘米，宽52.5厘米，厚13.5厘米，如图4所示。

图3　石缸

图4　石滚子和踩板

用桐子壳烧成灰，放在箩筐中，再倒进木缸或石缸中，往缸内装入一定分量的水，搅拌均匀，当地人称这种混合物为碱水。再用淀叶（板蓝根叶）放到碱水中浸泡一个星期，后再加入从市场上买来的染料（称为淀粉），第二天即可染布。染布过程如下。第一步，把买来的染料兑水拌匀，把白布放入染缸中，泡上几分钟，把事先在竹板上打一个洞眼的工具放在染缸旁，竖直着竹板把染布从洞眼中拉出来，放在凳子上，再重复两遍，即染成毛蓝布料，染六遍即成深蓝布料。第二步，将染好之后的布料拿到河沟中透水洗净，晾干之后用工具滚布。第三步，将晒干后的布绕在木滚心上，抓住石滚子的两角左右摇晃，一般滚一次，一次几分钟即成，滚布是起到磨光、增强韧度的作用。

在20世纪六七十年代，长流一带家家户户都染布，一天算15个工分，一般只有男性染布。1980 年后，私人染布兴起，多为女性染布，染布多为自家需要，有多余的会拿到集市上去卖。

2. 染料的配方

当地人说的青色衣服，以一斤布的分量为例：用 4 钱硫化氰、2 钱硫化钠、3 钱硫化碱（碱面）放入染缸中，倒水入缸中搅拌均匀。一般水量只要盖过布面即可。

毛蓝布料：用桐子壳灰兑水放入土淀中，土淀一般到沙营、广武等地购买，当地不生产，染布的过程及滚布过程均与李学菊老太太的说法一致，只是染布的次数不同，胡九明老人说毛蓝布料只需染两次，深蓝布料染三到五次，且不会褪色。

近 20 多年来，村民自已不染布，一般到集市上购买染好的布料。

二　小孩服饰——背带

这里的背带（见图 5）最有特色的是：背带手特别长，区别于其他地方的背带。据龙英介绍，背带手很长主要是为了防止小孩的萝卜圈腿，大人背着小孩也比较舒服，但老式三层盖布背带十分难做，全靠手工做成，一般是结婚之后，妇女开始做背带，再请福寿双全的老人帮忙订背带，寓意是小孩吉祥、长寿。

图 5　背带

背带的工艺流程有以下几个步骤。

（1）打辫线。要有专门的工具——编线架（见图6），一般由木工师傅制作。编线架像一把圆形的三脚椅子，椅面是弧形，线与线的连接用竹棍相连，线下摆为泥土烧成的小球。辫线的打法有2、3、4三种颜色可选，不同种类的颜色打法又不尽相同，其中2色、3色的辫线用8根线打成，4色辫线用9根线打成，现以3色辫线为例。

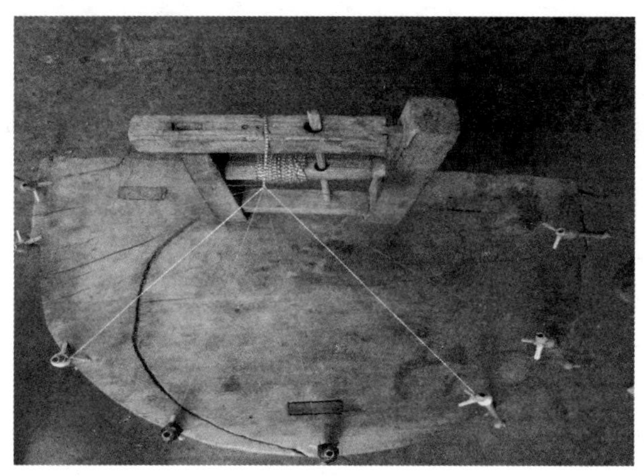

图6　编线架

3色辫线打法为：从左向右编号依次为1、2、3、4、5、6、7、8，先将2、7交叉，手提1、8放在拇指上方，手再拿3、6交叉，1、8交叉，再把3、6放在4、5的中间，即为辫线，如此循环即可。

（2）做背带心。把旧衣裤的废料裁剪成需要的尺寸，用魔芋根部煮成稠汤，一层一层地糊好，一般为2层，再粘上一层料子布做外表，花样母本（见图7）用针线缝在上面。母本在集市上购买，有形态各异的花样，一般

图7　母本与样品

10元钱一组，再根据花样用剪刀插入布中慢慢裁剪，一般裁剪一个背带心得花一个下午的时间，然后把剪好的布花缝在粘好的布料上，用针线绣出花样，颜色的搭配完全凭自己的喜好。

（3）做大小夹柱（见图8）及布夹柱。用上面的方法绣成花色，用布条绣成大小不同的夹柱，放在背带心的左右两边，两端对称，起到美观的作用。

图8　大夹柱与小夹柱

（4）做盖布。盖布是在背带领的下方接连的布料，上面可绣花样，也可不绣花样，其作用是可为背上的小孩遮挡阳光。原先老式背带有两层盖布，再加上背带一层，共有三层，上面绣有荷包状、花朵状的纹饰。现在一般不用二层盖布，缝上一些珠链代替两层盖布。

（5）做背带条子（见图9）。把背带条子缝制在背带上，起着美观、稳固的作用。

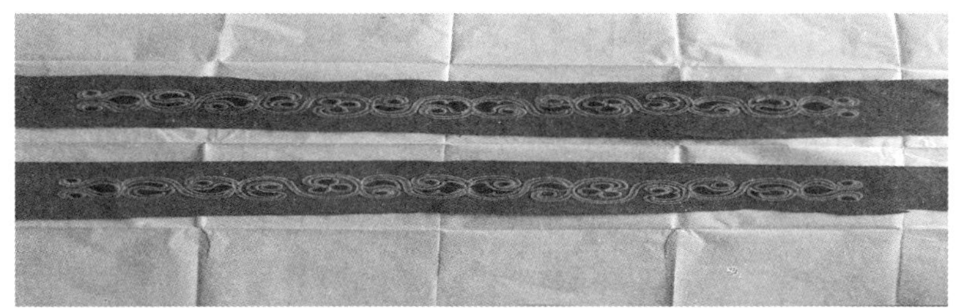

图9　背带条子

（6）包边。包边是连接整个背带的各组成部分，使之结实，形成背带的一个整体。

（7）做背带屁股（见图 10）。在尾部加上绣好的背带屁股，整个背带全部完工，手绣的图案，使背带整体上看起来十分和谐，美观自然。

图 10　背带屁股

背带各个部分示意图，见图 11。

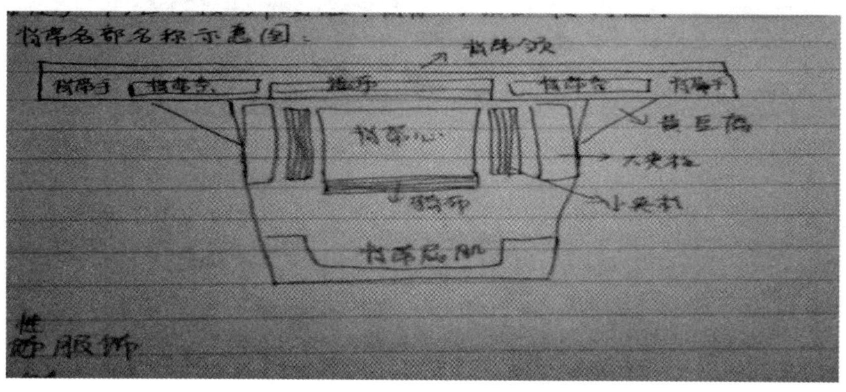

图 11　背带各个部分示意图

绣花工艺的过程——以背带屁股为例。

背带屁股共四层布，三层棉布，一层料子布为正面，用魔芋的根部煮成稠汤，把布一层层地糊好晒干，用硬纸剪成花样的母本，用针固定母本，在尾部钉一根木棍，主要作用是使面板固定好绣花。固定好之后，自己配色绣花，一般橘色绣花苔，绿色绣花瓣，先将大的花色绣完，再用线把花苞周围环绕，即为花苔。绣法一般左右对称，顺着花苞而绣，在中间顺着两边，依着花样的变化而绣，使花色显得生动。

绣花的过程为：先绣一根长线，中间绣一根短线，再绣一根长线，如此循环反复，如图 12 所示。

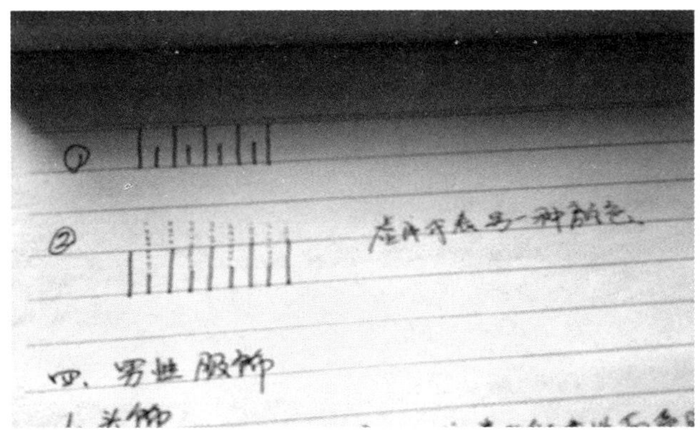

图 12　绣花示意图

三　成人服饰

（一）女性服饰

1. 头饰

一般用长 7 尺 5 寸，宽 1 尺 2 寸的布折叠成扇形，用针线缝制两头，中间留空，使之形成喇叭苗妇女特有的头饰，当地人称之为头帕，外层用青色或白色的布料做成。

头饰分为未婚和已婚女性两种。

未婚少女头饰（见图 13）为先梳一个马尾，再把马尾编成三股辫，把辫子往头前绕一圈，用头帕包住额前、侧边的散发，留下头帕的一小截尾部即可。

已婚妇女的头饰（见图 14）是喇叭苗区别于其他民族最大的特色——为头上的尖尖角。她们束发锥于头顶，均高三寸。以前人们把梳头发或洗头发时脱落的头发整理好，以此来固定尖尖角，现在一般用毛线代替，把头发盘成一个尖尖角的形式。完成盘发后，用毛巾固定发型，如果头发长且多，也可不需要毛巾的固定，再用头帕缠绕到头部，留下两小截尾部即可。如果老人在劳作的时候，会将两小截尾部交叉用别针固定，主要是为干活方便而使用此法。

图13　未婚少女头饰的正面与背面

图14　已婚妇女头饰的正面与背面

2. 衣服

妇女衣衫为长过膝的右衽上衣，袖大一尺二寸，衣领、衣袖、衣襟用青布条绲边，并镶有大、小花栏杆，一般一个成年女性用长1.5米的布料可制成一件衣服，腰身宽大，花纹主要集中在袖口部与颈部正面，主要图案为花朵、花苞、花苔及生活中各种常见动植物等，如图15所示。

图 15　喇叭苗妇女的衣服

主要颜色为蓝色，现在改装的人越来越多，很多人不愿意穿着和制作民族服装，觉得制作、穿着十分烦琐，50 岁以下的人基本上不穿民族服装，现大多为 50 岁以上的老年妇女穿着。以一件成年女性衣服的尺寸为例：弧长 98.5 厘米，衣长 88.5 厘米，腰宽 50 厘米，袖口宽 32 厘米，袖长 24 厘米。

3. 系腰

一般用青色布料制作而成，两边缝合，一端留下可塞入系腰的缺口，把系腰塞入缺口，用伸出来的系腰围绕半圈即成。长约 179 厘米，宽 10 厘米。也有一些亮色的系腰，如蓝色。

4. 鞋子

鞋底一般用六层笋子壳或棕包做成，根据人脚的大小尺寸进行裁剪，再用米糊汤或魔芋汤层层糊，六层壳用白布包裹粘，晾干后用针钉合而成，一般钉鞋底的线用马尾线。

（1）勾勾鞋或尖尖鞋。

用上述方法把鞋底做好，鞋面绣有各式花纹，按花纹的制作过程可分为两种：一种是线花，用丝线在母本的基础上或把自己想象的纹饰直接在鞋面上绣花，一般分为花朵、花苞、花梁几个部分。另一种是布花，先用布剪成花样，钉在鞋面上，再用辫线把花样边镶起来即可。

做鞋先绣鞋面两方的花纹，然后到鞋尖时缝合出勾勾的角形状，当地人称之为“勾勾鞋”或“尖尖鞋”，如图16所示。

图16　勾勾鞋正反面与局部图

（2）绞子鞋。

绞子鞋（见图17）现在已十分难得一见。有从鞋面到小腿部位的包鞋，形似现在的短靴，有的是白色的鞋身，有的白色鞋身上面绣满花纹，这种鞋现已十分罕见，调查途中只看见两双，做法与女性绣花鞋一样，只是多了鞋身。其中以羊寨李家组刘胜花的绞子鞋最为华丽，现一般是老人留着过世的时候穿。以前姑娘出嫁、过冬时也会穿着，而杨寨刘胜花的绞子鞋就是其出嫁时穿的鞋子。

图17　绞子鞋

（3）少女鞋。

原先与妇女的尖尖鞋一样，现一般去市场上购买，为电脑绣花工艺的布鞋，传统的少女鞋已不得见，如图 18 所示。

图 18　少女鞋

（二）男性服饰

1. 头饰

一般用黑色长布制成，比较类似女性的系腰，只是布料少且较短一些，用现成的长布条作头巾，直接包在头上即可。

2. 衣服

为蓝色长袖上衣，衣宽与衣长根据个人身材的不同而有大小长短之分，也为右衽上衣，衣长到腰下方，用布纽扣固定衣服，衣服没有花纹。相比女式服饰没有那么复杂的工艺，如图 19 所示。

图 19　男性服饰正反面

3. 裤子

为黑色直筒裤，裤腿十分大，裤腰也大，男士穿着一般用布带系住裤腰，如图20所示。

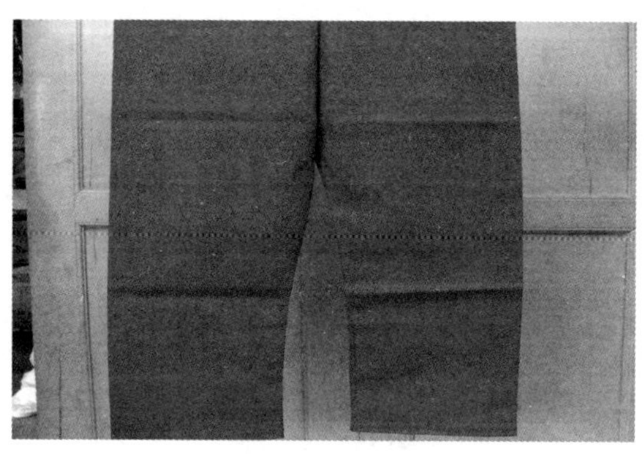

图20　黑色直筒裤

4. 鞋子

男性鞋子分为两种，一种是有鞋扣的，一种是无鞋扣的，其中有鞋扣的，鞋面没有鞋带；无鞋扣的，鞋面有鞋带（见图21）。

鞋底与女性鞋底制法相同，鞋面一般为黑色。

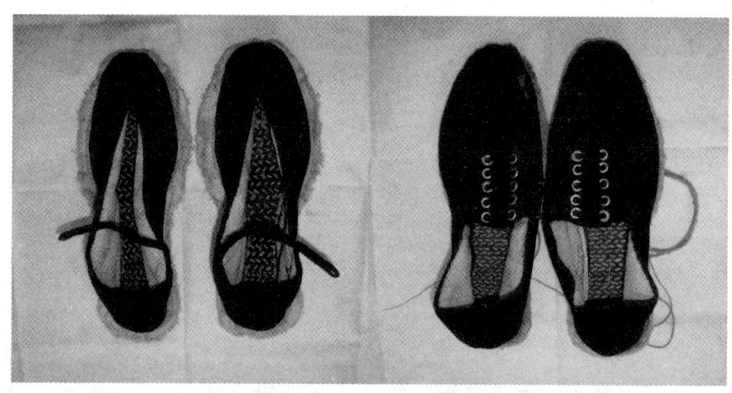

图21　有鞋扣与无鞋扣鞋式样

四　丧服

以前用白土布自己制作丧服，现大多从外地购买，因找不到以前制作的丧服实物，用现代丧衣来做说明。男女丧服相同，只是大小尺寸略有不同。

丧服分为丧帽与丧衣两部分。

丧衣：白色丧衣，衣左面有上下两个口袋，右面只有与左下方对称的一个口袋，长袖。左边往右边扣的右衽衣服，根据个人身材而有所增减。以一个成年人的男性丧服为例：衣袖长 52 厘米，衣长 102 厘米，衣宽 58 厘米。

丧帽：与现在厨师的帽子相像，现一般戴白布条。

五　寿衣

1. 男式寿衣

为黑色长袍，也为右衽长袍，现一般也是从外地购买，当地人已不做寿衣，如图 22 所示。

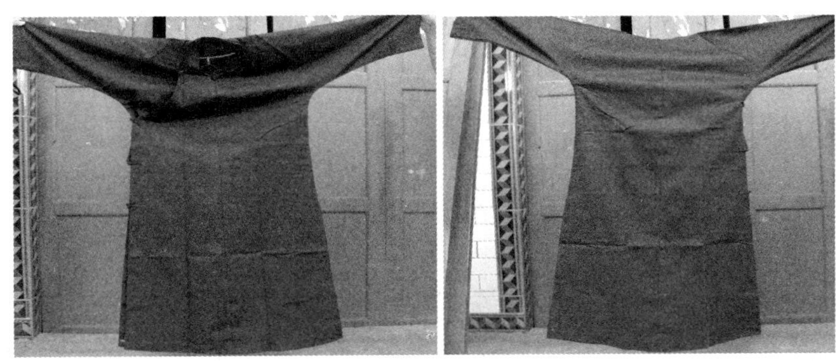

图 22　男式寿衣正反面

2. 女式寿衣

用平时穿的民族服装或新做的民族服装均可作为女性寿衣。

六　装饰物品

当地男性基本没戴饰物，故装饰物品主要以女性的耳环、手镯和戒指为例。一般女性佩戴饰品齐整时为做客、走亲戚时使用，搭配民族服装才会有韵味。在当地妇女心中，只有穿着民族服装，再搭配饰品佩戴齐全才叫漂亮，如不穿戴民族服装，穿便装时只会佩戴那种很小很薄的耳环，手镯、戒指之类的饰品不会佩戴。

1. 耳环

老年妇女一般为一个大银圈再套一个小一些的带红色或绿色的塑料圈，这种耳环十分普遍，也是集市上最多的耳环式样。以前年轻的姑娘还会佩戴一种叫十吊环的耳环，均用银制作而成，中间镶有银色或其他颜色的小圆球，有十条银链垂下来，还有一些妇女会在大银圈的下面吊一些扣子，如图23所示。

2. 手镯

一般去市场购买手镯，或用银子去银匠家打制出自己想要的纹饰花样手镯，一般一只手戴两只手镯，最多时，可一只手戴四只手镯。手镯一般为双滚龙纹饰，如图24所示。

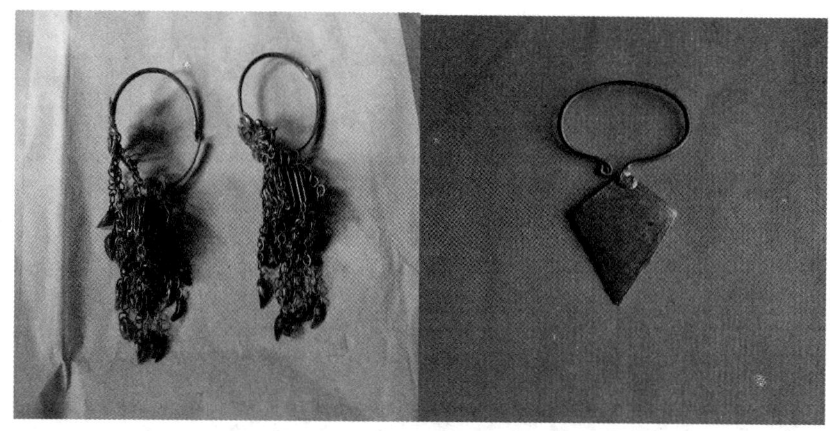

图23　一些耳环式样

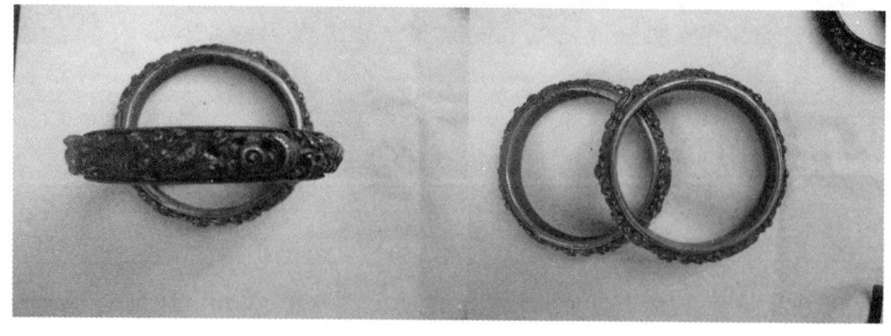

图24　双滚龙纹饰手镯

3. 戒指

除大小手指外，一手戴三只戒指，也有人一手戴四只戒指，除大拇指不戴外，其他手指均戴，如图 25 所示。

图 25　戒指

通过对“喇叭苗”服饰的采访调查，笔者感受颇多。首先，感谢李宠和张六瑜局长给这次实践调查的机会，使对“喇叭苗”有了一些初步的了解。其次，在调查的过程中，当地村民的朴实和热情也深深地感染着笔者，使我体会到人情的温暖。对于我们的疑问，他们总是尽可能地帮助我们，为我们答疑解惑，在此表示感谢。再次，关于调查的内容，由于在长流乡时间短，很多实物没有详细考察，导致很多事情没有弄清楚。但仍希望我们的调查能对“喇叭苗”服饰的传承与发展奉献自己的一分力量，当然也希望引起地方政府对“喇叭苗”服饰的重视，让更多的人了解和爱上它。最后，感谢叶成勇和袁本海老师的悉心指导和组内同学的相互帮助与协作。这次调查不但增进了同学的情谊，而且也是人生中的一笔巨大财富。本文只是对“喇叭苗”服饰作一个简短的描述，各种不当之处请各位方家指正批评。

晴隆县长流乡喇叭苗人生礼仪调查

杨　莹*

摘　要： 喇叭苗的人生礼仪有诞生礼、丧葬、成年、求子、祝寿、除灵法事、催龙等仪式，贯穿人生始终，形成人生经纬。

关键词： 喇叭苗　人生礼仪　仪式

2013 年 8 月 4 日至 14 日，我们学生一行 5 人（杨培飞、贺鑫鑫、杨莹、韩基凤、潘春）在叶成勇、袁本海两位老师的带领下，到晴隆县长流乡深入展开了对该地区喇叭苗民俗文化的调查工作。在这 10 天的调查过程中，我们分组行动，分工合作，共走访了长流乡虎场村、长流村、西流村、凤凰村等 10 余个自然村寨，内容涉及生产生活民俗、民间信仰等各个方面。就我个人而言，主要侧重的民俗事项是人生礼仪中的丧葬习俗和贯穿着民间宗教信仰的各种活动，包括武教仪式（喊命、剃毛头、勾销了愿、开财门等）和文教仪式（除灵法事、缴灵法事、催龙仪式等）。在该地区的喇叭苗民族群体中，人生礼仪是其比较重视的文化事象；民间宗教信仰也体现在其日常生产生活中。

* 杨莹，贵州民族大学民族学与社会学院 2013 级硕士研究生。

一　调查区域背景

长流乡位于晴隆县最北端，距县城101公里，地处黔西南州北大门。北与六盘水市水城县猴场乡相连，东与六枝特区中寨乡隔江相望，西与普安县龙吟镇毗邻，素有“一鸣惊四县”之称。平均海拔1250米，年平均气温15.6℃，全乡面积67.48平方公里，辖虎场、长流、溪流、杨寨、凤凰、蓝田、双龙7个行政村，115个村民小组，总人口2.76万人。

长流乡喇叭苗的先民是明朝洪武十四年（1381年）随明王朝征南大将军傅友德，副将军蓝玉、沐英率领的“调北征南”大军进入贵州北盘江流域的。云贵战事平息后，明王朝便实行“戍兵屯田”的军事、政治战略，喇叭苗的先民随军屯田于此，生息繁衍。长流乡域明初为兴让里。民国时期实行保甲制，划为长流九甲，隶属第六区。解放初期为四区属地。1988年，属中营区下辖的长流乡和鲁打乡。1992年建镇并乡撤区，长流乡、鲁打乡并为长流乡，下辖18个行政村，2007年村级整合为7个行政村。喇叭苗的“军屯文化”具有鲜明和先进的中原文化和荆楚文化遗风，该地地名多以动物命名。从各个角度观望，山形簇拥，惟妙惟肖，令人有不同的感想。例如，整合前的鸡场村、双凤村、马路村、凤吟村和整合后的长流村、溪流村、虎场村、双龙村、凤凰村、杨寨村等都以山形地貌酷似动物而命名。当地人根据古老传说描述，喇叭苗先民定居屯田后，见定居的坝子四周酷似四头牛，其中三条为睏牛，一头为走路牛。便分别命名为犀牛山（睏牛），长牛山（睏牛），黄家脑（走路牛），上寨营（睏牛），把正中坝子凸起的两座小山命名为月亮包（拴牛桩）和太阳包，长流（长牛）地名由此演变而来。民间谚语云：“五朵莲花（五个水井会冒莲花）冒，二虎（虎场和雷公打山）踞中央，四牛田中睏，何成不出王”。这四句谚语便是先民对神奇大自然的顶礼膜拜和对后世子孙望子成龙的美好期望。

二　喇叭苗人生礼仪文化

2013年8月调查组深入长流乡地区的虎场村、凤凰村、溪流村等地调查，经过访谈采录，大致了解了喇叭苗人生礼仪中的诞生礼仪、成年礼仪、祝寿礼仪，较为深入细致地了解了丧葬文化中的“做道场”和“迎龙催谢”礼仪。这些人生礼仪文化的个案，多是根据讲述人的讲述整理而成，其间只目睹了做道场的最后一个部分和一场按传统仪式举行的迎龙催谢仪式。这些个案从多个方面和角度反映了居住在长流乡地区的喇叭苗人生礼仪的基本情况。

喇叭苗人生礼仪方面的习俗主要包括：拜神求子、诞生礼、成年礼、祝寿礼，等等。

（一）诞生礼仪

诞生礼是一个人一生的开端礼，一个人只有通过诞生礼，才被认为是一个真正意义上的“人”。诞生礼的完整过程主要有报喜、取乳名（丑名）、娘家贺喜、摆酒设宴等几个阶段。

（1）报喜。就是孩子出生以后向娘家报告喜讯。老人告诉我们，某户人家有小孩子出生，那么在小孩满两天或者三天后，就派家里的某位家庭成员去孩子的外婆家报喜。报喜的人要抱着一只鸡去，如果生的是男孩，就抱一只公鸡；如果是女孩，则抱一只母鸡。报喜之人并不会说生的是男孩还是女孩，娘家看到手里抱着的鸡便会明白，并不会多问。

（2）取乳名。小孩出生后，需要给其取一个名字，即取乳名。给孩子取得乳名，即小名，并无什么特殊讲究，多是由长辈或者父母的意愿决定给孩子取什么样的名字。有些人家也为了孩子能够健康成长，无病无灾，通常会给孩子取丑名，多是一些带有“狗”、“猫”等字眼的名字。

（3）娘家贺喜。当娘家得知女儿家的喜讯之后，就会通知自家的亲友一起去女儿家，所来的亲友几乎都是女性，她们通常称为“去看坐月子的”。娘家去看女儿时，要带着礼物去，所带的礼物则是根据自己家的条件和一起去的人的数量而定，主要有鸡、米以及一些小孩所需的用品如毛衣毛被等。

（4）摆酒设宴。在喇叭苗的习惯中，摆酒设宴就相当于是给小孩子办满月酒。摆酒的时间以娘家来的时间而定，届时外婆家会带着鸡、米及小孩衣被、背扇等用品来祝贺。

（二）丧葬礼仪

1. 吊祭仪式

（1）挂报天钱。通知上天这个人已经死亡，挂报天钱作为联结上天的一种形式手段。天钱是用白纸打制而成，所用纸的数量一般是一刀纸，100张左右，现今多为80张，长度一般是1丈2尺长；天钱打好之后用一根绳子拴起来，挂在竹竿子上，竹竿有两棵，一棵粗大的，一棵细小的，小的一根拴着天钱，再将小的竹竿子拴到大的竹竿子上，将天钱打开，此时天钱变成上部小下部大的蓬松状，将竹竿埋在土里使其直立。

（2）放地炮。地炮是一种由铁匠制作的炮，现在多是用烟花、鞭炮代替。

（3）报丧。丧家派孝子到外家和邻里通知家里面有老人过世了，请他们到家里帮忙，到别家报丧的人手里要拿着一根裹着白色丝带的竹筒，称“夺丧棒”，跪在被请人的家门口，说：“家里有老人过世了，希望到家帮忙”。

（4）清洗。帮死者洗身，由家里人操作，一般是儿子和儿媳妇帮他洗。

（5）剃头。剃头的时间是在死者落气之前，由家里人将其头发剃掉。

（6）穿衣。死者清洗干净后，就由儿子和儿媳妇为其穿衣，所穿衣服与其生前无变化，所穿衣服件数有所增加，件数多以单数为主，一般是三件、五件、七件、九件。

2. 棺木式样与入殓仪式

（1）式样。式样基本上相同，没有什么差异，只是规模因人而异。

（2）入殓。家里有老人过世后，由其儿子、儿媳帮死者净身、穿衣，所穿衣服的件数必须是单数，不穿双数，多为五件、七件或者九件，衣服的式样与生前也一样，只是衣服质地有所不同，头饰也和生前一致，一切就绪后将死者装入棺材中。

在死者所穿的衣服的衣领纽扣处拴有《引路经》，《引路经》一般由先生提供，主要是先生用一个模板复印或打印多份；将《引路经》折叠好放在一个红色布袋子中，拴在其衣服衣扣上，用来为死者指引路线。

此外，死者在放入棺木之前，要在棺木底层放一层地毯。在棺木下方的地上放一盆水，在盆子上放两片竹篾片，搭成桥的形状，象征一座奈何桥。在道场圆满时，若死者是女性，则要唱《血盆科》，为其破血河。用茅草扎成一条狗的形状，放在桥的一端，将死者的灵牌放在桥的另一端，完了之后先生用锡杖一头挑狗，一头挑《血盆经》，围着桥转圈，若死者已抬上山，则用灵房代替，唱着《血盆经》，敲锣打鼓，东南西北各转15圈，孝子紧跟其后。仪式结束后又将狗放回桥上，最后将桥用锡杖撬掉。

3. 安葬礼仪

（1）看日子。地理先生帮忙，看何时能动法事，选日子的口诀是："正七连庆甲，二八乙辛当，三九丑未，四十寅申，五九丁癸，六十一月戊巳重丧"。

（2）发丧。发丧之前，文教先生叫丧家摆席请亡灵吃饭，要唱《加持科》，地理先生则进行打煞，要杀一只公鸡，意思是将煞气清除出去，将公鸡杀死后喊一声"发丧"，即"启丧"，就可以抬死者上山了。

（3）下葬。找好方位钉桩将棺木放在木桩上，表示"死者在空中"，直到看好日子后，再开坑入葬，有极少数是抬上山就入土下葬。

此外，在下葬之前需立山，即按二十四山的方位立山，所立之山与死者生辰有关；立山后测日子，所测的日子必须与在世之人的生辰不相冲，除女儿生辰之外都忌。在将死者下葬时要用两只公鸡，一只称为"跳井鸡"，即挖一个坑，坑的规模根据地形而定，用"阴尺寸"单位，即阴间使用的一种测量工具，坑内用米撒成八卦图案，让鸡跳入坑内吃米，看它从哪个方位吃，主要从吃的方位看吉利与否，完了之后，将鸡还与主人饲养。另一只称为"打煞鸡"，主要是用来打煞，即将鸡放在坑内，地理先生扫煞，打煞过后鸡归地理先生所有。

（三）成年礼仪

在喇叭苗中，没有什么特殊的仪式来表示一个人的成年，便也没有成年礼。他们普遍认为，只要孩子到了可以结婚的年龄结了婚，便算是成年人了。此后便要承担起一个家庭的责任，也完成了自己社会角色的转变。

（四）拜神求子

假如一对夫妻在结婚几年后还是没有孩子的话，他们就会去拜神，祈求神赐予他们一个孩子。所拜的神有送子菩萨、观音菩萨、树神等，不拜石神，在拜神的过程中要请文教先生念"许保帖"，即一种文书，用来祈祷所用，如果这对夫妻所许的愿望最终得以实现，亦要请先生来帮他念"还保帖"，以感谢神灵的恩赐。

（五）祝寿礼仪

当地的喇叭苗人民在祝寿礼仪方面并没有特别的习俗，当老人祝寿时，家里的亲戚及邻居聚在一起吃一餐饭即可。饭前寿星的后辈跪在其面前或者对其作揖，说一些祝福的话，说完后寿星会给晚辈们一个红包。

老人过寿的时间有一定的讲究，多在 50 岁到 64 岁之间过寿比较好，64 岁以后基本上就不再过寿了，其原因是当地流传着一种说法，说是过了 64 岁就是过了一个甲子了，如果还祝寿的话，就是在提醒阎罗王世间还有这么一个人存在，是在提醒阎王勾他的生死簿，所以忌过了 64 岁还祝寿。

当老人身体不好时，家人可以选一个好日子帮其祝寿，意为给老人添阳寿，需连续做三年才是最好的，女婿家要买羊子和猪来给老人祝贺。此外还要请先生念经、栽"保命帆"，持续时间在一天一夜左右。

（六）除灵法事

除灵法事的程序步骤如下。

1. 第一天

孝子请先生：一般是根据孝子的意愿决定请哪一位先生，被请到的先生答应后，自己联系该团队的其他成员，一齐到丧家。

先生看地：主要以死者的生辰为依据，结合东南西北中、二十四山、金木水火土等方位和五行来选择最佳的地理位置。

装殓师制作灵房：装殓师与阴阳先生们不是一伙的，而是丧家另请的人，一般由 1 ~ 2 个人制作灵房。灵房的大小规模各有不同，主要是根据主人家所给的酬劳而定。

请水净身：先生从水井中取一碗水给老人洗身子（由孝家子和儿媳完成），在取水过程中先生们要唱《请水科》，净身过程中唱《净身科》，在此过程中主人家则帮死者净身。

功课：主要是为了表达“孝子的报恩之情”及“对死者的一种救苦”，要做一场法事，表达阳人对逝者的感恩之情，功课的内容丰富多样，依据逝者家情况而具体变化，如有学业、创业等方面。

开路：唱《开路科》，以《路引文凭》为依据，《路引文凭》是一封书信的形式，相当于老人的介绍信。

唱《请圣科》：即请祖师爷（该家族的先祖）安排各项工作，使各就各位。

2. 第二天

启经念经：念《三凭经》，包括《观音经》《弥陀经》《金刚经》（佛教经典），这是第一份经。

召亡科（一种科书）：主要是将亡灵接到法事堂上，以消灾弥罪。相当于开一次代表大会，有祖师爷，有菩萨，也有群众。

停鸾宿驾：让圣人、菩萨休息之意。

3. 第三天

严净：吃早餐，将圣人、菩萨都请出来吃早饭。

在这一过程需要念经，所念经书主要有《三品经》《地藏经》。若逝者是女性，则还加念《血盆经》《胎骨经》《盂兰经》（孝母），念完之后将这些经文送到地府，主要是通过“唱”和“烧纸钱”的方式完成。

拜忏科：是忏悔逝者生前的罪过，也要烧纸。忏有几种类型，包括“六根忏”（六根清净）、“地藏忏”、“血盆忏”（亦称“血湖忏”）。

报恩科：形式多样，主要是表达孝子对老人养育之恩的感激之情，与孝有关的内容都可以，主要是“劝人行善”，举行的时间没有限制，根据孝家的意愿而定。

请水悬幡：到水井处请水，唱《请水科》《悬幡科》，水代表着清净和纯洁；悬幡寓意让逝者灵魂升天。

申发三元：将发送文书的情况告诉上中下三元。上元是天上的天公，中元是地府的地公，下元是地狱的水公。

举行报恩仪式（亦可不举行）：主要是停鸾宿驾。

4. 第四天

上表：其中表有“升天”的意思。

请表：分为“请旦表”“玉帝表”。

启经：启《玉皇经》，启经完成后即是拜“玉皇忏”。

开方破狱：破十八层地狱，将亡者灵魂救出，唱相关科书。

关灯：这里的灯指的是往生灯。

对道场：道场主要有两种，男性为“十王升天”，女性为“目连救母”。

唱解结科：逝者前世犯下一些罪过，需对这些罪过进行解救。

待灵魂化：把法事进行完后，生者再请逝者吃一顿饭，与正常人所吃饭菜一样，其间唱《待灵魂化科》。

交公执拮：将逝者的东西在菩萨等神灵的证明下交给逝者。

送圣：也可称为“送菩萨”。

送灵房：将之前制作的灵房烧掉，每段过程都要唱相应的科书。

（七）催龙仪式

在喇叭苗中，将给过世的老人立碑的活动称为“催龙”“包坟”，催龙有催大龙和催小龙之分，两者在规模、大小、内容繁略程度上有所不同。

1. 催大龙

需要花时间一天一夜，请先生所需费用一般都是1600元，其程序如下。

祭文：一般是杀猪祭亡人，由他的儿子背着祭文跪在坟前，由先生唱祭文。假如亡人有多个儿子的话，他们可以根据自己的意愿选择一个人做一次，也可兄弟几个一起做一次，若想增加热闹程度，则多是一人做一遍这个程序。

酒曲：唱一些含有吉祥如意等寓意的话，酒曲多穿插于唱祭文的过程中，如“奉献亡魂一杯酒，再生之日不要愁，积下金银五凤楼，无常到，一去不回头”，还有“在生爱劳动，死去如做梦，孝子化银钱，快来拿去用”，等等。所唱祭文内容的多少一般由主人家所给的报酬而定，给得多就多唱些，给得少就少唱些。

加持：给亡灵吃饭，要唱《加持科》，也敲锣打鼓。

关灯：消除亡灵的罪孽，唱《关灯科》。

散五方：安慰五方龙神，叫它们不要捣乱，唱《散五方科》。

送圣：送走佛祖、菩萨、祖师爷等神灵。

撒米：交代亡灵，事情已经为他（她）办理妥当，叫他（她）不要游。

请圣：请祖师爷，要几个先生一起唱科书《请圣科》。

启经：主要是启《金刚经》《弥陀经》《观音经》《玉皇经》。

念经：按相应顺序念经，念经的人数一般是六个人，多则有八个人，少则有四个或者三个，人多的话，个人头上的任务就要轻（少）些，反之就要重些；念经的人中部分要穿法衣，穿的人一般是掌坛师，主要是两位主要的师傅。念经各有分工，在念的过程中要敲锣打鼓、敲木鱼。

缴经：将念完的经书收缴，仪式是唱一些关于超度亡灵的内容，与念经一样，也要敲锣打鼓。

请水：先生们穿着法衣，一般一个或者两个人穿，敲锣打鼓地到寨里有水井的地方请水，在请水过程中要唱《请水科》，主要是用碗到井里取一碗水，取来的水用来净坛，寓意是不准那些妖魔鬼怪来扰乱。在净坛之前要立帆，帆的种类有纸帆，也有布帆，若对象是男性，要立地藏帆；若是女性，则立血盆帆（血湖帆），必须立诵经帆、玉皇帆。

绕坛：将水从水井中请来之后，一个先生用铃铛蘸水洒坛，边洒边绕，另一个先生则用锡杖绕坛。锡杖被认为是地藏菩萨用来打开地狱之门的工具。

开科书：唱《请旦科》（请佛祖、菩萨）、《玉帝科》、《地藏科》（男）、《血盆科》（女）、《土皇科》（请地脉龙神）。

此外，在开科书结束第一遍后，若主人家有特别要求，则需要重新唱《血盆经》或者《地藏经》安魂，以免打扰生者。

2. 催小龙

与催大龙不同的是，催小龙所需时间多是一天，费用一般是800元，内容上、程序上也相对简化不少，不念《玉皇科》《请旦科》《土皇科》，不请水、不立玉皇帆、不念玉皇经，其中，《请圣科》也有别于催大龙的请圣，不请佛祖，只请祖师爷。

催小龙仪式过程的基本情况及其程序步骤记述如下。

（1）前期准备。

砌堡坎：在举行催龙之前，事主家要请先生帮忙选一个吉利的日子到山头死者的坟前砌一道堡坎，所用的材料是石头和水泥。

开山斩草：当地人也把这称为“动土”，动土的日子是先前请先生看好的，在动土当天主人家要准备一只鸡来祭拜亡灵，同时也带走一些不吉利的东西。此外，还要请一个文教先生一道到亡灵的坟头上念经，主要是告诉亡灵即将为他（她）催龙，有提前和亡灵打好招呼的意味。

(2) 催龙现场。

催龙当天的工作主要包括以下几个部分。

请圣：将佛祖、菩萨请出来。

迎龙：迎接各方神灵，唱《迎龙科书》。

启经坛：启《金刚经》《观音经》《土皇经》《杨公咒》《迎龙妙经》《心经》《救苦经》《生天经》《园通经》《双林经》《观音咒》等经书。

缴经：将所启的经书念完后，就把所有的经书收缴了，其间唱《缴经科文》。

唱《白鹤宝忏》：分为上中下三部。

唱《土皇宝忏》：分上中下三部。

唱《光灯科》：点灯。

唱《加持科》：把神送到他们各自原来所待的地方去。

图1　各个环节所用经书

念地契文书：地契文书是先生事先写好，念完之后和纸钱、香一起放入竹箱中，竹箱是用竹篾编制的四方形盒子，并在亡灵前烧掉。同时先生将所有祭文收集起来，由孝家将全部祭文在坟头上烧掉，一起烧一些香、纸钱、衣服、鞋子等，以表达对老人的一片孝心。

撒米：先生端着一升米站在坟头上，一边说着关于“福”和“贵”的

图2　先生念地契文书场景

话语，一边往坟前撒米，孝家的人不管男女老少都站在坟前，用自己的衣兜接住先生撒下来的米，人们把这叫作“接龙”，即把福和贵都接回家。

点碑：撒米仪式完结以后，先生手里拿着一只公鸡，嘴里念着咒语，用手掐鸡冠，用这只鸡的鸡冠血滴在坟头上，人们称之为“点碑”。

点碑结束后，要鸣放烟花、鞭炮，表示整场催龙仪式圆满结束。

文化策略

屯堡经验在社会转型期理论价值的可能性探析[*]

孙兆霞[**]

摘　要： 屯堡社会中“核心家庭”与村庄集体行动及社会合作之间的良性互动，可视为屯堡经验。其理论价值和社会实践价值，在当下中国社会转型过程中，具有重要的意义。

关键词： 屯堡社会　核心家庭　社会转型

无论是从历史的视角还是从当下中国社会转型过程中农村家庭呈现核心家庭化趋势的特征来看，核心家庭与村庄集体行动及社会合作能力之间的关系，对认识中国乡村社会具有非常重要的意义。而在过去的理论研究和经验呈现中，对中国农村社会的认知，虽然有家族典型模式理论与非家族多元模式理论两种理论面相的共存现象，但往往是家族理论及与之有“内在派生性”的“差序格局”模式概括遮蔽了对核心家庭与村庄共同体关系的讨论。哪怕是将当下中国农村社会变迁中出现的“原子化”现象概括

* 本文系作者主持的国家社科基金西部课题“屯堡社会稳定性的宗教视角考察”（08XZJ007）结题报告中第三章第一节的内容。

** 孙兆霞，贵州民族大学马克思主义学院教授。

为社会学学理表达的“核心家庭本位”[①] 概念，也将其“前身”划归于“家族社会”的“总体”特征和类型范畴。然而，对这种遮蔽“开显”的讨论，无论是从历史的视角还是从现实的意义上，均将凸显屯堡社会中“核心家庭”考察的理论价值和社会实践价值。无疑，从历史和现实的双重视角，特别是从勾连二者的社会变迁视角（社会转型）研究和讨论屯堡核心家庭与村庄社会共同体的结构及功能，并深入和拓展到对核心家庭与村庄社会公共生活中精神性勾连及共享观念对多元社会单位的超越性，对理解屯堡社会的稳定性，从而是中国社会转型中的传统社会文化资源的利用与可持续问题具有重要的经验价值和理论意义。

一　“宗族社会”：已有理论及经验类型

至少在早期农村地区社会研究中，家族社会及与之同构的“差序格局”理论，覆盖了中国社会结构理论的几乎全部篇目。

关于宗族社会的理论研究，较早起学于葛学溥、弗里德曼和林耀华，但他们的基本研究区域是以华南和东南为田野工作的案例存在地。弗里德曼认为，在远离国家政治中心的边缘地区，未能得到国家行政力量有效控制和组织的前提下，福建、广东的民间社会因水稻种植、水利灌溉对社会合作的需要，催生了宗族组织，使之在生产合作、组织基础等机制与宗族成员的繁衍生息、聚族而居的结构得以形成，并取得充分的发展。[②] 葛学溥、弗里德曼、林耀华均认为，华南及东南地区的家族组织有祖产、祠堂、家族组织聚族而居、定期举行祭祖活动等物化特征，扩大家庭是传统宗族的家庭类型，因国家政权向村庄渗透的力量弱小，家族组织是地方社会的自治性政治团体。从基层社会与国家统治的勾连性上看，家族是其中介。“宗族组织原为家族组织的伸展；宗族的祠堂原为家族祠堂的伸展；家族的祠堂原为家族的宗族机关；家族渐渐发展到宗族，祠堂也渐渐的扩张，为

① 谭同学：《桥村有道：转型乡村的道德权力与社会结构》，三联书店，2010。

② 〔英〕莫里斯·弗里德曼：《中国东南的宗族组织》，刘晓春译，上海人民出版社，2002，第18～19页；〔美〕丹尼尔·哈里森·葛学溥：《华南的乡村生活——广东凤凰村的家族主义社会学研究》，周大鸣译，知识产权出版社，2006。

社会的、经济的、政治的、教育的机关了。”[①] 国家借助宗族组织——祠堂会征收赋税，族长和乡长处理族内和族外的事务，宗族组织结构——祠堂会承担宗祠祭祀、迎神赛会、施政设施和族外交涉的功能，利用族规家法维护乡村社会秩序，具有政治、经济、文化、社会保障（福利）等多种功能。后来，杜赞奇在华北社会研究中，将国家与基层社会关系描述为“两种经纪人”与宗族代表人，特别是建基于族田经济基础之上的家族代表之间生成的严格对应关系。[②] 两种经纪人的分类意味着“宗族”功能完整性的削弱；而两种经纪人的并存，又意味着宗族社会基础分化过程中“对外”关系上，村庄整体性要求对其基础的重新整合。

曹婕的硕士学位论文《传统与转型：关于东南农村宗族与屯堡“宗族”的比较研究——以潮州凤凰村和安顺鲍屯村为例》，以今广东省潮州市潮安县归湖镇溪口管理区的凤凰村为例，呈现宗族社会的形成及特点。该研究报告通过对已有文献的研究和最近的田野跟踪调查，从社会结构和组织功能的视角，对凤凰村进行了社会变迁专题研究。在此，以这一个案比较研究为讨论基础，有必要对长期以来宗族社会研究对非宗族社会存在和已有研究成果的遮蔽进行“去蔽”式的开显。以更加开阔的视野，反观中国农村社会多元结构类型下的“普泛性”问题。[③]

从凤凰村经验来看，宗族社会形成有以下几点支撑。

第一，入村始祖选择天高皇帝远的边疆区域“隐居”，在自然环境和资源条件并不富饶的前提下以“先到”姓氏家户为中心，并以亲缘关系认同为生存观念的聚族而居，由此导致“亲缘”认同与资源配置秩序的同构关系，形成宗族社会的自然、经济基础。也形成与周边村落的“界限”及资源占有的紧张关系，如陈氏不愿改祖换姓只能被驱逐到村外的林边村。

第二，资源和家户的“宗族”整合结构，一方面，具有内聚性特点，以“内聚”的亲疏关系层际差别，设定了伦理纲常的权利、义务准则；另

① 林耀华：《义序的宗族研究》，三联书店，2000，第266页。

② 〔美〕杜赞奇：《文化、权力与国家：1960－1942年的华北农村》，王福明译，江苏人民出版社，2006。

③ 曹婕：《传统与转型：关于东南农村宗族与屯堡“宗族”的比较研究——以潮州凤凰村和安顺鲍屯村为个案》，硕士学位论文，贵州大学，2011，第14～35页。

一方面，伦理纲常的权利义务关系建立在最初的资源占有和科举入仕的资源叠加正向增益结构之中，社会分层指标上的经济因素加固了社会内部等级封闭性，从而限制弱势人口家户聚集的“本能”反过来加强了等级固化，形成家族间一荣俱荣，一损俱损的阶层不平等。土地由宗族和村落共同拥有，土地的共同拥有在经济生活中扮演着重要的角色。[①] 弗里德曼亦认为，中国东南地区的土地所有权情况与其他地方不同。

第三，宗族社会形成的内在需求，其实是共同生活必然要求的共同体社会形态，如公共财产的使用管理机制必须是透明、公平的“地方性知识”，并有上升为族群共同生存观念和文化意义的一种信仰。据葛学溥《华南的乡村生活》一书的描述，凤凰村“有三类土地所有制：一是公共所有，收益归全村；二是村落（宗族）的祖产；三是家族祖产”[②]。村田大约60亩，族田大约20亩，田地主要分布在外村潭头。宗族集体财产委托给村落领导人经营管理，收益归全村所有，主要借贷给村落与邻近群体用于诉讼费用，给贫困的家庭做丧葬费和读书费，奖赏科举入仕者或现代教育的学子，奖励坚守贞操的寡妇，修理村落公共建筑、祖宗坟墓、桥梁和街道。[③] 宗族祖产、家族祖产用于宗族及房支的集体祭祖活动，赈济宗族贫苦家庭或老人，承办房支学校。可见在宗族与村落合一的宗族社会，集体资源的公平、公正使用及社会福利性质的社会共同体建构，既是社会内聚力和秩序感的开放体系本身的建构，也是对外排斥的社会区隔性质的社会封闭性的建构。

第四，长老和精英与宗族内生性保障体系的同构性，使宗族领袖的成长与选出以“无悬念”的社会、文化保障体系给以支撑。依据嫡长子制，长房房头是宗族祭祖仪式主持人。宗族的族长和各房支的房头组成村落领导集团，村落头人由有功名的儒士和辈分高的“长者”构成，家族的族规家法是村落人们应该遵循的行为规范。儒士不仅是村落的图书馆、教师、村落领导人的顾问，涉及村落与政府的事务时充当村落的代理人及政府的代理人和翻译者。村落领导人组成村落校董会，监督并控制学校教育。宗

① 钱杭：《当代农村宗族的发展现状及前途选择》，《战略与管理》1994年第2期。

② 〔美〕丹尼尔·哈里森·葛学溥：《华南的乡村生活——广东凤凰村的家族主义社会学研究》，知识产权出版社，2006。

③ 同上。

族组织掌握了村落的行政、经济、司法、宗族、教育等所有的权力。正如林耀华所说："家族渐渐发展到宗族，祠堂也渐渐的扩张，为社会的、经济的、政治的、教育的机关了。"①

可见，凤凰村宗族社会是由最初的开村始祖首先取得对村落自然资源的占有、支配权为起点，后经科举的权威及经济增量和文化资本，使家族长子继承制的秩序与经济、文化、政治资源整合一体，形成村落家族间不平等阶序的整体聚合力。因此，建立在家族优先权基础之上的宗族社会，其村庄整体性或说村庄共同体是以历史及现实中的马太效应为秩序阶序基础的。其社会福利对社会中弱势群体的保障、村落公益的目的，均指向以这套经济控制为基底的文化、政治权力甚至祖先崇拜同构秩序机理之上的。因此，当1949年以后，新生政权依靠无产者的力量摧毁村落权威世代传承所依赖的经济基础时，其文化、道德秩序的继续就失去了最终的依托，特别是土地承包制的施行，让所有家庭弃家族化、宗族化后，站在占有经济资源的同一起跑线上，由此决定了之后的文化认同、权力掌控、村治逻辑都将会使之前的村庄治理的理念、村落共同体的秩序原理等失去逻辑起点而呈现"摧枯拉朽"般的坍塌。

事实上，自宋元开始的土地买卖和兼并的国家政策实施起，在东南、华南等国家直接强力控制较弱的"边缘"区域，汉移民成为此政策的强力推行者和承担者，开启了家族为经济、社会生长点的宗族社会，家族入仕并勾连国家与民间社会的结构关联。当1949年革命的重启，将这一切的经济根基彻底毁灭时，宗族社会的文化和道德也如强弩之末走向没落。只不过，国家也以前所未有的对村庄全面渗入和掌控的态势，取代原有村庄治理和共同体运行机制。"平等"观念对宗族阶序文化认同的历史逻辑的替代，事实上导致这些村落共同体"失重感"出现的同时，亦建构起一套新的、"革命"的逻辑机理下可供村庄聚合的社会、文化平台。

二　宗族社会与差序格局同构的理论研究

1. 理论表述

如果说涂尔干对传统社会结构关联的"机械团结"特点的界定是建立

① 林耀华：《义序的宗族研究》，三联书店，2000，第266页。

在以现代社会形成中显露出的“有机团结”社会结构为参照系的话，费孝通先生将差序格局表征于宗族社会的勾连性意象，相对于涂尔干表述“有机团结”，即西方工业化、现代化社会分工约束并创生的像大家站在一个平面上，或“同一起跑线上”的“一捆一根根扎清楚的柴”① 而言，它好像一块石头丢在水面上所发生的“以‘己’为中心，和别人的社会关系则像水中的波纹一般，一圈圈推出去，愈推愈远，也愈推愈薄。”②

可见，与西方工业社会“有机团结”的区别在于：“有机团结”恰如一捆捆底部平行……或叫处于“同一起跑线”的整齐划一的捆柴，通过社会分工的大潮流的分类及组合，形成由“产品”生产需要而互补的品质相同的“个体”。因此，其个体到整体的“组装”、“捆绑”是由内而外，又由表而里的“有机团结”，其“力量”的凝聚亦是强有力的。而“乡土中国”社会按“差序格局”表征的社会，则是费老接着展示的：“在这里我们遇到了中国社会结构的基本特性了，我们儒家最考究的是人伦，伦是什么呢？我的解释就是从自己推出去的和自己发生社会关系的那一群人里所发生的一轮轮波纹的差序。”③

将费老的“形象表述结构”转换成社会学语言的“内涵表述结构”，“差序格局”的含义大约是：第一，“差序格局”的中心与各圈层之间不是平衡同距并同量的，而是由中心向外层力量的递减；第二，“差序格局”更强调自“内”而“外”的以人伦关系为中心的发生学逻辑，而非内外同构发力的“开放社会”关系联结；第三，作为中国社会的基本特征，“差序格局”的人伦多中心化，表征出社会结构是“多中心”形成多圈层且多圈层复杂共处的一个个封闭型小社会。

在此，将涂尔干的“捆柴社会”与费老的“差序格局社会”相比较，二者的视角差在于：第一，“捆柴社会”是内外结合的视角的定义结构，从而社会与外部世界的互动主要是国家互动有了可操作的关系把握，“差序格局社会”是由内而外的视角的定义结构，反映出社会自治能力的强势特征；

① 〔法〕埃米尔·涂尔干：《社会分工论》，渠东译，三联书店，2000。

② 费孝通：《乡土中国》，上海人民出版社，2006，第334～336页。

③ 费孝通：《乡土中国》，第334～336页。

第二，“捆柴社会”的个体及发力是整齐划一的，换句话说，形成的关系是同质性、开放性的，而“差序格局社会”的“个体”之间，特别是形成的关系却是千差万别特征基础上的相对封闭性；第三，“捆柴社会”的社会形态特征是现代性与工业化同构进程中的法治社会，而“差序格局社会”是传统农业社会为基底的人伦社会。因此，研究中国社会基本特征，特别是社会转型与社会结构问题，必然还将深入到对中国传统农业社会的理解中去，将“差序格局”与社会结构基础问题加以廓清。

涉及中国传统农业社会的讨论，宗族社会与差序格局社会结构的关系问题，即是一个需要思考的问题：第一，宗族社会是否中国社会的全部？第二，差序格局社会结构是否仅仅是宗族社会的社会结构？第三，差序格局社会结构的分析视角之外，是否还应有自上而下的，从而内、外（上下）互动的社会结构的视角？

事实上，在费老的表述中，宗族社会与差序格局几乎是对一个对象的两种角度的表述。宗族社会是“核心”，是差序格局人伦从“血缘”来源上的“追溯”，以血缘源头上的氏族、宗亲关系展开来的社会结构关系；而“差序格局”则是宗族社会展开的社会亲疏关系结构的平面铺开和表征。笔者曾在《屯堡乡民社会》一书中对此有过专门的分析。①

按上面的提问，宗族社会是中国传统农业社会的全部吗？中国民族研究领域如沧海般的研究成果证实显然不是。如贵州布依族的“亭目制”、侗族的“款组织”、苗族的“牯藏社会”、彝族的“家支制”，等等，声称没有某一核心氏族为整个民族或区域内民族的命运主宰者。那么，非宗族社会是否仍保有“差序格局”社会结构的特点，就成为一个中国社会转型基础及特征的认知加实践的问题。接下来，长期以来政府在西部大开发及发展战略上强调政策调研和政策实施本土化问题的基础如何明朗化，亦成为需要明确的题中之意及需要研究的重要视角。

即使从汉族内村庄主体的区域性的学术研究资源上，以“非宗族社会”为题的研究并不多见。但正如黑天鹅与白天鹅的证伪思维进路那样，列举出一个反例就可以推翻已有的全称命题。当然，社会形态的界定并非像自

① 孙兆霞等：《屯堡乡民社会》，社会科学文献出版社，2005，第302～303页。

然科学和逻辑那样严格，也无须如此严格，关键是反例的视角及其实体存在对社会结构机理类型的表征具有政策操作路径意义。

三　“差序格局”相异的非宗族社会的讨论

1. 非宗族社会类型研究

（1）华中、华北、关中等地区为对象的非宗族社会研究。

秦晖指出，中国乡村社会是由宗族主导的自治单位的主流观点对汉唐间湖南长沙地区的杂姓村落进行解释缺乏效度，他认为，中国是国家力量通过编户齐民的方式在统治着社会，核心家庭或小家庭是其社会结构的基本单位。① 施坚雅认为，华北地区的宗族势力比华南地区微弱，许多非血缘性的民间组织可能代替了宗族组织的许多社会功能。② 郑起东通过对1949年以前的华北农村社会结构进行研究，认为华北地区由于战乱以及大规模的人口迁徙，农村家庭小型化，导致宗族的分散。因此，宗族组织已不是农村社会组织的主要形式，取代宗族组织的是青苗会（对内具有自治功能，是行政代理机构）、联合会、枪会、民团等自卫组织（维护乡村社会治安）；婚丧互助组织、生产互助组织、生活互助组织等（提供人们生产生活方面的经济与社会互助）；书院、社学、义学、私塾、学堂等教育组织承担乡村社会的教育功能；庙会、秧歌会、灯会、迎神会等组织具有娱乐功能；还有香会、佛堂、善会等宗族组织具有明显的宗族功能。这些组织是相对独立又互相包容的关系。③

（2）郝瑞对台湾非宗族村“犁舌尾”进行分析得出，由于村里设有宗族组织和缺乏合作群体，姻亲关系紧密，存在兄弟姐妹会的社群关系，家庭组织和宗族组织成为维持社会的力量。并认为：社会组织的产生源于社会经济的“情景”。④ 石峰将郝瑞的非宗族社会组织与社会合作机理及功能

---

① 秦晖：《传统中华帝国的乡村基层控制：汉唐间的乡村组织》，载《乡村研究》（第一辑），商务印书馆，2003。

② 〔美〕施坚雅：《中国农村的市场与社会结构》，史建云等译，中国社会科学出版社，1998。

③ 郑起东：《转型期的华北农村社会》，上海书店出版社，2004。

④ 转引自石峰《非宗族乡村社会——关中水利社会的人类学考察》，中国社会科学出版社，2009，第169页。

研究视角借用到关中水利社会历史人类学考察中，探讨在强宗豪族缺乏的地方社会中所卷入公共领域的各种组织力量，如政府和由村民构成的民间组织、地缘性联合组织、娱乐组织和宗族组织管理水利的社会合作机理，用组织参与的力量性与缺失性置换来说明复杂多样的社会结构和社会运转的时空差异，即国家和自组织性质的民间组织等各种社会力量，因情景的限定，在场与不在场，或力量的强弱，主次之别，会参与不同的事务，而某种组织的不在场，会给其他组织留下生长的余地，从而填补遗留的空间，以满足社会的需要。①

2. 村落共同体视角下非宗族社会的特点

第一，中国社会在华北、华中、关中、台湾等地，甚至在江南、华南，唐宋之前，非宗族社会，或以秦晖表述的“国家通过编户齐民的方式”构成的非宗族社会广泛存在。这种社会的自治方式是自外而内或自上而下，有国家“编户齐民”的约束或控制，即在发生学上对土地、人口、资源配置的等量控制及变迁论中权利、义务结构控制的社会学品质。从而，村庄内部的社会需求主要靠社会合作来实现。由此，功能性的各种社会组织构成其社会生活和生产结构的基础，如水利组织、青苗会等。这样的社会组织和社会合作机理及功能，与宗族社会为满足社会公共生活需求而生发的宗族组织功能在本质上并无区别，甚至与“捆柴社会”社会功能性组织的目标也无本质区别。或许在“社会性”上，是人类社会普泛性社会组织所以生成的共同模本。

第二，汉人社会中历史上亦存在的非宗族社会及内生性的社会组织及社会合作机理，除了在满足该社会公共生产生活需求上既有与宗族社会相同的功能之外，就内生性社会基础而言，其非宗族特征使社会合作是否会因没有宗族私利的封闭性囿限而更加具有深度？其社会组织的“公益性”和功能性是否会因表征于社会公共生活需求的直接性而更能从广度上凸显社会需求及满足需求之间的有机衔接，从而使社会合作为标识的“社会性”功能更加稳固？从这个意义上，非宗族社会较之宗族社会，更具有社会内部的开放性，甚至与“捆柴社会”相比，由于社会黏合力的多样和开放，

① 石峰：《非宗族乡村社会——关中水利社会的人类学考察》，中国社会科学出版社，2009。

也更能为社会变迁过程中的文化选择提供较有张力的社会基础。

第三，非宗族社会内部的开放性开显了社会的封闭性、多元性，奠定了社会公共性合作的基础。从精神性上看，更有利于社会共识性的形成和社会整合的提升。一旦社会共识和社会整合机理在社会内部长期磨合、锤炼，在社会选择中成为社会资本，则必然上升为精神性因素而成为反哺社会的精神食粮。较之宗族社会的家族横向层级双重叠加的封闭性而言，其社会合作的机理更为完善和全面。

总之，如果说差序格局的人伦中心圈层理论仍可涵盖非宗族社会的话，那么必须廓清此“人伦”关系中，以家族血缘为核心还是以非宗族地缘的核心家庭为核心的社会结构关系的实质性问题。换言之，宗族血缘关系为核心的“人伦圈层”关系的自闭性，使社会治理的内生机理与外部压力之间仍形成互相压力关系，从而使关系“紧张”，趋向于形塑更加封闭的社会结构。而以核心家庭为村庄共同体结构基底的社会合作关系，则可获得更深厚、更多样的社会稳定性资源，其“差序格局”的圈层脉系由于“标准化”而非个体化，使社会整合力更为有力。唐军《蛰伏与延绵》研究的宗族水利社会①与石峰《非宗族乡村——关中水利社会的人类学考察》研究的非宗族水利社会相比，显露出非宗族水利社会的稳定性和合理性、公平性，从而也使社会的可持续性更强、社会团结的整合力更广。

四　当下“核心家庭本位化”与村落共同体坍塌的社会转型危机

村落共同体的概念其关键词一是地方性；二是共同体。汉语社会学能表述的“社区”，即是家庭共同体之外最典型的地域性共同体、村落共同体包括农村社区。② 即便如此，对共同体的内在规定性仍存在不同向度的解释，偏向于文化属性的界定，如罗伯特·A. 达尔（Dar，2006），其提出的

① 唐军的博士论文《蛰伏与延绵》主要研究了由于水利争端在家族村寨社会之间的长期影响，使权力为核心的社会不公影响到本区域社会人们的社会互动关系与生活品质。

② 毛丹：《村落共同体的当代命运：四个观察维度》，《社会学研究》2010年第1期。

“共同体”指“人们共有某些东西，它把人们紧紧连在一起，而且给人们一种彼此相属的感觉”；偏向于实质性的界定，如泽奥尼（Etzioni，2001）、泰勒等，他们基于文化意义、道德秩序的共同体机制上，强调共有道德秩序会在面对面交往的团体中激发一种归属感。可见，后者对共同体的界定更强调文化的落地，即与道德秩序同构中形塑的团体认同的归属感，从而不仅仅从精神，而且从行为模式上界定了共同体的实质性聚合之原因。

以上理论仅仅从文化和道德层面到精神气质上界定共同体还缺乏“边界”，因而对社会转型过程中外部市场和政治权力的压力、拉力的作用边界也无从定义。而且对共同体集体行动或“认同”的归属感的依托对象也无法判明，因此，齐默尔曼（Zimmerman，1938）给社区或共同体所做的经典定义更为拓展，包含 4 个特征：社会事实、规范、联合、有限地区。“它需要一种区域性内容。”希拉瑞（Hillary，1955）分析了既存的 94 种社区定义后，发现它们基本集中在 3 个因素上：人们之间的社会互动、一个或更多的共有纽带以及一种地域关系。弗雷泽研究了社区研究的传统后，甚至断言社会学家们是把社区视为一个居民定居的位置，一个由多元关系的密集性网格组成的稳定社会结构，以及高度相关的对外边界（Frazer，1997）①。

这样的村落共同体，不但在西方世界，在中国等东方世界的过往历史中，并不少见。关键是现代化过程中，它是否会成为公民社会的“敌人”，或个体性彰显的社会是否会排斥“村落共同体社会”？这才是中国社会转型过程中需要直面的重大问题。

以上分析可见，无论是华南、东南的宗族社会还是华北、华中的非宗族社会，在过往历史中其村落共同体，无疑是农村社会生活的主要形态。在中国进入现代历史阶段之前，村庄内在治理方式使国家不直接介入乡村社会生活的规制，参与形塑了中国乡村社会结构。“皇权不下县”的社会治理方式在为村落与国家划定边界的同时，也使乡村共同体的内在潜能得到极大发挥，这也是中国村落社会组织机制生成的宏观结构性社会、政治基础。

---

① 参见毛丹《村落共同体的当代命运：四个观察维度》，《社会学研究》2010 年第 1 期。

然而，1949年的“解放”，从土地这一关联农业、农村、农民的最根本的结构性资源的革命性变革入手，国家以“外力”介入乡村社会，以强势干预的方式改造了村庄原有共同体生存与治理的逻辑。原先是宗族治理为村落共同体构建机理的村庄，以革命后的国家力量加贫雇农积极分子结合的权力架构，重新建构了村庄共同体的生成和运行逻辑。传统的长老权力、家族权力、文化继替秩序等受到颠覆性打击，而支撑这些行动的是“耕者有其田”的财产理念及“集体经营土地等资源”的“公共品集体经营”的制度安排。原先以非宗族家庭结构为村落社会基底结构的村庄，虽然在土地变革中并未摧毁原有经济结构的“均等”观念和社会互助的经济基础，但从村落共同体的运作上却以自上而下的外部需求和制度安排，打压和遮蔽了村庄原有内生性社会互助、社会合作的结构关系，特别在村庄治理及上交公粮等村庄生活的重要领域，传统的秩序、规则、生成机制等都被抛弃，新的制度安排自外而内、自上而下地重新“安排”了村庄。当然，在风俗层面，原有的机制和理念一直存在，“正统”的制度也不去招碰这些民间生活领域的惯习。仅在“文革”期间，情况才有些变化。

1978年中国改革开放以来，国家一方面总体上逐步退出乡村；另一方面在两个领域又单面向地“介入”乡村：一是对新农村建设的项目性投入；一是与土地、矿产、生态等资源开发、利用相关的“剥夺”式“介入”。加之市场扭曲对乡村资源利用的直接“算计”及城乡二元结构下农民工等不公平城乡就业对乡村社会的撕裂，无论是原来具有宗族社会传统还是非宗族社会传统的村庄“核心家庭”化逐步演化为“核心家庭本位”。这是社会转型过程中呈现的趋势性现象。谭同学在华南田野工作基础上将市场恶与权力合谋腐败影响到村庄原子化结构的表征现象界定为“核心家庭本位”社会的形式，即华南地区，农村过去以宗族、家族为基底的村落共同体社会，现在已经蜕变为最小的社会单位：核心家庭本位和凸显的原子化社会。在这种“核心家庭本位”的村庄现状里，村庄治理失去原有的长老权威及公平秩序，村庄道德影响更多是私利性而缺乏原有的道德秩序和行为规范，最核心问题是村庄缺乏认同感，人们彼此冷漠，且没有敬畏感和信仰。这是一个在物欲膨胀中失去底线、令人绝望的社会。①

五　指向村落共同体重建的理论逻辑

"当下乡村所面临的，恰恰是治理、道德与信仰问题的叠加。"② "迈向'核心家庭本位'的乡村社会正面临着诸多的'基础性社会问题'。"③ "在这样的基础上，地方社会日益失去整体意识越来越难以作为一个整体得以表述。村民的人生意义和精神家园也便日益固定在了核心家庭的边界上。"④

即使"核心家庭本位"的乡村社会面临着"基础性社会问题"即"治理、道德与信仰问题的叠加"，而显得问题重重，但对"乡村重建"的期待仍会认同于村落共同体的重建，例如谭同学指出的"出路"即是："如何在'核心家庭本位'的基础上，规范公共权力的使用，建设村庄道德秩序的底线，并逐步培育村民之团体意识，缓解、解决乡村的'基础性社会问题'，当属乡村社会现代性转型成功之必要，也是摆在关心乡村社会前途命运之士面前的现实课题。"⑤

毛丹则将村落共同体重建的诉求放置到社会的自我禀赋和能力储藏之中，并认为是一种"普遍存在"，是根本性的"社会需求"。他引述梅勒的观点："社会是一种存在于广泛合作关系中的综合实在，所以既是外在的，又是内在于个人的；共同体则既是一种合作层次，是社会子层合作的形成，更是体现了一种需要紧密合作的情感，所以地方性的共同体很难说是过时的，虽然它在所谓传统社会中更为常见。"⑥ 而这种需求的生成是人们社会生活本身与必然要提出来的内生性要求。社区也即地方性共同体则是人们感知社会与自我，以及做出满意与否评价的基本参照系之一。共同体的实

① 参见谭同学《桥村有道：转型乡村的道德权力与社会结构》，三联书店，2010；谭同学等：《金钱的傲慢与社会的偏见——当代乡村社会建设与社区互助研究》，社会科学文献出版社，2013。

② 谭同学等：《金钱的傲慢与社会的偏见——当代乡村社会建设与社区互助研究》，第 98 页。

③ 谭同学：《桥村有道：转型乡村的道德权力与社会结构》，第 456 页。

④ 谭同学等：《金钱的傲慢与社会的偏见——当代乡村社会建设与社区互助研究》，第 40 页。

⑤ 谭同学：《桥村有道：转型乡村的道德权力与社会结构》，第 457 页。

⑥ 参见毛丹《村落共同体的当代命运：四个观察维度》，《社会学研究》2010 年第 1 期。

质性理论所强调的共享道德感及其激发的归属感，可能的确是社区共同体的特征和基础。但是，这不意味着人们的道德感、归属感与地方感（特别是面对面交往之地）不是联系在一起的。①

综合谭同学和毛丹的分析理路，可以发现宗族和非宗族传统的社会均共同面临着外部权力与金钱合谋或共同影响下，乡村社会“基础性社会问题”给中国当下和未来带来极大的危机，而村庄共同体重建是走出此陷阱的唯一通道。毛丹从“社会”的普泛性特征中挖掘地方共同体社会重建的资源及寻找历史必然性的理论逻辑，那么问题从方法、思路上指向一个方向：毛丹理论逻辑能在现实土壤中落地吗？换句话说，谭同学的一边倒个案，呈现出“风险”预警作用的话，战胜这种风险，毛丹能将已有的理论贡献放置到实践中印证、修改和实验吗？我们深知，从理论建构而言，社会学本土化的进路，亦需要这样的挖掘与关联性思考。

如果说谭同学“核心家庭本位”概念的提出，表征了中国当下社会转型是对具有宗族社会传统的农村村落共同体建构中“长老治理”“人伦秩序”“敬畏禁忌”的根本消解的话，毛丹的“村落共同体重建”概念，则是在整合过往宗族、非宗族社会传统资源的层面上，指出社会必须成其为社会的本土化追求。贯通二者的经验逻辑，可以延伸到社会重建对“中国经验”进行历史挖掘的进路；贯通二者的理论逻辑，可以指向中国村落社会内蕴的自组织机制及社会合作机理的价值重建问题。而凭借此历史社会资源，可回应当下全球化过程中“弃社会”化的假象性，或经济学想象对社会学想象的遮蔽使重塑社会成为一种有理论支撑的信念和目标。

但仍然存在一个悬而未决的问题，即涂尔干的研究中，“机械团结”的社会与“有机团结”的社会之不同仅仅在于社会分工是基于传统农业、手工业社会的分工还是社会化大生产基础上的分工，“分工”的社会主体都是同样不变的，其主体都是个体化的人，而中国无论是差序格局的宗族社会或非宗族社会，核心家庭“本位”或核心家庭“基底”，表征的当下社会变迁现状，凸显的社会行动的基本单位，均不是个体的人，而是核心家庭为基底的社会基础。由此，引发的问题是：这样的社会与假设存在的个体主

① 参见毛丹《村落共同体的当代命运：四个观察维度》，《社会学研究》2010 年第 1 期。

义的社会在构成更高层面的村落共同体时，是同一种合作逻辑吗？其文化与情感因素与社会基础的互动，对村庄认同的路径与方式有本质性影响（或区别）吗？

无疑，此追问需要深度田野经验的证明，它关系到中国社会的基底及逻辑派生的社会公共性问题。而以下我们将要讨论的，即是屯堡“核心家庭——村落共同体”社会结构彰显出的历史、当下或许还是未来的“贯通性”，从而也是社会稳定性作为“社会事实”在理论上建构的可能性。而这一“社会事实”，正是被其文化浸泡的有底线、有敬畏、有意义的本土经验。与西方个体主义为基底的社会主体性预设相比，这里是一个以核心家庭为基底的“社会”共同体为社会主体性预设的前置性逻辑。

安顺屯堡文化中的生态伦理思想探析

任兰兰[*]

摘　要： 安顺屯堡文化中蕴含了丰富的生态伦理思想，在屯堡人的神龛中的神榜文化与村落典型代表鲍屯村的村落选址、房屋建筑、山林河道旁的碑文以及在水利工程等文化事项上有着充分的体现，在当下生态文明建设中具有重要价值。

关键词： 屯堡文化　天人合一　鲍屯村　生态伦理

明朝初期，随着"调北征南"的军事政治行动，大批从江南随军、经商的屯军、商人及其家眷移民至黔中一带，经过600余年的历史积淀，形成了独特的生活方式、礼仪习俗、宗教信仰及建筑风格等文化事象，在相对封闭的山区条件下，代代相传，沿袭至今，形成了独特的屯堡文化。屯堡文化作为独立的文化体系，涵盖了民族学、文化人类学等领域内容，本文主要从生态伦理学的维度来解读屯堡文化中人与自然和谐共生的思想。

* 任兰兰，安顺学院马克思主义学院讲师。

一　屯堡神榜文化与“天人合一”思想

在中国传统伦理思想体系中，蕴含着宝贵的生态伦理思想，“天人合一”是整个生态伦理的核心，主要体现为人与自然的和谐共生，这种和谐共生以人与天地万物同源、人与自身生存环境一体以及生命本质现象的统一性为基础。屯堡人从直接的生存经验出发，通过人与自然的同生存、共发展，不仅把先于人类产生的天地万物当成可资利用的生活资源，同时也当成与自身息息相关的生命根源。600 多年来，屯堡人正是把生产、生活、生态功能完美地结合起来，诠释着中国古代“天人合一”的伦理思想。

研究屯堡文化，不得不提的是屯堡的神榜，神榜的内容有着深远的历史意义，里面的学问也是很值得考究的。屯堡神榜不足 200 字的内容，却蕴藏着很为深厚的思想，对教育后人和传承传统文化都起到了积极的作用。

从神榜的内容上来看，很多地方都显示出屯堡人对天地的敬畏，如神榜横批“受天之禄”“受天之祜”“受天百福”中的“天”；中间条幅中“天地国亲师位”的“天”“地”；神联“食禄每怀天地德　安居常念祖宗恩”中以天地为衣食父母的感恩怀德、“天高地厚君恩重　祖德宗功师范长”中对“天”“地”的敬重；子联“天有日月星辰　地有五谷丰登”“天地盖载恩　日月照灵恩”中以天地自然为生存根本的情怀，以这些内容都可看到屯堡人与自然的密切联系。再看神榜中所提及的人物，如“神农轩辕”“教稼后稷”“三官大帝”的天官、地官和水官，均流露出朴实的屯堡乡民对于使其生命得以存在及延续的天地万物的敬重与感恩，正是怀着这种敬畏的神圣感，屯堡人在生生不息地沿袭。

不仅在神榜内容上，屯堡人在写神榜时也是很为讲究的，通过其中规矩和禁忌，也可见一斑。比如在写正中的“天地国亲师位”时要求极为严格，不能出任何差错，必须严格遵守“天不顶天，地不沾土，国（君）不封口，亲不比肩，师不冒头”的标准。所谓“天不顶天”就是天字的一撇不能顶着最上面的一横，这是因为在屯堡人心里，天是无穷大，没有谁能与其比高，顶天就是对天的大不敬。而“地不沾土”就是地字的土旁一竖不能与一提相连，土地对屯堡人来说就是生存之本，俗话说黄天厚土、天高地厚，土对黎民百姓的恩情是最厚的，地字沾土了就是对地的大不恭。那么，在这个规矩中对“天”“地”二字的书写禁忌，体现了屯堡人对天地自然的恭敬之情，屯堡人对神榜的世代流传，形成了对天地万物的敬畏、崇拜、关怀和感恩等心理，并构成了屯堡文化中这种天、地、人合而为一的生态伦理思想。

二　屯堡文化中的生态伦理思想

贵州省安顺市西秀区大西桥镇鲍屯村是安顺屯堡村落的一个典型代表，始建于明洪武二年（1369年），至今已有600多年的历史，被誉为“大明第一屯”。在600多年的持续发展中，通过村落的选址、房屋的构建，“禁山碑”“禁林碑”的碑文规定，水利工程的完整保护和利用，鲍屯人从生产、生活方式上诠释着人与天地万物和谐共生的生态伦理思想。

1. 村落选址、房屋建筑体现的生态伦理思想

鲍屯村地处环境宜人的“杨柳湾”“地势西北高东南低，负阴抱阳，逐步升起，面向平坝，土地肥沃，水源充足，气候宜人，适宜农耕。”① 整个村落的北边是居住用地，南边则是生产用地，平坦开阔的良田所生产的粮食，养活了世世代代的鲍屯人。贵州安顺一带属于典型的岩溶地貌，满山遍布的薄层灰岩，屯堡房屋建筑材料都是就地取材，清一色的石墙石壁石瓦，薄灰岩修葺的石板墙壁和菱形石板盖房是屯堡建筑民居的一大特色。石板房冬暖夏凉，特别适宜山区气候，是建筑设计与自然生态相适应的居住方式。鲍屯村的石墙石壁石瓦石巷，修建于优越的地理环境之中，将生产与生活分开的村落布局，充分展现出鲍屯人古朴的人与自然和谐共生的生态伦理思想。

2. 山林河道旁碑文中体现的生态伦理思想

鲍屯人把对生态环境保护的具体内容刻在石碑上，形成制度，规范村民行为，从而形成了对生态环境保护的传统习俗。为了保护山林，鲍屯人立了“禁林碑”。碑文规定鲍屯人有义务教育子孙后代不能随便砍伐山上的树木，严禁烧山和打猎，世世代代鲍屯人依照碑文规定形成了保护山林和

① 彭瑛：《安顺鲍屯人的生态文化观》，《安顺学院学报》2010年第1期，第5页。

野生动物的民风习俗。在鲍屯村周围，大片的森林形成了一个自然生态保护区，如世外桃源，成为鲍屯村的一大生态景观。

为了保护水利河道设施，鲍屯人立了“禁水碑”。鲍屯村保留下来的明代《移马井碑记》上有保护管理水利设施的明确规定。最晚的清咸丰六年(1856年)《大坝河碑记》上刻有村规民约，要求村民保护野生鱼虾及饮水卫生，不准炸鱼，不准毒鱼，不准鸥子打鱼，不准在饮水处上游洗澡，如有违反者罚银。鲍屯村民在开发利用河流的同时，更重视维护河道和设施，保护河流生态。

3. 水利工程体现的生态伦理思想

鲍屯的古水利工程始建于明洪武二十三年（1390年），工程由横坝、竖坝和高低龙口组成，使不同高度的耕地均能得到充分的自流灌溉。“整个工程系统布局合理、功能完备、设施简洁，工程利用河水的落差，采用鱼嘴分流、筑坝壅水、开渠引水等多种方式，利用‘一道坝、一沟水、一片田’和雨污分流的设计原理，构筑了完整的古水利工程体系。”① 古水利工程是鲍屯人适应自然利用自然与自然和谐发展的典范，在生产方式上它解决了北面农田的自流灌溉问题，使得鲍屯村北面的农田旱涝保收、稳产高产，并多次避开了较大的旱涝自然灾害；在生活方式上它还具有供水、排污等功能。鲍屯的古水利工程保存至今还在沿用，它像整个村子的血脉，在川流不息中延续着世代生命。

三　屯堡文化生态伦理思想对生态文明建设的现实意义

当代中国社会文明体系包含了物质文明、政治文明、精神文明和生态文明，“四大文明”的协调建设和发展，体现了整个文明体系的完整性与融合性。党的十七大首次将生态文明写入党代会报告，提出建设生态文明的重大理念；十八大进一步明确了生态文明建设的战略任务和历史地位。在这一政策的引领下，对我们研究生态伦理起到了积极的推动作用。在全社会都高度重视可持续发展的今天，生态伦理被提到了相当重要的位置，与

① 彭瑛：《安顺鲍屯人的生态文化观》，《安顺学院学报》2010年第1期，第6页。

整个社会文明形态的构建与发展息息相关。

近代工业文明把人与天地万物完全推置于一种对抗状态，人类对自然的疯狂掠夺，最终导致了资源枯竭、环境恶化、生态失衡，如何重塑人与自然的和谐关系，可从中国古代生态伦理文明中寻找宝贵的思想资源。中国传统伦理思想中蕴藏着极为丰富的生态伦理思想——儒家提倡的“天人合一”、道家提倡的“道法自然”、佛家提倡的“众生平等”等思想，均把人与自然的“和谐共生”作为其核心内容。屯堡人在对儒释道文化的融合中，秉承中国传统伦理思想，把生态系统视为一个有机整体，创造出适合山区生态环境的生存方式，构建出内容丰富的生态文化。这些包含着丰富生态伦理智慧的思想，对于保护生态环境，维持生态平衡，保护物种多样性和文化多样性起到了重要作用。

在屯堡文化展现的生态文明中，房屋建筑、水利工程等所构成的生态环境既是一种生态伦理的外显，又是一种坚守生态伦理的结果；而依靠神榜文化、碑文内容形成的崇拜禁忌、民风习俗，则深深植根于每个屯堡人的生产、生活、生命之中，使得整个生态系统得到有机循环。“人们把一些社会伦理原则和道德要求提升、规定为制度，又从制度系统中汲取道德观念和伦理意识，形成伦理制度化和制度伦理化的双向互动。从这种互动过程中演化出来的生态伦理，具有深刻的道德普遍性和广泛性。”① 屯堡人通过敬奉禁忌、习俗、村规，从而约定俗成了一套与天地万物和谐相处的道德观念和伦理意识，以此来对生态环境加以保护，这种保护甚至是无意识的行为，也即是一种生态伦理道德内化后形成的文化自觉。

如何建设美丽中国，这种美不能只是停留在外部环境的感官视觉上，某种程度上说，它更是对于环境的建设者、保护者（即作为主体的人）的生态伦理道德内化的要求。因此，我们要求在生态文明建设中，从现今保存得比较好的文化中汲取进步的生态文明思想和观念，按照尊重自然、人与自然和谐相处的原则，提高人们对生态文化的认同，增强人们对自然生态环境行为的自律，从而推进生态文明意识在经济、社会、文化各个领域的延伸。

---

① 熊坤新、曹庆锋、李乔杨：《藏族传统文化中的生态伦理思想探析》，《玉溪师范学院学报》2013年第6期，第14页。

禽类养殖与屯堡文化

——以平坝灰鹅为例

马 明 黄海燕*

摘 要： 本文通过对灰鹅入黔的历史地理考察，提出以灰鹅养殖为载体，促进屯堡文化共生繁荣。

关键词： 平坝灰鹅 屯堡文化 饮食文化

禽类养殖是中国一种传统的农业活动。屯堡文化是黔中特有的一种移民文化形态，是在特定的历史时期，特定的环境和地理条件下形成的特殊的汉族文化。1902 年，日本学者鸟居龙藏对屯堡人进行的调查开始了人们对屯堡文化的关注。纵观以往学者们的屯堡文化研究，对屯堡农耕文化，特别是畜禽养殖方面的涉猎极少。其实，明初随军队南征云贵高原的“屯军”士兵，不仅带来了中原地区的宗教礼仪文化，也将当时江南较为先进的农耕文化——农具、技术、品种带到了黔中大地，其中就有关于灰鹅等畜禽的养殖技术。今天，随着屯堡文化在黔中大地的发展、变迁，平坝灰鹅在屯堡农耕文化中具有特殊的意义。特别是近年来平坝灰鹅市场效益极佳，不仅远销广东、深圳、海南等地，给屯堡居民带来了巨大的经济收益，

* 马明，安顺学院讲师，从事生态农业及农村社会文化研究；黄海燕，华北水利水电学院管理与经济学院硕士研究生。

而且还广泛传播了屯堡文化。

一　灰鹅入黔的历史地理考察

1. 江南军民入黔中

明洪武十四年（1381年），朱元璋为统一大明江山，巩固南方腹地的安全，诏傅友德率30万大军南征云贵边陲。战事结束，为长治久安，除置官设卫外，推行屯田制度：三成军队驻扎城镇，七成军队屯田农村，并按总旗每人领种田地24亩，小旗每人领种20亩，屯军每人领种18亩的比例发给田地，使屯军和家属就此立寨安居。此外，明王朝又以“调北填南”的举措，从安徽、江苏、浙江、湖广等省强行征调大批农民、工匠、役夫、商贾、犯官等迁来黔中，名曰“移民就宽乡”，发给农具、耕牛、种子、田地，以三年不纳税的优惠政策，就地聚族而居，与屯军一起，形成军屯军堡、民屯民堡、商屯商堡，构成安顺一带独特的汉族社会群体——安顺屯堡。生活在这一社会区域的人，由于特定的历史背景，特殊的生活环境，特别的习俗民风，特有的艺术文化，他们所居住的村寨又特以带军事性质的屯、堡、官、哨、卫、所、关、卡、旗等命名。战事平息后便屯戍于此，其后裔被称为“屯堡人”，本地人称自己为“大汉人”。至今屯堡保留比较完整的几个地区主要分布在安顺市的平坝县的天龙屯堡、九溪屯堡以及云山屯堡。其间又以国家级历史文物的云山屯以保存完整、风景秀丽和军事上对地理的充分运用的样本效应最为出名。

2. 灰鹅随军入平坝

平坝县地处黔中，地势平坦、水资源丰富，得天独厚的自然环境，不仅有利于种植业的发展，也为明朝初期的屯堡畜牧业发展提供了较好的条件。当时畜禽品种主要来自安徽、江苏、浙江、湖广等地，以鸡、鹅、鸭为主，用于屯堡人日常生活中的蛋类和肉类的补充及节日庆典，平坝灰鹅就是其中之一。据《平坝县志》记载，“平坝灰鹅”是明洪武年间平坝卫凤阳籍屯军及其亲属带来传入，当时称为雁鹅，县志里作为六畜之一。经过600多年的饲养驯化和选育，最终选育成今天的“平坝灰鹅”。时至今日，平坝灰鹅已经被评为全国三大名鹅之一。如今，屯堡灰鹅密集区主要集中在平坝的夏云、高峰、白云、羊昌等乡镇的屯堡村寨。

平坝灰鹅是贵州省地方优良品种，具有遗传性能稳定、觅食力强、生长快、育肥性能高、以草食为主、肉质鲜美细腻等特点，是发展草地畜牧业和无公害食品的优良鹅种。[①] 平坝灰鹅在助推当地经济发展、促进当地农民增收等方面已初见成效。2005 年平坝灰鹅产地获无公害产地认定证书，2006 年平坝灰鹅产品获国家无公害禽产品认证证书，2008 年，平坝灰鹅产地获国家工商局批准产地商标注册，2009 年，平坝灰鹅品种遗传基因入选国家品种名录。[②]

二　平坝灰鹅与屯堡文化的相关性分析

屯堡文化的根基是农耕文化、家庭文化、饮食文化、军旅文化。随军入平坝的灰鹅历经 600 多年的驯养、选配，已经深深地同屯堡文化融为一体。

1. 军民喜食灰鹅，促进了江南畜牧文化向屯堡军旅文化的转变

屯堡军民喜食灰鹅与在贵州的养殖和江南畜养习俗以及入黔时所处的自然环境、生产生活方式息息相关。据屯堡史料记载，军队刚刚入平坝，由于不适应当地的环境，因水土不服等多种原因，引起军队较多士兵生病，后经中医治疗，通过饮食鹅肉、喝鹅汤等多种方式将其治好。自此灰鹅养殖在屯堡人生活中繁衍生息，并在他们的军事生活、饮食文化中占据重要地位。灰鹅在江南作为农业家庭普通养殖的禽类，被引进到贵州后作为军旅的军需品，成为屯堡军旅文化一部分。

2. 灰鹅菜品开发，丰富了屯堡饮食文化

屯堡的饮食文化同屯堡人的组成和历史背景密切相关，朱元璋的调北征南和调北填南两项措施，快速地增加了贵州人口的数量，也改变了贵州人口的组成。这些外来人口主要来自广东、广西、安徽、江苏等省，他们的到来，不仅带来了先进的生产技术和文化知识，同时也带来了“烩不厌

---

① 马明、宋立：《平坝灰鹅养殖产业的发展及建议》，《安顺学院学报》2011 年第 3 期。

② 杨杨：《平坝县灰鹅养殖基地及深加工厂建设项目》，贵州农经网，http：//www. gznw. gov. cn/scjg/zsxq. jsp? EditId = 22935。

细，食不厌精”的中原饮食风格，其中广为流传的粤菜就是其中之一。粤菜作为我国八大菜系之一形成较早，在明朝达到饮食文化的高峰。粤菜又分为广府、客家、潮汕三种风味，其中潮汕风味的主要代表品种就是烧雁鹅，既今天所说的灰鹅。

屯堡人为适应当地的环境，饮食结构也随着逐渐改变，灰鹅烹饪方法进一步改进，开发出平坝清炖鹅火锅、平坝清炖鹅肉粉面等系列饮食。其中平坝清炖鹅火锅被录入《中华食文化大辞典·黔菜卷》和《中国黔菜·安顺卷》。据说这种鹅肉的做法符合中医饮食疗法，鹅肉在中医学里是重要的药材，具有养胃止渴、补气、解五脏之热、补阴益气、暖胃开津、缓解铅毒之功效。《随息居饮食谱》记载民间有“喝鹅汤，吃鹅肉，一年四季不咳嗽”说法。用鹅血、鹅胆、鹅肫等制成的鹅血片、鹅血清、胆红素、去氧鹅胆酸芋药品，可用于癌症、胆结石等疾病的治疗。

3. 灰鹅经济发展，加快了屯堡农耕文明向商业文明转变

今天的平坝灰鹅养殖已经成为屯堡人生活的一部分，是屯堡人家庭收入的一项重要的经济来源。调查结果显示，85%的屯堡家庭养殖平坝灰鹅，养殖20只以上的占75%左右，约占家庭收入的10%。如，陈发金是平坝县养鹅大户，从1998年开始饲养平坝灰鹅到现在，其饲养灰鹅的数量由最早的63只发展到700多只，年收入达10万元以上。据其介绍，如今平坝灰鹅在市场上供不应求，下一步将继续扩大养殖规模，并带动当地群众一起养殖。目前，陈发金所在村庄已有40多户养殖灰鹅，存栏数量达3000多只，其中种鹅800多只；农民人均年收入由原来的2160元增加到2623元，增长了21.44%。[①] 可见，灰鹅由最初的家庭食用，逐渐扩大为灰鹅产业、灰鹅经济，也使得屯堡灰鹅作为农业散养，转变为商品贸易，屯堡农耕文明向商业文明逐渐转变。近几年，政府大力宣传屯堡禽类灰鹅的药用价值，开发平坝灰鹅新产品，占领市场。根据现在屯堡人的生活习惯和技术，通过招商引资正在开发以“腊鹅，烧鹅”等主打的多种屯堡饮食产品，不仅让“平坝灰鹅”产品走进千家万户的餐桌，而且还广泛地传播了屯堡文化。

① 《让“平坝灰鹅”昂首叫响黔中》，http：//www.gzaic.org.cn/ArticleShow.do？articleID＝1656。

三　以灰鹅养殖为载体，促进屯堡文化共生繁荣

1. 挖掘灰鹅养殖文化，繁荣屯堡养殖文化

平坝灰鹅作为屯堡文化中的禽类，经历了数百年的演化、驯养，已经成为屯堡文化的一部分，对于屯堡文化具有重要的意义。笔者认为，屯堡地戏是屯堡民间信仰及宗教娱乐活动的一种特有形式，而灰鹅养殖是屯堡农耕文化、军旅文化在贵州的适应与创新。可以发掘屯堡灰鹅养殖文化，将其列入和屯堡地戏一样的地位，进一步挖掘灰鹅养殖，繁荣屯堡养殖文化。

2. 开展灰鹅养殖旅游观光，推广灰鹅饮食，宣传屯堡饮食文化

安顺素有“滇之喉，黔之腹”之称，也是汉文化向西南传播的重要交通枢纽。民俗有“贵阳的穿着，安顺的吃喝”，可见安顺饮食文化的美誉。可以利用屯堡饮食特色，使游客走进屯堡村寨，参与灰鹅养殖，品尝灰鹅美味，体验屯堡农耕文化、军旅文化，欣赏江南水乡民居与云贵喀斯特地貌形成的特有的黔中屯堡民居，进一步了解屯堡历史文化。

3. 发展灰鹅经济，凸显屯堡商业文化品牌

灰鹅经济成为屯堡军民发家致富的一条门路，凸显屯堡商业文化品牌，也被平坝县政府大力推崇。据《平坝县灰鹅产业发展考核奖励办法》文件，平坝以县人民政府每年安排的50万元专项发展资金为基础，多争取国家扶持发展项目，多渠道整合经费参与产业的发展，力争整合发展资金达到1000万元以上。同时，《关于加快平坝灰鹅产业发展的实施意见》明确表示，县财政从2011年起每年安排30万元，再从畜牧发展金中划出20万元共50万元作为灰鹅发展专项资金，按以奖代补形式，重点支持灰鹅产业发展。对灰鹅保种、疫苗购置、饲草饲料等环节给予一定支持。首先，是对规模养鹅200只以上的种鹅场（户），给予贴息贷款补助，全县计划补助63户，每户贷款指标4万元，补助贴息资金4000元，共计贴息25万元。其次，是对保种平坝灰鹅200～500只的规模场（户），每年奖励10户，每户奖0.6万元；对保种在100～199只的，每年奖励20户，每户奖0.4万元；对保种在50～99只的，每年奖励30户，每户奖0.2万元。共奖资金20万元。

四 结语

灰鹅由屯军自江南引进贵州后，就深深地打上了屯堡文化的烙印，融入了屯堡居民的日常生活之中。屯堡军民喜食灰鹅，促进了江南畜牧文化向屯堡军旅文化的转变。灰鹅菜品开发，丰富了屯堡饮食文化。灰鹅经济，加快了屯堡农耕文明向商业文明转变。以灰鹅养殖为载体，采取挖掘灰鹅养殖文化，开展灰鹅养殖旅游观光，推广灰鹅饮食，宣传屯堡饮食文化，发展灰鹅经济，凸显屯堡商业文化品牌等措施，将会促进屯堡文化共生繁荣。

安顺城市文化景观溯源及文化特色探析

彭　瑛*

摘　要： 本文通过对志书中所记载的安顺城市文化景观进行溯源，探究其演变及留存现状，挖掘了安顺的城市文化特色。

关键词： 城市文化景观　文化特色

安顺是贵州省的历史文化名城，600多年的城市发展历史，为安顺留下了丰富的城市文化景观，这些文化景观成为安顺城市发展的时间和文化坐标，代表了城市发展的演变历程和文化变迁，是安顺城市文化记忆的载体。随着城市化进程的迅猛发展，安顺城市建设的改建和扩建，不可避免地破坏了很多城市文化景观和文物建筑，造成城市文化的割裂。本文通过对《贵州通志》《安顺府志》《续修安顺府志》三本志书中所记载的安顺城市文化景观（见表1）进行溯源，探究这些城市文化景观的演变及留存现状，对志书中八景之外的城市文化景观以及在城市发展过程中产生的新的文化景观进行梳理，分析新旧文化景观之间历史的传承性和时代的更新性之间的关系，挖掘安顺城市文化特色，以便在新城建设中通过景观符号的利用，

* 彭瑛，安顺学院旅游学院副教授，四川大学旅游学院旅游管理专业2012级博士研究生。

使整个环境系统具有城市典型风貌特色，反映城市文脉的延续，同时又满足时代发展的需要。

表1 《贵州通志》《安顺府志》《续修安顺府志》中记载的“安顺八景”

明《贵州通志》普定八景	清《安顺府志》		民国《续修安顺府志》咏习安八景诗名
	郡城八景	安郡城外八景	
龙洞飞虹	笔锋耸翠	东皋晴桃	笔锋挺秀
凤献朝阳	砚石濯流	西市夕照	砚石生香
环峰拱翠	高楼伴云	金钟横地	甲楼十字
带水潆澜	曲波泻月	雨来云就	丁水三叉
东潭印月	星阁春暖	石蕊凌波	金钟覆地
西墅绯桃	文苑秋阴	岚拥飞虹	玉笏朝天
文峰夕照	钟惊旅店	山洞读书	华严书声
圣泉漱玉	花映文场	校场观射	洪化海国

一 志书中所记载的安顺城市文化景观

（一）《贵州通志》记载的普定八景概况

明万历《贵州通志》记载的普定八景，指的就是安顺八景。一景“龙洞飞虹”，在安顺城东门外飞虹山下。二景“凤献朝阳”。东门外凤凰山，山形如扑地凤凰，其主体为凤骨，两侧斜坡即凤翅，其颈俯曲至南水关内复昂起，东岳庙（今为东林寺）正殿恰压凤头，神座适落凤嘴。因为该山位于日出东方，头朝向普定卫城，故得其名。三景“环峰拱翠”，指的是安顺环城皆山的整体景观，意出欧阳修“环滁皆山也”。四景“带水潆澜”，指贯城河的风光。贯城河山城带水，碧波荡漾，河上有九座石拱桥，六座平板桥，形成“九桥十八洞”的景观。五景“东潭印月”，指城东金钟山半山腰的潭池。六景“西墅绯桃”，指西门桃园，是当年城中女士踏青的场所。七景“文峰夕照”，指今天的西秀山白塔，时为砖塔，形状像一支大笔，故名文峰。八景“圣泉漱玉”，指城南五里，有泉自山麓流出，即玉碗井。

（二）《安顺府志》记载的郡城八景概况

清咸丰《安顺府志》中记载的郡城八景条目，郡城即今天的安顺城。八景之首："笔锋耸翠"，即今天的西秀山白塔。该塔的修建因为"初，郡城既建，形家以城南山势不耸，于南隅阜建塔以彰文明之象"。二景"砚石濯流"，指东水关静乐庵的偏石板，状若巨砚，故名砚石，与文峰塔相对，意寓笔砚相对。三景"高楼伴云"。伴云楼在安顺府署（今县府路），大堂东侧。四景"曲波泻月"，指贯城河风光。五景"星阁春暖"，指老东门坡大街正中的文昌宫，嘉庆二十一年知府张经田建文昌宫以复兴郡城30余年无有中举之现状。后成为安顺登高望远览胜之地。六景"文苑秋阴"，指城西莲社堂街（今醒狮路）"凤仪书院"。七景"钟惊旅店"，指旧大十字中心的钟鼓楼，形家认为安顺环山耸立而中权独陷，土星缺然，故设钟鼓楼于大十字，使五星得配。且可资守望，壮观瞻。钟楼报晨昏，晨钟破晓，惊觉逆旅，催人登程。故名"钟惊旅店"。八景"花映文场"，指"习安书院"，俗称"考棚"，在今安顺市一中内。一中内的那棵老槐树就是习安学院留下来的古树。

（三）《续修安顺府志》郭石农的"咏习安八景诗"中的八景

民国《续修安顺府志》记载了安顺清末名士郭石农的"咏习安八景"诗，习安为安顺府城的代称。本文只是使用其咏八景的诗名，对于诗的具体内容，限于篇幅的原因不录。第一首诗名"笔锋挺秀"，即今西秀山白塔。第二首诗名"砚石生香"，即城东北的偏石板，与笔锋遥遥相对。第三首诗名"甲楼十字"，即大十字的钟鼓楼，光绪年间更名鼎甲楼。第四首诗名"丁水三叉"，指贯城河水在李家花园（现今为若飞广场处）处汇合，形成丁字形状。第五首诗名"金钟覆地"，指金钟山，即《贵州通志》中的"东潭印月"景观以及《安顺府志》安郡城外八景中的"金钟横地"。第六首诗名"玉笏朝天"，在万仙洞，离城30里，在汤官屯左侧，未被《安顺府志》列入八景。第七首诗名"华严书声"，指华严洞，嘉庆初，学使洪亮吉更名为"读书山"，离城五里。即《安顺府志》中安郡城外八景的"山洞读书"。第八首诗名"洪化海国"，在城南45里，旧系良田，明成化三年忽陷成海，周围约25里，未被列入志书八景。

二　志书所记八景景观的发展演变

（一）志书所记景观类型的发展变化

1. “普定八景”代表了安顺城市文化发展的兴起

“普定八景”中，城内外的自然景观居多，如“龙洞飞虹”“环峰拱翠”“东潭印月”“西墅绯桃”“圣泉漱玉”等景观，体现了安顺城市周围的自然地理环境多山、多溶洞、多潭池、多泉流的喀斯特地貌特征。杨士德在《湘黔滇旅行日记》中“山很低，不过两三百米，一个个孤立着，散布在这个仿佛平原的地方，很是好看”的这段话对安顺周围群山的描写就很形象地体现了安顺城“环滁皆山也”的美丽自然环境，也是对“普定八景”中“环峰拱翠”这一景观的最好注脚。这八景中自然景观多于人文景观，也体现了明朝时候安顺城市的发展还处于兴起阶段，人要在自然环境中生存发展，对自然的依赖程度很高，人文景观还不多，但也开始出现，如“带水潆澜”就代表了安顺城市建设形成的景观，表明城市在宜居的同时，也塑造了城市山水风光，是人与自然和谐相处形成的文化景观。“文峰夕照”景观是安顺文化兴起的象征，更表达了历史上安顺人希望地方文化发达、人才辈出的强烈心理诉求。

2. “郡城八景”体现了安顺城市文化的繁荣兴盛

“郡城八景”的景观和“普定八景”相比，原先的纯粹的自然景观不见了，郡城八景体现了自然和人文景观的融合。郡城八景中首景“笔锋耸翠”，二景“砚石濯流”，五景“星阁春暖”，六景“文苑秋阴”和八景“花映文场”都与安顺的文化教育事业密切相关，这些景观表达了安顺人重视地方文化发展的强烈愿望。三景“高楼伴云”，七景“钟惊旅店”是安顺城市的高层建筑，除了“培风水，关盛衰”的目的之外，更多是“资守望，壮观瞻”，是安顺人登高览胜、抒发高远志向、陶冶高洁情怀的地方。至此，安顺城市的人文景观具有了更多的人文教化功能，体现了安顺人重视文化教育、陶冶性情的价值取向，更包含了安顺人对生活品质的追求。安顺城市经过了几百年的发展，地方文化得到了极大的发展，文化积淀深厚，人文气息浓厚，已发展成“西南一大都会”。

3. “咏习安八景诗”体现了安顺城市文化发展的继承性

郭石农的“咏习安八景诗”中的八景，沿袭了前面两个时期中的一些景观，同时把景观的范围扩大到了城市之外。其中有两个景观沿袭了三个朝代，只是名称有所变化，“笔锋挺秀”，《贵州通志》叫作“文峰夕照”，《安顺府志》叫“笔锋耸翠”，实则都是指今天的西秀山白塔。“丁水三叉”，《贵州通志》叫作“带水潆澜”，《安顺府志》叫作“曲波泻月”，实际上都是指贯城河的风光。而今天，西秀山的白塔成为安顺城市的时间和文化坐标，成了安顺城市的形象标志。贯城河依然与今天安顺人的生活环境、生活品质密切相关。“咏习安八景诗”中的八景与“郡城八景”的四个景观一脉相承，它们分别是：“砚石生香”对“砚石濯流”，“丁水三叉”对“曲波泻月”，“笔锋挺秀”对“笔锋耸翠”，“甲楼十字”对“钟惊旅店”。而“金钟覆地”则与“普定八景”中的“东潭印月”相对，与安郡城外八景中的“金钟横地”相对。所以，“咏习安八景诗”很好地体现了安顺城市文化发展的继承性。

这里要特别指出的是，安顺人历来就对“八”这个数字情有独钟，志书中记载的景观多是“八景”。历史发展到今天，安顺人对“八”这个数字的情感依然如故。2011 年安顺市委宣传部、市委外宣办面向安顺市举行了“安顺八大系列”评选活动，这一系列的评选结果中就有“市区八大景点”项目，这实际上也体现了对安顺城市文化的继承与延续。新评选的“市区八大景点”为：王若飞故居、安顺文庙、安顺武庙、谷氏旧居、安顺历史文化街区、西秀山石塔、华严洞、虹山湖。这些景点多体现了时代的更新性，如“王若飞故居”“谷氏旧居”“安顺历史文化街区”“虹山湖”。但其中“西秀山石塔”和“华严洞”这两个景点则是对历史上“安顺八景”的继承，“安顺文庙”“安顺武庙”虽然未列入志书八景中，但是它们代表了安顺城市文化发展的悠久历史和安顺人崇文尚武的价值取向，所以安顺城市文化景观的发展，有着历史的继承和时代的更新之间的内在联系，这是一个城市文化特色得以延续并继续发展的内在力量。

（二）志书中所记景观的留存现状

1. 消失的城市文化景观

随着朝代的更迭，城市发展的变迁，安顺城市文化景观也发生着变化，会增加新的文化景观，同时有些旧有的文化景观也可能消失，这是城市文化发展的规律。如西门的“西墅绯桃”，如今再也看不到西门外绯红绚烂的桃花和踏青的仕女。原来安顺市“环峰拱翠”的美丽景象，因为今天城市的扩展和高层建筑的修建，山体和视野都已经遭到了严重破坏。钟鼓楼曾经是安顺政治、经济、文化的中心，关系着安顺城市的风水，文化的发达，地方的兴衰，在安顺人心中具有重要的文化象征意义，于1951年城市扩建的时候被拆除，从此成为老安顺人心中永远的记忆与遗憾。与“笔锋”相对的“砚石”再也不会生香。“高楼伴云”“星阁春暖”等景观再难觅其踪迹。曾经“带水潆澜”“曲波泻月”的贯城河，今天已然成了死水沟、臭水沟，不再有“山城带水，碧波荡漾”的优美风光，严重影响了安顺人的生活环境，严重破坏了安顺城市的形象。

2. 留存下来的城市文化景观

志书八景中留存下来的景观已不多见。“文峰夕照”这个景观经过了600多年的沧桑历史，一直到今天，依然是安顺城市形象的标志。但是令人担忧的是，周围越来越多的高层建筑，已经对这个郭石农诗中“何来大笔势摩天”的景观造成视觉上的严重遮挡。“凤献朝阳”这个景观因东林寺的存在，目前还能依稀可辨其形迹，但是随着高层建筑拔地而起，这个景观最终将消失在高楼大厦中。“文苑秋阴”这个景观，现今还存留了“凤仪书院”遗址，“花映文场”还留下了今天安顺市一中内那颗古老的槐树。处于城郊的华严洞和玉碗井还保存得较好。这些经过沧桑岁月留存下来的城市文化景观，是安顺城市文化的物质载体，延续着安顺城市文化的发展脉络，承载着安顺城市文化的记忆，寄托着世世代代安顺人的情感与渴望，在今天的城市化进程中，这些珍贵的文化景观命运堪忧。

三　志书八景之外的文化景观以及新增加的景观

（一）志书八景之外的文化景观

除了以上列入志书中的各种八景之外，安顺城市中还留存了很多文化价值、艺术价值、历史价值、科学价值极高的文化景观，尤其是寺庙庵堂、清真寺、天主教堂和基督教堂这些宗教文化景观，表明了安顺历史上儒教、道教、佛教、伊斯兰教、天主教、基督教等宗教信仰和谐共处的文化现象，说明安顺在历史上是一个文化多元交汇相融的城市。

1. 文庙

安顺文庙（府学宫）已被列入国家重点文物保护单位。它于明宣德八年（1433 年）由贵州布政使司右参议李睿在卫城始建。[①] 经过明、清两朝多次复建增修，遂臻完备。大成殿前两座透雕盘龙石柱具有极高的艺术价值，代表了安顺历史上石雕艺术的最高成就。安顺文庙的修建，开启了黔中 600 年的兴学历程。安顺文庙有“黔中儒学圣殿”“中国现存最精致的文庙”“石雕艺术的殿堂”之美誉。府志统计，明清两代科举，安顺共出了 28 名进士，明代 8 人，清代 20 人。清代出了 2 名中书。明代出举人 143 人，清代出举人 169 人。这组数字反映了安顺教育事业的发达。

2. 武庙

《贵州通志》记载：“关王庙，城内北，永乐年间建。”武庙指的是旧大十字东北隅的关帝庙。武庙内供奉关羽和岳飞。由大殿、两厢和观音阁组成，殿内 36 根 10 多米高的方石柱，整石整料，无镶无接无缺，撑起大殿宏阔的空间，石柱不假装饰，简洁质朴，方正刚直，体现了武庙所蕴含的内在文化精神，与相隔不远的文庙内玲珑剔透精美绝伦的石雕建筑风格形成鲜明对比，为安顺石柱殿堂之冠。武庙现为国家级文物保护单位。

---

① 普定卫儒学始置于洪武二十七年（1394 年），根据万历《贵州通志》中廖驹《普定卫儒学记》一文中的记载：“宣德癸丑（宣德八年），宪副李公睿先任贵州参议时，卜地城东，始建学舍”，儒学宫应始建于宣德八年（1433 年），与《安顺府志》记载的府学宫建于明洪武初年不符。

3. 圆通寺

位于安顺西秀山脚下，据秦敬《圆通寺碑记》："圆通寺，创始于明洪武十八年，重修于永乐六年，皆镇远侯顾公之力也"，始建时间与万历《贵州通志》的记载相同。①《贵州通志》记载，安顺城区在明代建有红座坛庙，其中圆通寺堪称第一大庙，经过明清两朝历次重修，成为安顺城区三大寺庙之首（即圆通寺、东岳庙、崇真寺）。现存大殿为贵州省为数不多的明代木结构古建筑，大殿内也有28根整石料雕成的石柱，石柱风格与武庙内石柱风格相同。

圆通寺与西秀山上的白塔一起构成安顺著名的城市文化景观，郭石农有诗云："何来大笔势摩天，塔见圆通望俨然。"白塔与圆通寺相得益彰。现在环绕西秀山修建了塔山广场和景观道，成了市民观景、散步、休闲、健身的地方。

4. 崇真寺

在安顺城内西南隅府门口街（今县府路）府署左侧，为安顺城中三大庙宇之一。据万历《贵州通志》记载，建于洪武二十年。② 由首任普定卫指挥使顾成择地修建。抗战期间，中国国民革命军陆军兽医学校于1939年迁来安顺，学校总部设在崇真寺。1949年11月，该校更名为中国人民解放军西南军区兽医学校，于1952年迁往长春，组建为中国人民解放军兽医大学。现今地面建筑还存三清殿、汉相祠、萧曹庙，存有安顺城中唯一的古戏台。现为市级文物保护单位。

5. 东岳庙（今东林寺）

安顺三大寺庙之一，位于城东南隅南水关贯城河畔东，始建于明万历年间。建筑奇特，高低错落，供奉东岳大帝和南岳神，香火很盛。在"普定八景"中的"凤献朝阳"之景，意指凤凰山的山体如一只扑地凤凰，而东岳庙正殿恰压凤头，神座适落凤嘴。体现该庙处于山水交汇、依峰耸峙

---

① 目前圆通寺门前的石碑上记载说该寺始建于1274年，即元代至元十一年，该时间来自《安顺府志》的记载，与《贵州通志》及秦敬所记载时间不符。

② 据林坦《崇真观记》中的记载："维时夏国武毅顾公成，以征南将军督师征讨不恭到此，始卜地于圜圜间为崇真观，以祀老氏神，事在洪武丙子（即洪武二十九年）"，崇真寺的始建时间为洪武二十九年，与万历《贵州通志》所记载的时间"洪武二十年"不符。

的绝佳地理位置。

6. 灵泉寺

灵泉寺位于老大十字北侧，东临安顺茶城、中华北路、王若飞故居，南抵老大十字。寺前有大龙井，为安顺古井，大龙井后有龙王庙，过去天旱时，是官府带领城中官绅市民求雨之地，现为安顺市文物保护单位。灵泉寺名当由该井而来。

7. 清泰庵

位于城东北隅东水关内贯城河畔，今虹山水库大坝东段南侧下，始建于明嘉靖五年（1526 年）。原来的清泰庵前临贯城河东端，背靠古城垣，竹木苍翠、绿圃似玉，远处山峦秀丽、云烟似带，景色宜人。在此庵左后侧约 20 米处，另有一静乐庵与它通连一起，形成“上静乐，下清泰”的景观，可惜静乐庵现已不存。距清泰庵不远处，原有一巨型石板，名偏石板，形同砚石，即府志中的“砚石濯流”和“砚石生香”景观，可惜砚石今已不存在。清末安顺名士郭石农、何威凤曾于清泰庵设帐授徒，并写下了不少诗文佳作。现在清泰庵的香火依然旺盛，尤其是其素食很有名。

除了以上儒、道、释等各种宗教建筑景观外，安顺还有清真寺、天主堂和基督教堂，并拥有各自的信众，宗教活动频繁，体现了安顺多元化的宗教信仰。另外，安顺城内古井很多，现今城内还保存下来的古井，应该加以保护。安顺唯一的老城墙残段位于南门大桥，如今只剩下 33 米，被保护下来供人们怀想安顺建城时的城市规模，凭吊怀古。

（二）新增的城市文化景观

城市是一个有机的生命体，其肌体会随着时代发展进行更新。老的城市文化景观可能会消失，新的文化景观会产生。蕴含在文化景观中的文化内涵诸如人们的生活方式、价值取向、民俗特征、宗教信仰等也会相应地发生变化。安顺在近现代社会发展过程中，增加了几个很有代表性的文化景观，这些景观具有强烈的时代色彩。其中最有代表性的景观是“王若飞故居”“谷氏旧居”“安顺历史文化街区”和“虹山湖”。

1. 王若飞故居

王若飞是安顺人心中的骄傲，他是中国共产党早期的杰出人物，100 位为新中国的成立做出突出贡献的英雄模范之一。该景点位于安顺市若飞大道北道中段东侧，由王若飞故居和王若飞事迹陈列馆组成，是安顺市最有代表性的红色旅游景点，全国爱国主义教育基地。“一切要为人民打算”是王若飞一生践行的准则。

2. 谷氏旧居

安顺人津津乐道的话：“一门三中委”，指的就是位于今天安顺科学路（原来儒林街中的“大箭道”）28 号—34 号房院的谷氏旧居。“三中委”指的是谷家三兄弟谷正伦、谷正纲、谷正鼎，他们都是原国民党政界的大人物。谷氏旧居与王若飞故居相距不远，两所旧居的这种相隔而望很有意味，在某种程度上成了国共两个政党对垒成败的象征。“一切要为人民打算”的朴实话语，则道出了两个政党胜败的玄机。所以保护谷氏老宅也是很有历史与现实意义的。

3. 安顺历史文化街区

安顺历史文化街区的范围东起若飞中路，西至若飞北路，中华东路以北，若飞北路以东，清泰庵、人民路以南，以及文物保护单位王若飞故居和灵泉寺的保护范围。总用地面积 35.11 公顷。

历史街区内存在大量珍贵的文物、古建筑、保存较好的明清时期的建筑和传统的街巷风格，文庙、武庙、贯城河、清泰庵、灵泉寺、王若飞故居、谷氏老宅等文物单位都聚集在历史街区内，除了这些物质形态的文化遗产之外，更可贵的是，因为街巷内生活的世居居民，使得历史街区成了活态的遗产，具有浓郁的安顺地方生活气息，安顺城市居民的生活方式、民俗习惯、宗教信仰、价值取向等隐性的文化，在历史街区得以继续延续和发扬。历史街区是人们情感的依托和文化归属感的源泉。历史街区表达了当今城市化进程中为了保护城市历史文化、保护城市文脉和地域特色的时代需求。

4. 虹山湖

虹山湖位于安顺市区东北隅，湖周围被虹山、卧龙、伏虎、狮子山、金牛诸山环抱，湖中有金童、玉女两座小山，湖光山色，风景优美。它是安顺市上游重要的防洪、灌溉、工业和生活用水的综合性蓄水工程。今天的虹山湖是在 1958 年 4 月动工修建的虹山水库的基础上发展而来的。虹山湖经过几次修建，成为安顺市民休闲、健身、娱乐的公共空间。2012 年，虹山湖公园完成近期工程整治，现在成为市民游憩、休闲、娱乐、健身的生态环境优美、空气清新、水质清冽的公园，成了现代安顺城市文化的新景观，延续了安顺城市历史上与自然环境和谐共生、创造良好生活环境的传统。

四　安顺城市文化景观体现的文化特色

（一）安顺地方对文化教育的重视

安顺城的儒学教育开始于 1394 年。在这 600 多年的兴学历程中，培养了大量的人才，也培育了安顺人重视教育、重视文化的内在精神。安顺城市文化景观“笔锋挺秀”“石砚生香”“星阁春暖”、文庙等是安顺人重视教育、重视文化的历史见证。在城市历史发展中，很多景观消失了，但“笔锋挺秀”（西秀山白塔）、文庙等文化景观得到了很好的保护，今天成了安顺城市文化的象征，这是安顺人对文化尊崇的结果。1938 年 4 月 6 日“湘黔滇旅行团”抵达安顺，留宿文庙，闻一多先生曾经画了文庙的透雕盘龙石柱的速写，当时的文庙由县教育局派专人管理，每年农历的八月二十七孔子诞辰，还要举行盛大的祭孔典礼，而当时国内的“孔家店”多已被打倒，改办成学校，安顺地方对孔子的尊崇让“湘黔滇旅行团”师生感到惊讶迷惑，其实这极好地说明了安顺人对传统文化的尊崇，对文化教育的重视。

（二）城市人文景观与自然环境交相辉映

1. 城市人文景观的喀斯特地貌特征

安顺城市文化景观体现了与自然地理环境的交相辉映、和谐交融。安顺的地理环境属于典型的喀斯特地貌。“龙洞飞虹”“环峰拱翠”“东潭印月”“圣泉漱玉”“砚石濯流”“金钟覆地”“玉笏朝天”“石蕊凌波”“华严书声”等景观，都体现了安顺多山、多溶洞、多潭池、多泉流的喀斯特地貌特征。

2. 与自然环境和谐统一的建筑风格

安顺城市人文景观与自然地理环境的和谐交融的特征还体现在建筑材料、建筑特点、建筑审美方面。西秀山白塔，文庙的石雕，武庙、圆通寺的石柱，贯城河的石堤、石栏、石桥，石井，石铺的房屋与街道，历史街区的青石板路，老城墙的斑驳石墙，等等，无一不体现了安顺地方出产优质的灰白色的建筑石料的特点，由此而衍生了安顺人特有的石头建筑、石雕艺术和建筑审美情趣，而这一切都是与喀斯特地理环境相适应的文化成果，形成了安顺人将日常生活与审美欣赏，将人的内在精神需求与外在自然的馈赠相结合的安顺特色建筑风格。自然资源和人文特色的有机融合体现了安顺城市文化景观的最终表现力。

（三）多元交融的宗教文化

安顺城市文化景观中留存的大量的宗教建筑，是儒教、道教、佛教、伊斯兰教、天主教、基督教和谐共生的文化现象的历史物证。除此之外，还活跃着本地各种民间宗教信仰，体现了安顺人对天地人心的敬畏和反思。这种多元交融的宗教，表明了安顺是一个移民杂处、文化多元的城市，这些宗教表达了安顺人的各种精神寄托以及文化心理，形成了安顺地方本土的生活方式、价值观念、风俗习惯和宗教信仰。

文化是一种历史积淀，它存在于建筑间，融到生活里，对城市的发展和市民的行为起着一种潜移默化的影响，是城市和建筑的灵魂。安顺文化是在喀斯特地貌特征的基础上汉族移民文化与本土多民族文化交汇融合形成的产物，文化底蕴迥异于贵州其他地方。从本土文化特色入手研究安顺城市文化景观，追寻文化形成的历史渊源，立足安顺的区域特点，为城市的发展寻找一种科学可行的发展模式。

结　语

本文通过对《贵州通志》《安顺府志》《续修安顺府志》三本志书中记载的“安顺八景”的溯源，寻求三个时期中安顺城市文化景观的发展变化，梳理了志书中消失了的文化景观和留存下来的文化景观，并对未列入志书而保存下来的历史文化景观进行了溯源。继而对近现代产生的新的城市文化景观进行了梳理。认为“普定八景”体现了安顺城市建设初始阶段城市文化的兴起，“郡城八景”体现了安顺城市文化的繁荣兴盛，“咏习安八景诗”中的八景则体现了安顺城市文化的历史继承性。2011 年安顺市举行的“安顺‘八大’系列评选活动”中的“市内八大景观”既体现了安顺城市文化的历史继承性，也体现了安顺城市文化的时代更新性。安顺城市文化景观体现的城市文化特色迥异于贵州其他地方的文化，所以应该成为安顺城市建设中的一种文化本底，一种本土景观设计的方法，尤其是在城市新区的建设中，将本土城市文化景观进行符号化，使得整个环境系统具有城市典型风貌特色，反映文脉的延续，同时满足时代发展的需要。通过景观手段，来保护安顺本土的生活方式、良性的本土价值观念和文化形态。

图书在版编目（CIP）数据

屯堡文化研究. 2013卷/李建军主编. —北京：社会科学文献出版社，2015.3

ISBN 978-7-5097-6923-2

Ⅰ.①屯… Ⅱ.①李… Ⅲ.①汉族-民族文化-贵州省-学术会议-文集 Ⅳ.①K281.1-53

中国版本图书馆CIP数据核字（2014）第297611号

屯堡文化研究（2013卷）

主　　编／李建军
副 主 编／吕燕平　吴　羽

出 版 人／谢寿光
项目统筹／王　绯
责任编辑／黄金平

出　　版／社会科学文献出版社·社会政法分社（010）59367156
　　　　　地址：北京市北三环中路甲29号院华龙大厦　邮编：100029
　　　　　网址：www.ssap.com.cn
发　　行／市场营销中心（010）59367081　59367090
　　　　　读者服务中心（010）59367028
印　　装／三河市尚艺印刷有限公司

规　　格／开　本：787mm×1092mm　1/16
　　　　　印　张：20.25　字　数：319千字
版　　次／2015年3月第1版　2015年3月第1次印刷
书　　号／ISBN 978-7-5097-6923-2
定　　价／85.00元